edition**böhlissimo**

Hans Veigl

Morbides Wien

Die dunklen Bezirke der Stadt
und ihrer Bewohner

Böhlau Verlag Wien · Köln · Weimar

Die Deutsche Bibliothek – CIP-Einheitsaufnahme
Ein Titeldatensatz für diese Publikation ist bei
Der Deutschen Bibliothek erhältlich

Umschlagabbildung: © Gesellschaft zur Rettung der Kapuzinergruft

Umschlaggestaltung: Andreas Burghardt

© 2000 by Böhlau Verlag Ges.m.b.H. und Co. KG, Wien · Köln · Weimar

Gedruckt auf umweltfreundlichem, chlor- und säurefreiem Papier

Druck: Imprint, Ljubljana

Inhalt

NEUNZEHNTER BEZIRK

ZWANZIGSTER BEZIRK

NACHWORT

ANHANG

Erster Bezirk

Die dunkle Seite des Possenschreibers

Nestroys Angst vorm Scheintod
1, Bräunerstraße 3

In Malerei und Theater erwacht im 17. Jahrhundert eine Neigung für die Grabszene und das Thema des erwachenden Scheintoten. Die Realität der Annäherung von Eros und Thanatos, von Liebe und Todestrieb, ist in der Barockzeit noch verdeckt, auch wenn es im Schauspiel jener Zeit Tendenzen gibt, die Liebe zu steigern, indem man sie möglichst nah am Tod ansiedelt. Im 18. Jahrhundert ändert sich dies, die Texte sind nun voll von interessanten Liebesgeschichten mit Leichen. Das Wesentliche der romantischen Schauer- und nekrophilen Liebesliteratur spielt sich im Imaginären, in der Welt der Phantasie ab. „Diese Phantasmen", urteilt Philippe Ariès in seiner „Geschichte des Todes", „entsprechen dem Diskurs der Ärzte. Sie gestehen der Leiche eine Art Eigenleben zu, das die Begierde hervorruft, die Sinne erregt." Jene seltsame Mischung aus romantischer Literatur, populären Glaubensvorstellungen und aufklärerischer Naturwissenschaft ist jedoch nicht nur auf die irreale Welt der Einbildung beschränkt geblieben, sie ist ins tägliche Leben angstvoll eingedrungen, und wir finden sie in Gestalt des Scheintodes wieder.

Das Anwachsen der Furcht vor dem Lebendig-begraben-Werden existiert bereits im 17. Jahrhundert, aber erst um 1740 nehmen sich unsere Ärzte dieser Frage an, um auf eine der großen Gefahren der Epoche hinzuweisen. Eine breitgestreute Literatur greift jetzt warnend die alten Geschichten wieder auf und verbreitet Erzählungen über wundersame Wiederauferstehungen, aus Gräbern ertönende Hilferufe, zerkratzte Sargdeckel und angebissene Leichen von Hof zu Hof, und diese gehen auch in der Stadt um. Man wird also nicht erstaunt sein, daß bereits ab Mitte des 17. Jahrhunderts gewisse Vorsichtsmaßnahmen in den Testamenten gehobener Schichten zunehmen, wie die Aufbahrung der Leiche ein- oder zweimal 24 Stunden hindurch, ihre Unberührtheit während einer bestimmten Zeit vor der Bestattung sowie etwa regelmäßige Schläge auf die Fußsohlen oder ein in Wien noch um 1900 vom Totenbeschauer um 100 Kronen praktizierter Herzstich mittels stählernem Stilett.

Die Angst vor dem Scheintod hörte im westlichen Europa während der

Die Angst des Satirikers vor dem Scheintod: Johann Nestroy als Sansquartier in „Zwölf Mädchen in Uniform", Illustration von Josef Kienzel

ganzen ersten Hälfte des 19. Jahrhunderts nicht auf und sollte sich in Wien noch länger halten, auch wenn hier bereits durch das kaiserliche Patent vom 26. August 1714 die Einführung einer obligatorischen Totenbeschau anbefohlen worden war. Ab 1753 durfte eine Beerdigung auf-

grund eines Hofrescripts erst zweimal 24 Stunden nach dem Ableben erfolgen, eine Bestimmung,
die 1771 erneuert wurde, verbunden mit der Anordnung zur Errichtung von Totenkammern –
„Abstellräume" für die Leichen
unter Aufsicht bis zum Beginn der
Verwesung, wie sie wenig später
auch in deutschen Städten zu finden waren. „Der Zweck der Leichenkammer bestehet lediglich
darin, das lebendig begraben werden zu verhindern", stellt dazu ein
Hofdekret noch am 3. Mai 1826
fest. 1797 bereits verordnete ein
ebensolches, „bewogen durch die
schreckliche Vorstellung, daß
mehrere Scheintote zur grausamen Marter lebendig begraben
wurden", daß an der Hand eines
jeden im offenen Sarg befindlichen Toten eine Schnur anzu-

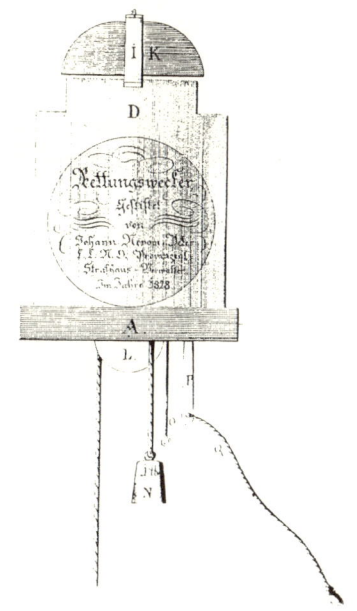

*Johann Nepomuk Peters „Rettungs-
wecker" für den Währinger Friedhof, wo
er niemals seine Nützlichkeit unter Beweis
stellen konnte*

bringen sei, die mit einer Glocke im Zimmer des Totengräbers verbunden
sein mußte. Eine Maßnahme, von der allerdings Selbstmörder ausgeschlossen blieben, da man bei ihnen derlei Ängste nicht voraussetzte.

Ein ähnlich konstruierter „Rettungs-Wecker", zur „möglichen An-
meldung eines scheintoden" war 1828 von dem findigen „Kais. kön.
nied.oest. Provinz Strafhaus-Verwalter" Johann Nepomuk Peter dem Leichenhof des Ortes Währing (heute Schubertpark, Wien 18) gestiftet worden. In der beigefügten „Belehrung für den Todengräber", einer Art mit
Skizzen versehenen Gebrauchsanweisung des „Gefühlvollen Kerker-
meisters", wie der Titel eines Nestroy-Stückes lautet, heißt es dann: „Zur
Anwendung des Rettungsweckers für eingesetzt werdende Leichnahme,
welche die gesetzliche Zeit zur Begräbniß noch nicht vollstreckt haben,
um den Scheintode zu begegnen. – Erstens In der Kapelle wird vor allem der Kasten, worin die Fallstange, die den Glockenzug beweget, sich
befindet, geöffnet, in selben zu erst der Rasthagen A. ausgelöset, welcher
die Fallstange C. festhält, diese Fallstange dann auf die Höhe gezogen,
bis der Sperhagen B. einfällt und endlich die Zugschnur D den Leich-

nahm an die Hand befestiget. – Zweytens In der Wohnung des Todengräbers, worin der Rettungswecker ist, wird zuerst die außer dem Kastel rechts befindliche Schnur E etwas angezogen, damit das Sperpratzel einfallen kann, und dann wird der Wecker wie eine gewöhnliche Uhr aufgezogen, bis das schwerere Gewicht F oben ansteht. – Nach Beerdigung des Toden, wird der Rasthagen A, welcher die Fallstange C, im Ruhestand tragen soll, wieder eingehängt, damit die Fallstange desto sicherer fest hält."

Sei es, daß niemals ein Scheintoter auf diesem Ortsfriedhof zu liegen kam, sei es, daß Johann Nepomuk Peters Gebrauchsanleitung dem dortigen Totengräber zu kompliziert erschien, Tatsache bleibt, daß die Glocke des Rettungsweckers am Leichenhof des Ortes Währing niemals anschlug, um so seine Nützlichkeit unter Beweis stellen zu können. Dennoch bewog die Existenz des Alarmgerätes viele Menschen des biedermeierlichen und liberalen Wiens dazu, ebendiesen Friedhof für ihre künftige Bestattung vorzusehen, so auch Johann Nepomuk Eduard Ambrosius Nestroy.

Noch am 5. Oktober 1874, inmitten des Krisentaumels der liberalen Gesellschaft und der unangefochtenen Herrschaft des wissenschaftlichen Positivismus, berichtet das „Illustrirte Wiener Extrablatt" ausführlich, welche Vorkehrungen in der neuerrichteten „Todtenhalle des Zentralfriedhofes" getroffen werden, um das Begraben eines Scheintoten zu verhindern. Demnach wurde auf jeder Seite der in zwei Reihen aufgestellten Bahren und Särgen eine Messingplatte angebracht, „um das Vorhandensein eines Scheintodten in der Leichenhalle sofort zu konstatiren, sobald ein solcher auch nur das leiseste Lebenszeichen von sich gibt. Die Metallplatte zeigt einen rechtwinkeligen Hebel a-b-c. Auf diesem Hebel wird jede Leiche derart hingelegt, daß sie mit dem Rumpf auf die stacheligen Spitzen zwischen a-b und der eine Arm auf b-c zu liegen kommt. Für den Fall nun, daß der Körper des so Aufgebahrten auch nur die leiseste Bewegung macht, senkt sich der Punkt c des Hebels auf einen Stift nieder, wodurch ein elektrischer Strom belebt wird, der, blitzschnell durch die ersichtlichen Drähte laufend, im Zimmer des Todtenwächters eine Lärmglocke in Bewegung setzt und an dem Rahmen an der Wand die Nummer jener Bank hervorschnellt, die in der Leichenhalle den Lebenszeichen von sich gebenden Körper trägt." Der Blattaufmacher des „Illustrirten Wiener Extrablatts", dem auch erklärende Zeichnungen beigegeben werden, endet mit der Bemerkung: „Die Bahren der Selbstmörder haben diese elektrische Vorrichtung nicht."

Seit dem Reichsgesetz vom 30. April 1870 oblag nunmehr die Überwachung der Totenbeschau der Staatsverwaltung, die Durchführung hingegen der jeweiligen Gemeinde. Der Arzt war es dann, der „die Beerdigung der beschauten Leiche zu gestatten findet" und den Beschaubefund oder „Todtenbeschau-Zettel" zweifach auszustellen hatte, als Grundlage für die Eintragung ins Totenregister sowie als Beerdigungsbewilligung. Es ist nunmehr Sache der Mediziner, im Zeitalter des Rationalismus und der Objektivität, den subjektiven Tod zu kontrollieren, zu entmystifizieren und dem Scheintod, jenem Aberglauben ohne experimenteller Grundlage und wissenschaftlichen Wert, seinen Stellenwert als Scheinproblem zuzuweisen.

Die bedrückende Angst jedoch, welche die Ärzte des 19. Jahrhunderts nunmehr für unvernünftig erklären, wird in die verbotene Welt der Träume und Phantasmen abgedrängt, woher einzig die Dichter und Künstler sie hervorzuholen wagen.

Der am 7. Dezember 1801 im mit Rokokofassade samt Balkon 1761 errichteten Wohnhaus in der Bräunerstraße 3 (nach älteren Angaben, wie die des Herausgebers und Biographen Otto Rommel, im Sternhof in der Jordangasse, dem Sterbehaus Fischer von Erlachs) geborene Dichter und Schauspieler Johann Nestroy stand in der altwienerischen Spektakeltradition und den literarischen Residuen des Barocks und schuf daraus ein satirisches Volkstheater eigener Art. Der „Schopenhauer im Wurstelprater", wie ihn Anton Kuh nannte, bewirkte eine radikale Entzauberung der Posse und von Raimunds naivem Zauberspiel, „dieses ins Volkstümliche abgesunkene Überbleibsel der metaphysischen Illusionsdramatik des Barock", wie Biograph Otto Basil anmerkte, mit Hilfe der Ironisierung und Parodisierung der übersinnlichen Feen- und Magierwelt. Dennoch flüchtete Nestroy in seinen Werken oftmals in Traumallegorien; was das reale Leben der Metternichzeit dem Bürger an Freiheiten vorenthielt, gewährte der Traum und schließlich der Tod, deren Spiel schrankenlose Freiheit ist. Er „betreibt ein stilles, abgeschiedenes Geschäft, bei dem die Ruhe das einzige Geschäft ist", spricht Titus in „Der Talisman" über seinen Vater, „er liegt von höherer Macht gefesselt, und doch ist er frei und unabhängig, denn er ist Verweser seiner selbst – er ist tot."

„Zum Tod hatte er das Angstverhältnis des Neurotikers", konstatieren seine Biographen Rommel und Basil, und Paul Schick hat in seiner vergleichenden Studie „Der Satiriker und der Tod" eine ähnliche Haltung beim Nestroy-Wiederentdecker, dem Geistes- und Sprachverwandten Karl Kraus, aufgezeigt.

Der Gedanke an das Ende der Existenz löste stets tiefe Depressionen bis Zusammenbrüche bei Nestroy aus, daher verdrängte er alles, was ans Sterben erinnerte. Über seine krankhafte Todesfurcht, die neurotische Grundstruktur seiner Persönlichkeit, wurde in Erinnerungen und Nekrologen viel geschrieben, doch auch im Werk selbst wird an zahlreichen Stellen seine total illusionslose Weltanschauung deutlich, daß ihm „das miserabelste Leben mehr wert ist als der brillanteste Tod", wie es im „Schützling" heißt. „Ich höre das Gras wachsen, in welches ich beißen werd'", schreibt er in „Die Papiere des Teufels". „Ja, Tod, du bist eine eigene Sache, du Tod, du! – Schauerlich durch Rätselhaftigkeit, und wärst vielleicht noch schauerlicher, wenn das Rätsel gelöst wär'; aber die Würmer können nicht reden, sonst verrieten sie's vielleicht, wie gräßlich langweilig dem Toten das Totsein vorkommt" („Der Schützling"). „Ich hab' in meiner Jugend Scharfrichterskinœr g'sehn, die haben sich ein Schafottbrettl über a Folterbank g'legt und haben sich drauf g'hutscht", heißt es in „Der alte Mann mit der jungen Frau". Und: „Wir sind alle Delinquenten, die der Scharfrichter Tod mit dem Rad der Zeit zerschmettert" (geplant für „Praktisch und Unpraktisch").

1857, nach dem Ableben seines langjährigen Partners Wenzel Scholz, wird er erneut von Todespanik ergriffen und reist eilig aus Wien ab, zuvor bereits war er im Pariser Musée du Luxembourg vor Charles Muellers Gemälde, das den Tod der Girondisten darstellt, ohnmächtig zusammengebrochen.

1860 übersiedelt er nach Graz, der bei Pensionisten höherer Stände beliebten Hauptstadt des Kronlandes Steiermark. Die Wiener sahen ihn zum letztenmal am 4. März 1862 auf der Bühne: in der berühmtesten Rolle seines Lebens, des Knieriem, und er versprach, bald wiederzukommen. Er, der einst geschrieben hatte: „Was hat die Nachwelt für uns getan? Nichts. Das nämliche tue ich für die Nachwelt", verfaßt im Jänner 1861 sein Testament, in dem er stellenweise noch einmal versucht, sich mit grimmigem Humor über die Schrecknisse des drohenden Todes zu erheben:

„Im Nachstehenden gebe ich meine letztwilligen Verfügungen kund, und erkläre zugleich hiemit, daß diese Verfügungen bis zur Ausfertigung eines in vollständig juridischer Form abgefaßten Testaments, oder wenn mich der Tod vor Abfertigung eines solchen ereilen sollte, in aller Kraft eines Testaments zu Recht zu bestehen haben.

Daß Einzige, was ich beym Tode fürchte, liegt in der Idee der Möglichkeit des Lebendigbegrabenwerdens. Unsere Gepflogenheiten gewähren in dieser höchst wichtigen Sache eine nur sehr mangelhafte Sicherheit. – Die Todtenbeschau heißt so viel wie gar nichts, und die medizinische Wissenschaft ist leider noch in einem Stadium, daß die Doctoren – selbst wenn sie einen umgebracht haben – nicht einmal gewiß wissen, ob er todt ist. – Das in die Erde Verscharrtwerden ist an und für sich ein widerlicher Gedanke, der durch das obligate Sargzunageln noch widerlicher wird. Mit einem Stoßseufzer denke ich hier unwillkührlich, wie schön war dagegen das Verbranntwerden – als Leiche nämlich – wo die Substanzen in die freyen Lüfte verdampfen, und die Asche in einer schönen Urne bei zurückgelassenen Angehörigen in einem netten Kabinettchen stehen bleiben konnte. – So that man vor zweytausend Jahren, aber freylich, bis die Menschen wieder so gescheidt werden, wie sie vor zweytausend Jahren gewesen, können immerhin noch zweytausend Jahre vergehen. –

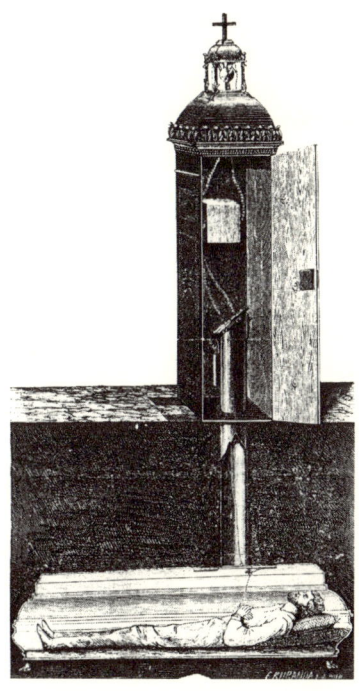

Komplizierte Scheintoten-Alarmsysteme beschäftigten die Phantasie der Wiener noch im fortschrittsfreudigen 19. Jahrhundert

Nun, nachdem ich dem Fortschritt mein Compliment gemacht, wieder zur Sache. Ich habe, was meinen Leichnam anbelangt, folgenden Beschluß gefaßt. Ich laße mir vielleicht bald, vielleicht auch erst, wenn ich in ein höheres Alter vorgerückt sein werde, auf einem hiesigen Friedhofe eine Gruft bauen. Sollte jedoch mich der Tod vor Ausführung dieses Plans überraschen, so hat der Bau dieser Gruft alsogleich nach Eröffnung dieser Zeilen in Angriff genommen zu werden. Selbstverständlich kan und muß so ein Bau, welcher eigentlich kein Bau, sondern nur die Ausmauerung einer Grube ist, – in Drey, längstens Vier Tagen vollendet seyn. Eine derley Wohnung kann auch, ohne Sanitätsgefahr für die Wohnpartey sogleich bezogen werden. – Mein Leichenbegräbniß wünsche ich mit ganzem Conduct, aber durchaus nicht nach Zweymal Vierundzwanzig Stunden, – (welche Frist in der Praxis unverantwortlicher Weise mit der leichtsinnigsten Liederlichkeit oft auch noch um Zwölf oder noch mehrere Stunden verkürzt wird), – sondern darf erst mindestens volle Dreymahlvierundzwanzig Stunden nach dem Todesmoment Statthaben. Selbst dann noch will ich, nach vollendeter Leichen-Ceremonie, in einer Todtenkammer des Friedhofes, in offenem Sarge, mit der nöthigen Vorkehrung, um bey einem möglichen, wenn auch noch so unwahrscheinlichen Wiedererwachen ein Signal geben zu können, noch mindestens Zwey Tage (vollständig gerechnet) liegen bleiben, dann erst in die Gruft – aber selbst da noch mit unzugenageltem Sargdeckel – gesenkt werden.

Nachdem ich mich nun lange genug, beinahe schon zu lange bey meinem Leichnam aufgehalten, begeben wir uns von der steinernen Gruft zur eisernen Casse ...“

Am 25. Mai 1862, einen Sonntag, um elf Uhr vormittags, endet das Leben des Dichters und Darstellers abgründiger Wiener Lustspielfiguren. „Nestroy starb unter schmerzlichen Leiden nach einem 50stündigen Todeskampfe in seinem eigenen Haus in Graz, Elisabethstraße Nr. 675“, berichtet die „Wiener Zeitung“ am 27. Mai und erinnert bei dieser Gelegenheit daran, daß seine letzten Worte auf der Bühne anläßlich einer Wohltätigkeitsvorstellung lauteten: „Alles umsonst!“ Die darauffolgende Obduktion erwähnt ein „akutes Gehirnödem“ und „seröse Apoplexie“ als Todesursache. „Johann Nestroy ist am 25. d. M. in Graz gestorben und nur als Leiche wird er in die Mitte Wiens zurückkehren, das ihn so oft in der Fülle des markirtesten Lebens und heiterer Uebermuthes vor sich sah“, hatte die Zeitung bereits am Vortag geschrieben und in dieser Nummer 121 auch ein „Großes Affen-Theater im k. k. Prater, Feuerwerks-Allee links“ beworben. Am 2. Juni wird Nestroy in der Pfarrkirche St. Johann in der Praterstraße, nahe dem Carl-Theater, eingesegnet und „am Währinger Ortsfriedhof, demselben, auf welchem Beethoven und Schubert ruhen, nach der 1. Classe in eigener Gruft beerdigt“, wie es in einem zeitgenössischen Bericht heißt. 1881, im Jahr des großen Nestroy-Zyklus des Carl-Theaters, werden die Gebeine exhumiert und in einem Ehrengrab der Stadt Wien auf dem Zentralfriedhof bestattet (Gruppe 32 A, Nr. 6).

„Wien begräbt seine Lieblinge“, klagt das „Fremdenblatt“ am 1. Juni 1862, „seine Basteien, seine Stadtgräben, seine Glacis – morgen wird es einen seiner liebsten Bekannten, Johann Nestroy, zu Grabe tragen.“ Man fühlte nicht ohne Beklemmung, daß mit ihm ein Stück Alt-Wien versank und eine neue Epoche bevorstand. „Waldheims Illustrirte Zeitung“ schreibt von einer „fast beispiellosen Theilnahme der Bevölkerung“ beim Begräbnis des Dichters. „Von der Praterstraße bis zum Theater am Franz-Josef-Quai“ wurde der Sarg getragen, dann bewegte sich der Trau-

erzug feierlich über die Ringstraße nach Währing. „Den ganzen weiten
Weg säumten, Kopf an Kopf dicht gedrängt, Tausende Menschen und
grüßten ihren toten Liebling", schließt Otto Basil seine Nestroy-Biogra-
phie, nicht ohne zu erwähnen, daß Bilder des Verstorbenen mit seiner
Biographie den feierlich Trauernden von ambulanten Händlern ebenso
angeboten wurden wie Erfrischungen und Süßigkeiten: „Sogar noch im
Tod hatte der große Mime den Wienern ein Spektakel geboten."

Der Wein, das Weib und der Tod

Die Pest anno 1679 und die Weltsicht der Wienerlieder
1, Fleischmarkt 9

Bereits zu Beginn des Jahres 1679 war abermals die Pest ausgebrochen. Die ersten Fälle zeigten sich in der Leopoldstadt, von dort verbreitete sie sich zunächst in die anderen Vorstädte und drang erst mit Eintritt der warmen Jahreszeit in die engen Gassen der Inneren Stadt ein. Bis dahin hielten die Bewohner der Stadt die Seuche für nicht allzu gefährlich. Der Prediger Abraham a Sancta Clara berichtet, die Burg sei zu diesem Zeitpunkt vom Kaiser Leopold I. und seinem Hofstaat bewohnt, der Adel in großer Menge anwesend gewesen, der russische und polnische Botschafter hielten mit prunkvollem Aufwand ihren Einzug, und „klingende Trompeten und allseits erschallende Musik aus den adeligen Palästen und Höfen machte solches Getös, dass man davor gehalten, der Himmel hab ein Loch bekommen, wodurch die Freude metzenweise in die Wienerstadt gefallen". Als sich jedoch die Todesfälle zu häufen begannen, waren Hof und Adel die ersten, die fluchtartig die Stadt verließen, ihnen folgten die Gesandten, Räte und reichen Bürger.

Mit furchtbarer Gewalt wütete nunmehr die Seuche unter den zurückgebliebenen Armen. Der Abfall in den Straßen, das verunreinigte Wasser der Hausbrunnen, die Friedhöfe inmitten der Stadt entfachten die Pest immer wieder aufs neue. Ganze Wagenladungen voll Toter führte man Tag und Nacht zu allen Stadttoren hinaus und warf sie zu Tausenden in große, zu diesem Zweck ausgehobene Gruben. Die Ärzte, Wundärzte und Bader wollten sich immer weniger in Todesgefahr begeben, und so mußte man viele von ihnen gefesselt in die Spitäler führen und auch Verbrecher zum Lazarettdienst abstellen. Einige Wiener, welche die Gelegenheit zum Plündern nützten, wurden gehängt. Glücklicherweise trat im November eine scharfe Kälte ein, wodurch die Pest etwas nachließ. Im Dezember endlich verlor sich das Übel gänzlich, das Leben normalisierte sich langsam, und bereits am Weihnachtstag wurden allein in St. Stephan 95 Paare getraut.

Die Zahl der Opfer in Stadt und Vororten betrug 122.849, die in 77 eigens dazu aufgeworfenen Pestgruben, von denen manche vier- bis fünftausend Tote faßten, begraben wurden. Schon im Oktober des Pestjahres hatte man eine hölzerne Säule mit der Heiligen Dreifaltigkeit am

Graben errichten lassen, zu welcher Bittgänge veranstaltet wurden. Später, nach Abwendung der zweiten Türkengefahr, während der er ebenfalls die Stadt verlassen hatte, ließ der fromme Kaiser Leopold I. an gleicher Stelle die noch heute bestehende marmorne Dreifaltigkeitssäule von Johann Bernhard Fischer von Erlach errichten. 1670 bereits hatte der Kaiser die Juden aus dem Unteren Werd vertreiben und an Stelle der Hauptsynagoge die Leopoldskirche errichten lassen, woraufhin der dankbare Magistrat jenen Vorort nach ihm benannte, in dem dann wenig später die Pest ausbrach.

Einer, der häufig in der Bierschenke zum „Rothen Dachel", auch unter der Bezeichnung „Schlosserbierhaus" bekannt und mit dem Schild zum „Weißen Engel" geschmückt, in der späteren Griechengasse, Ecke Fleischmarkt, im Hause mit der heutigen Nummer 9 eingekehrt sein soll, war, nach Moriz Bermann, der Musikant Augustin gewesen. In den Pesttagen des Septembers 1679 soll er dort trübsinnig versucht haben, seine Angst durch eine bedeutende Quantität Weißbieres und Weines zu dämpfen, wozu er sein neuestes Trauerlied sang, das mit den resignierenden Worten endete:

O, Du lieber Augustin,
Leg' nur in's Grab Dich hin,
O, Du mein herzliebes Wien,
Alles ist hin!

„Schließlich setzte Augustin noch einen Seitelstutzen voll Kornbranntwein darauf und verließ endlich", schildert Bermann kenntnisreich weiter, „als es schon längst auf den Gassen dunkelte, wankend und unsichern Schrittes den Schauplatz." Außerhalb des Burgtores stolperte er und fiel in eine Grube, wo er sich seinen Rausch ausschlief. „Als er jedoch zur Zeit der Morgendämmerung mit ziemlich unbehaglichem, mißgestimmtem Gefühle erwachte, wurde er mit Schrecken gewahr, was denn eigentlich seine Schlafstätte gewesen – eine noch nicht zugeschüttete Pestgrube, voll schauerlicher Leichen. Er schrie nun aus Leibeskräften um Hilfe und wurde endlich von den Pest- oder Ziehknechten, die bald darauf frischen Transport brachten, aus der schauerlichen Grube hervorgezogen." Dieses Abenteuer hatte jedoch keine weiteren Folgen für unseren Lieben Augustin, es verschaffte ihm noch dazu die Erzählung desselben manches Maß Weißbier, und als die Seuche endlich vorüber war, „brachte er sein grauenvolles Abenteuer in zierliche Reime, die er auf der Bierbank beim ‚Rothen Dachel' und in anderen Schanklokalen mit schallendem Beifall absang".

Die Erzählung vom „Lieben Augustin", der mit seinen vom Dudel-
sack begleiteten Trinkliedern der Pest entging, fand weite Verbreitung.
Doch trotz Moriz Bermanns auf Matthias Fuhrmann gestützte Bemühungen, der Sage eine historische Gestalt zuzuschreiben, blieb sie ein
Produkt der Phantasie. Stadthistoriker wie Josef Schwerdfeger oder Gustav Gugitz haben nachgewiesen, daß der „Lustige Augustin" niemals
existiert hatte, zudem ist die echt wienerische Erzählung auch keineswegs bodenständig. Der populäre Hofprediger Abraham a Sancta Clara
hatte sie bereits vier Jahre vor Ausbruch der Pest aus dem heimatlichen
Schwabenland mitgebracht, Matthias Fuhrmann hat den Namen ihres
Protagonisten erfunden, die Melodie war ein über Böhmen aus Sachsen
kommender Gassenhauer, der später von verschiedenen Musikern verwendet wurde. Erst Moriz Bermann hat 1865 Legende und Lied vereinigt und daraus die bekannte Wiener Sage gestaltet, die dann hierorts
gerne als moralischer Trost angenommen wurde.

Mag er auch niemals gelebt haben, die legendäre Gestalt des „Lieben
Augustin" gedieh rasch zum Symbol des Einheimischen, dem Wein und
Wienerlied bis heute über manch mißliche Lage hinwegzutrösten vermag, der den ständig gegenwärtigen Tod beim Heurigen als Zechbruder
willkommen heißt und schließlich heiter-resigniert, nach dem Genuß
eines letzten Achterls und in der Gewißheit einer schönen Leich', sich in
dessen Arme begibt. Schon allein aus diesen einsichtigen mentalen
Gründen war der „Liebe Augustin" aus der Pestgrube zum ersten Volkssänger der Stadt ernannt worden.

Die Anfänge des Wienerliedes reichen allerdings weiter zurück. Bereits
im Mittelalter wird von Trinkliedern und deren Interpreten in der Stadt
berichtet. Wein, Weib und Wien werden bereits im vierzehnten und
darauffolgenden Jahrhundert gerne besungen und gespielt. In der Neu-
zeit beginnt sich das Straßenlied auszubreiten und wird von Bänkelsängern und Liederweibern vorgetragen. Ferdinand I. sieht sich bereits in seiner Polizeiordnung von 1552 gezwungen, „gegen Landfahrer, Singer und
Reimsprecher" vorzugehen. Im 17. Jahrhundert erscheint in den Wiener
Wirtshäusern die erste Harfenistin, vom „famosen Hackbrettschlager"
Ferdinand Sturm berichtet die Stadtchronik, von einem gewissen Pasqual
Josef von Damiani, Herzog und Graf von Tuhegli, später reputierlicher
Bierfiedler in Lerchenfeld, und vom Tanzgeiger und Sänger Georg Sta-
ben, der 1706, mit geringerem Glück als Augustin ausgestattet, vor dem
Stubentor betrunken in eine Senkgrube fiel und dort auch erstickte.

Maria Theresias Buschenschankordnung, die von Josef II. 1784 mo-
difiziert wurde, trug zur Wiener Gemütlichkeit das Ihrige bei. Später

Ziel zahlreicher Bittgänge: Die hölzerne Dreifaltigkeitssäule am Graben aus dem Pestjahr 1679

brillierten dann vor allem am Spittelberg, von dessen 138 Häusern immerin 58 über eine Schankberechtigung verfügten, zahlreiche Harfenisten, die anscheinend nach einem ungeschriebenen biedermeierlichen Gesetz alle blind zu sein hatten.

Maria Theresias Buschenschankordnung begründete den Ort Wienerischer Gemütlichkeit.
„Beim Heurigen", Abbildung von Hans Schließmann

Der Wein, das Weib und der Tod

Der in Ignaz Franz Castellis Memoiren erwähnte Leopold Burger, genannt „der blinde Poldl", trat hierzulande ebenso auf wie die bekannten virtuosen „Dudler" Jonas und Rothkopf und der mit „Zwickerl" burschikos apostrophierte Johann Mayer, Komponist eines vielgespielten „Leichenmarsches", dessen Produktionen Titel wie „Juxer, Wixer und Reißer" aufwiesen. Und von der Bühne herab gelangte ab 1834 Ferdinand Raimunds melancholisches Lied aus dem „Verschwender" ins feuchtfröhliche Publikum hinab, worin Valentin angesichts des Todes ohne Umstände seinen Hobel hinlegt, „und der Welt adje" sagt.

Es produzierten sich in Wien zu Beginn des 19. Jahrhunderts ferner der Klarinettist Franz Gruber, genannt das „picksüße Holz", sowie Johann Baptist Moser, der das reformierte Wienerlied und Volkssängertum zu neuen Höhen emporhob, um den Preis freilich, die dem Lied innewohnende Kritik und Widerständigkeit für alle Zeiten zu eliminieren. Bedeutsam für das salonfähig und politisch harmlos gewordene Couplet und Wienerlied wird Johann Fürst, der im Prater das „Schreyer'sche Affentheater" erwirbt und zu einer Singspielhalle ausbaut. Wienerlieder und Volkssängertum erlebten dann in der zweiten Hälfte des 19. Jahrhunderts ihren einzigartigen Höhepunkt. Emilie Turecek, die berühmte „Fiaker-Milli", war durch ihren Gesang wie durch ihr enges Kostüm weithin bekannt geworden, Anna Fiori, die knapp dreißigjährig starb, durch ihre Nummer „Des Drah'n des is mei Leb'n". Wilhelm Wiesberg verfaßte in einer Art Abwendung vom Weimarer Klassizismus „Das hat ka Göthe g'schriebn", Edmund Guschlbauer kreierte 1879 das Lied „Weil i a alter Drahrer bin" und schuf damit die typologisch einprägsame Figur des Wieners schlechthin, die nun häufig in der Stadt und ihren Liedern anzutreffen war. Guschlbauer wieder trat oftmals gemeinsam mit dem „Lercherl von Hernals", Luise Montag, auf, die 1927 in einem Irrenhaus enden sollte.

Ein gleiches Schicksal wird Antonie Mansfeld beschieden sein, die mit zahlreichen frivolen Liedern reüssierte. Auch sie besang gerne ihr Wien, den Wein, die Gemütlichkeit, die Liebe und den Tod. Als am 11. Juni 1869 fünfundvierzigjährig der Liederdichter und Journalist Ferdinand Mansfeld starb, verkündete dessen tieferschütterte Gattin daraufhin in einer außergewöhnlichen Traueranzeige: „Die irdische Hülle wird Sonntag um 3 Uhr nachm. am Währinger Ortsfriedhof zur ewigen Ruhe getragen. Die heil. Seelenmesse wird Montag, den 14. Juni 1869, um 9 Uhr Früh in der Votiv-Kirche gelesen." Da „ich es als meine heilige Aufgabe betrachte", heißt es auf dem Partezettel abschließend, „den so schwer Leidenden in seinem letzten Kampfe nicht zu verlassen, so war ich leider in die unangenehme Lage versetzt, an einigen Abenden meinen Verpflichtungen dem P. T. Publikum gegenüber nicht nachkommen zu können. Deshalb um Vergebung bittend, mache ich die geziemende Anzeige, daß ich von Montag, den 14. Juni 1869, angefangen wie zuvor meine Soiréen abhalten und mich bemühen werde, mit ganz neuen Liedervorträgen meine geehrten Gönner zu unterhalten.

Antonie Mansfeld, Volkssängerin."

Im ausgehenden Jahrhundert, als Wien zur urbanen Großstadt emporwächst, wird das Wienerlied noch einmal von einer sanften goldenen Gloriole umstrahlt, dessen lebensüberschäumender Ausdruck nunmehr in der längst beschlossenen Feststellung zu finden ist: „Ja, da fahr'n ma halt nach Nußdorf 'raus", im kontinuitätsbewußten „Es wird a Wein sein und mir wer'n nimmer sein" oder in dem, im Zeichen starker ethnischer Mobilität bereits als trotzig zu bezeichnenden Gesang, „Mei Muatterl war a Weanarin". „Was ihnen an Geist und tiefer Empfindung abgehen sollte", schreibt Heinrich Laube in seiner „Reise durch das Biedermeier" nicht gänzlich grundlos über die Wiener, „ersetzen sie durch Schalkhaftigkeit und Laune."

Der Text „Trink ma no a Flascherl Wein" eröffnet zudem dem stillen Zecher die Möglichkeit, beim genannten Flascherl, Glaserl, Stamperl, Achterl oder gar Schluckerl über den stets in seiner Sprache präsenten Diminutiv nachzugrübeln, sofern er nicht bereits einen veritablen Rausch sitzen hat, der in diesem Landstrich freilich zum Räuscherl verkleinert wird, das einem allemal lieber als das Fieber ist. Welche vorzeigbare Weltsprache verfügt schon über ein derart reichhaltiges Repertoire an Verniedlichungsformen zwecks selbstberuhigender Verschleierung eines an sich klaren Tatbestandes, der dann auch ganz offen und quantitativ präzise mit a wengerl, a bisserl, a Alzerl von an Fahnl, Fetzen, Schweigerl, Schwamma, Schwül, Spitz oder Schwipserl angegeben wird und dem oftmals die erklärenden Einschubwörter Hörn S', Schauen S', Gehn S', Kommen S', Wissen S', Netwar, Alsdern oder das besänftigende Freili vorangestellt werden. Auch dieser lokale linguale Stolz ist in hohem Maße und mit schwerer Zunge in das Wienerlied eingegangen.

Scheinbare Größe auf das richtige Maß zurückzuführen, läßt sich wohl, wie Gottfried Heindl anmerkt, von illusionslos reflektierten Geschichtsereignissen herleiten. „Alle Revolutionselemente, alles Menschheitsempörende, was sie wo anders in großem haben, das haben wir hier im kleinen", heißt es schon in Johann Nestroys Posse auf die gescheiterte Revolution 1848, „Freiheit in Krähwinkel". Der mit dem sprechenden Namen Eberhard Ultra versehene Redakteur fährt dort fort: „Wir haben ein absolutes Tyrannerl, wir haben ein unverantwortliches Ministeriumerl, ein Bureaukratieerl, ein Zensurerl, Staatsschulderln, weit über unsere Kräfterln, also müssen wir auch ein Revolutionerl und durchs Revolutionerl ein Konstitutionerl und endlich a Freiheiterl kriegen."

Ebendieses geschah in jenem Land, in dem mit Hilfe des dezimierenden Diminutivs vom Malheur, das noch lange keine politische Katastrophe, und vom maroden Staat, der noch lange kein desolater ist, ständig die Rede war, und in dem stets der Möglichkeitssinn über das Realitätsprinzip obsiegte. Über dieses eigentümlich geordnete Staatswesen hat dessen Kenner Robert Musil später geschrieben: „Es war nach seiner Verfassung liberal, aber es wurde klerikal regiert. Es wurde klerikal regiert, aber man lebte freisinnig. Vor dem Gesetz waren alle Bürger gleich, aber nicht alle waren eben Bürger".

Was machte diese Lieder bei den Bürgern Wiens des ausgehenden 19. Jahrhundert so populär?, läßt sich mit Friedrich Schlögl fragen. „Die vermeintliche Urwüchsigkeit des Textes? Mit nichten". Der Zauber, den es auf die Massen seit dem „Lieben Augustin" ausübte, lag vielmehr in „jener melancholischen Gemüthlichkeit", womit man das Herz der Zuhörer zu rühren vermochte, in jener „süßlichen Abschieds- und Sterbenskoketterie", die auf den sentimentalen Wiener immer wirkt, in „jener scheinbar versöhnlichen Schlußcadenz", für die der gemütliche Einwohner auch in der „gehobenst-lautesten Stimmung immer ein Faible hat" und die in einer „Spittelberger Elegie" etwa lautete:

Jetzt werd' i bald müss'n meine Augen schließen,
Wann i g'storben bin, so is a Fried!
Kumm nur, Master Hammerl! in mein Schlofkammerl,
Thu m'rs Licht auslöschen, nimm mi mit!

Wann die Glocken läuten, ruft's den Spielleuten,
Aus den Wirthshäusern überall;
Wenn die schwarzen Männa schon daher käma,
Thut's mi angeig'na 's letzte Mal!

Nach der Jahrhundertwende hatte allerorten die Operette ihren lautstarken Siegeszug angetreten und damit auch dem bodenständigen Wienerlied heftige Konkurrenz beim Verdrängen und der Flucht aus der

Realität geliefert. Wie Stefan Großmann berichtete, hatte er damals in seiner ausgiebigen Studienzeit mit seinem Freund Egon Friedell ein Kabarett besucht, in dem der Lokalbesitzer unvorsichtigerweise die Aufforderung an die Zuschauer richtete, auch etwas zur Erheiterung der Menschheit beizutragen. „Friedell und ich wechselten einige Blicke und Worte", erinnerte sich Großmann, dann seien beide auf die Bühne getreten, um eine Art Wienerlied von sich zu geben: „Das heißt, wir erfanden ein Duett, das eine Verhöhnung der blöden Wien-Verhimmelung war", wie man sie zumeist in den Wiener Volksliedern antreffen konnte. „Wir sangen unartikulierte Sätze, nach den sentimentalen-süßlichen Melodien dieser O-du-mein-Wien-Lieder und ließen nur manchmal das Wort ‚Stephansturm' oder ‚Donau' oder ‚Muatterl' deutlich werden, kurz ehe wir rührungserstickt inne hielten."

So fanden Volkssänger und Wienerlied ihr nahezu sang- und klangloses Ende, wurden von der goldenen Operettenzeit und dem bald aufkommenden Wien-Film verdrängt und vom „Pompfineberer" der Zeit abgeholt, der in seiner verniedlichten wienerischen Sprachform zumindest tröstlicher klingt als der leichenbittere Sargträger.

Im Naturalienkabinett zur Schau gestellt

Ein Leben nach dem Tod: Der hochfürstliche Mohr Angelo Soliman
1, Freyung 9

Als Fürstensohn Mmadi-Make soll er nach eigenen Angaben etwa im Jahre 1721 am Horn Afrikas geboren und als letzter Überlebender seines Stammes mehrmals als Sklave verkauft worden sein, ehe der Zehnjährige nach Messina als Gegenstand der damaligen Mode zu einer reichen Dame gelangte. Hier wurde der Grund zu seiner, nach allen Zeugnissen, umfassenden und tiefen Bildung gelegt, und hier wurde er auch auf den Namen Angelo Soliman getauft.

Über das weitere Schicksal des schwarzen Knaben berichtet die Schriftstellerin Karoline Pichler: „Seine Güte, seine Gefälligkeit und sein richtiger Verstand machten ihn jedermann wert. Prinz Lobkowitz, der als kaiserlicher General damals in Sizilien stand und oft ins Haus der Marquise kam, fühlte ebenfalls eine innige Neigung gegen den liebenswürdigen Knaben. Er bat die Marquise wiederholt, ihm den Negerpagen zu überlassen. Ihre Liebe zu Angelo stritt lange mit ihrer Klugheit, die ihr riet, sich dem kaiserlichen General durch dieses Geschenk zu verbinden." Unter vielen Tränen trennte sie sich schließlich von dem Pagen, und so gelangte Angelo Soliman in das Haus des Fürsten und wurde dessen ständiger Begleiter auf Reisen und selbst in der Schlacht.

Nach dem Tod seines Herrn und Gebieters wird Angelo Soliman dem Fürsten Wenzel Liechtenstein zugesprochen. Ein Gemälde von Canaletto aus jener Zeit stellt das Liechtenstein-Palais in der Roßau von der Gartenseite aus dar. Auf der Balustrade im Vordergrund steht Fürst Wenzel vor seinem Palais samt Ziergarten, ein Negerknabe reicht ihm ein Getränk und Bäckereien. Rote Hosen, ein dunkler Wams und ein weißer Turban bekleiden den Diener, dessen Alter und Profil allerdings nicht gerade überzeugend zu den übrigen Darstellungen Angelo Solimans passen. So betont Canaletto bewußt die exotisch-negroide Kopfbildung des Dargestellten und hebt damit seine auffallende Besonderheit hervor. Dennoch wird es nach Angaben seines Biographen Wilhelm A. Bauer aber kaum zweifelhaft sein, daß mit dem dargestellten Negerknaben Angelo Soliman gemeint ist, denn dem Maler handelte es sichtlich darum, dem regierenden Fürsten durch seine ausgesuchte Umgebung eine entsprechende Größe zu verleihen. Wie Palais und Park müssen dazu die beiden Seidenpinscher ebenso mithelfen wie Angelo Soliman selbst.

Auch Wenzel Liechtenstein wird ihn als Modeartikel geschätzt und als Sehenswürdigkeit bei sich gehalten haben, eine bestimmte Stellung hat er bei ihm nicht bekleidet. In den fürstlichen Finanzunterlagen findet sich Angelo Soliman als Kammerdiener, Hofmeister, Liechtensteinischer Hausofficier oder als „hochfürstlicher Mohr". In Wien, wo sich der Adel seit 1683 getaufte Beutetürken als Dienstpersonal und symbolisches Kapital hielt, war Angelo Soliman eine stadtbekannte Rarität, eine orientalische Existenz von hohem Sammlerwert, ein Begleiter, der die Repräsentationsgelüste seines fürstlichen Herrn stets zu steigern vermochte.

Wenzel Liechtenstein war ein Meister eleganter Pracht, und so bestimmte ihn Maria Theresia 1760 auch dazu, die Braut Josephs II., Isabella von Parma, prunkvoll nach Wien zu begleiten. Die „General-Rechnung der gesammten Ausgaben die Parmasaner Funktion und Reis betreffend" erwähnt auch die passende Kostümierung Angelo Solimans, der bei dieser Gelegenheit ein gold- und ein silberfarbenes Galakleid in „orientalischer Tracht" erhalten habe, die mit Knöpfen, Schnüren, Quasten geziert und mit einem goldenen beziehungsweise silbernen Gürtel sowie rotsamtenem Turban und türkischem Säbel getragen wurde.

In seinen späteren Jahren vermählte sich Angelo Soliman mit einer verwitweten Frau von Christiani, geborenen Kellermann, die aus den Niederlanden gebürtig war. Der Fürst wußte nichts von dieser Verbindung, und Angelo mochte seine Gründe haben, diese zu verheimlichen. Nach Karoline Pichlers Erinnerung verriet eines Tages Kaiser Joseph II., der großen Anteil an Angelo Solimans Schicksal nahm, ohne die Folgen zu ahnen, die erfolgte Hochzeit dem Fürsten. Fürst Wenzel warf Soliman daraufhin aus seinem Haus, und der einstige fürstliche Mohr lebte nun mit seiner Frau „Magdalena Christiano, jetzt verehelichte Solomanin" in der „Vorstadt Weissgärber, Kirchgassen, Nr. 38", heute Radetzkyplatz 4, Ecke Löwengasse 13.

Angelos folgenschwere Hochzeit fand, wie sein Biograph Bauer weiter feststellen konnte, am 6. Februar 1768 in der Stephanskirche statt. Das höchst merkwürdige lateinisch abgefaßte Trauungsprotokoll spricht von einem „Angelo Soliman, Mohr in Diensten des durchlauchtigsten Fürsten Wenzel von Liechtenstein, geboren in Africa von nichtkatholischen Eltern" und davon, daß der Bräutigam schwört, zwar ein Mohr, aber dennoch kein Sklave zu sein. Und am Rande des Protokolles findet sich der Passus: „Getraut am 6. Februar vom Chormagister. Diese Ehe darf

Angelus   *Solimanus*
Regiæ Numidarum gentis Nepos, decorâ   faciæ, ingenis validus, os humerosquæ
Jugurthæ similis in Afr. in Sicil. Gall. Angl.   Francon. Austriâ Omnibus Carus,
fidelis Principum   familiaris.
Zu finden bey Artaria.   Comp. in Wien.

*Der „hochfürstliche Mohr" als hochherrschaftliches Schau- und Sammlungsobjekt, Schab-
blatt von J. G. Haid nach einem Gemälde von J. N. Steiner, 1750*

auf Befehl Seiner Eminenz des Cardinalerzbischofs niemandem mitgeteilt werden." Die Randbemerkung des Kardinals Graf Migazzi könnte Angelos Wunsch nach Geheimhaltung der Vermählung gegenüber seinem Herrn entsprungen sein, ebenso könnte der Erzbischof jedoch Bedenken gegen die Mischehe, gegen die Verschiedenheit der Abstammung gehabt haben. Wie so vieles bei Angelo Soliman bleibt auch diese Anmerkung im Dunkel der Zeit, beurkundet ist, daß nach fast fünfjähriger Ehe dem Paar eine Tochter geboren und auf den Namen Josephine getauft wurde. Etwa zwei Jahre nach dem Tod des prunksüchtigen Wenzel Liechtenstein wendet sich Angelo Soliman wieder das fürstliche Glück in Gestalt des Neffen und Erben Franz Liechtenstein zu, der ihm ein jährliches Gehalt aussetzt. So zieht Angelo zum zweiten Male ins Palais Liechtenstein, jetzt aber mit seiner Familie.

Angelo widmet sich fortan seinen Studien, vor allem der Geschichte, beaufsichtigt die Erziehung des jungen Fürsten Aloys Liechtenstein und wird im Jahre 1783 Freimaurer. Er tritt in die eben gegründete Loge „Zur wahren Eintracht" ein und wird so Logenbruder aller jener, die zur geistigen und künstlerischen Elite Wiens im Zeitalter des mit den Freimaurern sympathisierenden Josephs II. zählen, Mozarts, Haydns und vieler anderer. „Unter ihrem zweiten Meister Hofrat Ignaz von Born, der, schon früher in Prag als Freimaurer sehr tätig, durch den afrikanischen Königssohn Angelo Soliman, den berühmten ‚kaiserlichen Mohr', der Loge zugeführt worden war, gelangte sie auf eine außerordentlich hohe Stufe", befand in seiner Geschichte des Freimaurertums Eugen Lennhoff. „Hofrat Born, ein bedeutender Mineraloge und Geologe, hatte einen Ruf nach Wien erhalten, um das kaiserliche Naturalienkabinett zu ordnen und zu beschreiben. Er war eine überragende Persönlichkeit", schreibt Lennhoff weiter, „und genoß als Gelehrter, als Wohltäter und freidenker Forscher ausgezeichneten Ruf." – „Einer der markantesten, werktätigsten, verdienstvollsten und unvergänglichsten Männer der josephinischen Zeit, vom Kaiser sehr geschätzt und ausgezeichnet und als Freund behandelt", heißt es über Born auch in Franz Gräffers „Josephinischen Curiosa".

Im September 1786 stirbt Angelo Solimans Gattin nach langer Krankheit „an Faulfieber und Nierenverschwürung" und wird auf dem Friedhof außer der Mariahilferlinie begraben. Um das Jahr 1791, während der Umbau des fürstlichen Hauses in der Herrengasse stattfindet, übersiedelt Angelo Soliman mit seiner Tochter in das Haus Freyung 165 (später Tiefer Graben 1 und Freyung 9), und in diesem Heim verlebt er auch seine letzten Lebensjahre. 1816, in „beinahe hilfloser Lage", zieht dann der junge Franz Grillparzer in eine Wohnung um die Ecke in den Tiefen Graben, der damals noch die Adresse „Im Elend" führte und die dem Totenschauamt gegenüber lag, eine manifeste Symbolik seiner Umstände, deren Ironie Grillparzer nicht entging.

Zehn Jahre nach dem Tod seiner Frau trifft Angelo Soliman, bis ins hohe Alter eine fast ununterbrochene Gesundheit und Jugendfrische genießend, ein Schlagfluß auf der Straße. Er wird nach Hause gebracht, doch bestand keine Möglichkeit mehr, ihn zu retten. Er stirbt am 21. November 1796 und das Sterberegister der Pfarre Schotten vermerkt an diesem Tag: „2 Uhr mittags, Angelo Soliman, fürstlich Liechtensteinscher Pensionär, katholisch, 75 Jahre, an Schlagfluss." Unter der Rubrik Beerdigung steht: „Am 23. November auf Währinger Friedhof."

Angelo Soliman, der wegen seines Aussehens und seiner Herkunft zu Lebzeiten als präsentabler Leibeigener, als lebende Sache, als fürstliches Geschenk galt, starb als armer Mann. In der Schätzung seines „Inventariums" werden unter anderem „Ein silberfarb tücherner Kaftan samt deto Weste", ein „alt silberfarb tüchener Pelz mit Fuchsfutter und ein altes Unterfutter von Lammfell" aus besseren, fürstlichen Zeiten angeführt sowie „Auf dem Boden etwas Graffelwerk".

In die Literatur eingegangen ist Angelo Soliman etwa durch Gräffers Skizzen in seinen „Kleinen Wiener Memoiren". „Auf der Burgbastei wandelten zwei Männer, abseits vom Publikum. Beide in reifen Jahren. Der eine, ein Weißer, war in tiefstes Schwarz gekleidet; der andere, ein Schwarzer, in blendendes Weiß; der Stil seiner ganzen Tracht türkisch", schreibt Gräffer in seiner Betrachtung „Ein schwarzer Prinz". Es sind dies Angelo Soliman und der italienische Dichter Abbé Giovanni Casti, der schließlich im Streit dem hochfürstlichen Mohren ein seltsames Leben nach dem Tod prophezeit haben soll, was zu Gräffers Zeit nicht mehr allzu schwer war, doch ein anderer Abbé, der Leiter der Naturaliensammlung Eberle, hat die Prophezeiung dann auch verwirklicht. Ein dritter Abbé wieder würdigte den hochfürstlichen Mohren angemessener. Jener Abbé Henri Grégoire, Bischof von Marseille, veröffentlichte sein Werk „De la litérature des Nègres", angeregt durch die Ideen Rousseaus, 1808 in Paris. Grégoire war auf Angelo Soliman übrigens durch den berühmten Phrenologen Dr. Gall aufmerksam gemacht worden und bat auf diplomatischem Wege Karoline Pichler um nähere Angaben, die durchwegs positiv ausfielen. So heißt es auch in der französischen Ausgabe einleitend: „Obwohl Angelo Soliman nichts veröffentlicht hat, verdient er einen der ersten Plätze unter jenen Negern, die sich durch ei-

nen hohen Grad von Kultur, durch umfassende Kenntnisse und hervorragenden Charakter ausgezeichnet haben." Als ferner Nachklang ließe
sich noch Fritz von Herzmanovsky-Orlandos skurriles Bühnenstück
„Apoll von Nichts oder Exzellenzen ausstopfen – Ein Unfug" nennen.

Angelo Solimans Erdenleben wäre damit zu Ende. Aber sein Lebens-
lauf, wenn man das Folgende so nennen kann, ist mit seinem Tode noch
lange nicht zum Abschluß gelangt. „Das Absonderlichste beginnt da
erst", vermerkt sein Biograph Bauer. „Alle seine hervorragenden Eigenschaften, all seine Beziehungen zu hohen und höchsten Herrschaften
haben ihn nämlich vor dem höchst traurigen Schicksal nicht bewahren
können."
    1879 schreibt G. Brabbée in seinem Freimaurer-Werk „Sub Rosa"
über das Schicksal des toten Angelo Soliman:

„Über ihn wäre ferner noch zu vermelden:
1. dass ihm auf Befehl Kaiser Franz II. im Jahre 1796 die Haut über die Ohren gezogen
2. dass diese Haut auf Holz gespannt und so die frühere plastische Gestalt
Angelo Solimans täuschend ähnlich darstellend zehn Jahre lang zur öffentlichen Besichtigung ausgestellt …"

Die historischen Einzelheiten über diese museale Erwerbung finden
sich in L. J. Fitzingers Studie für die Akademie der Wissenschaften, der
1856 veröffentlichten „Geschichte des k. k. Hof-Naturalienkabinettes zu
Wien", worin der Verfasser auf die Sammelleidenschaft des Kaisers verweist und auf dessen Wunsch, den Mohr „auch der späteren Zukunft zu
erhalten und durch einen Künstler auf sorgfältigste Weise präparieren
zu lassen, um ihm einen Platz in seinem neu gegründeten Museum an-
zuweisen". Abbé Eberle, der Direktor des physikalischen Kabinettes, das
er soeben mit einem zoologischen Museum zum Physikalischen und
Astronomischen Kunst- und Natur-Tierkabinett vereinigte, willigte in
das Begehren des Kaisers ein, und der Bildhauer Franz Thaller übernahm die Präparation, die im Hof des k. k. Hofbibliotheksgebäudes in
einer Wagenremise vorgenommen wurde. „Seine Leistung übertraf auch
jede Erwartung, denn Gestalt sowohl als Gesichtszüge waren ein ge-
treues Abbild des lebenden Originals, von welchem Thaller unmittelbar
nach dem Tode einen Gypsabguss abgenommen hatte." Angelo Soliman,
schreibt Fitzinger weiter, „war in stehender Stellung mit zurückgerück-
tem rechten Fuss und vorgestreckter linker Hand dargestellt, mit einem

Federgürtel um die Lenden und einer Federkrone auf dem Haupt, die beide aus roten, blauen und weissen, abwechselnd aneinander gereihten Straussfedern zusammengesetzt waren. Arme und Beine waren mit einer Schnur weisser Glasperlen geziert und eine breite aus gelblichweissen Münzporzellanschnecken (Cypraea Moneta) zierlich geflochtene Halskette hing tief bis an die Brust herab." Aus dem zu Lebzeiten hochfürstlichen Mohren war nunmehr eine exotische Attraktion im kaiserlichen Naturalienkabinett geworden, inmitten einer tropischen Waldgegend und in naher Gesellschaft eines Wasserschweins, eines Tapirs und amerikanischer Sumpf- und Singvögel. Hier im Naturalienkabinett, in einem mit grüner Farbe bestrichenen Glasschrank, dessen Vorderseite mit einem Vorhang aus grünem Tuch verkleidet war, waren die Überreste Angelo Solimans dem Publikum von einem Museumsdiener, gegen Trinkgeld, wie wir vermuten dürfen, dargeboten worden.

Bei der Neuaufstellung 1802 erhielt der Mohr dann noch Gesellschaft: Ein präpariertes Negermädchen wurde ebenfalls in diesem Schrank untergebracht und vervollständigte so die k. k. Sammlung von „Repräsentanten des Menschengeschlechtes", wie Fitzinger die Aufstellung nennt. Direktor Abbé Eberle wird dann dafür sorgen, daß die Sammlung auf insgesamt vier ausgestopfte Neger anwachsen wird.

Franz II., dessen sammlerisches Auge schon zu Lebzeiten wohlgefällig auf Solimans Gestalt geruht hatte, entsprach den musealen Interessen seines Standes und der ethnographischen und anthropologischen Neugierde seiner Zeit, einer Epoche, in der fürstliches Mäzenatentum nunmehr einer entstehenden Öffentlichkeit zugängig und von einem Milieu begrüßt wurde, das sich auf die Bedeutung von Seltenheit und Wert des ausgestellten Objekts stützte. Es ist die Epoche des Glaubens an eine ästhetische und wissenschaftliche Erziehung des Menschengeschlechts und dem zunehmenden Bewußtsein von der Verschiedenheit der Kulturen, gefördert durch die Erkundung der Erdoberfläche und der Entdeckungen. Die entstehenden Museen lösen langsam die Kirchen ab als Orte, an denen zahlreiche Mitglieder einer Gesellschaft in der Feier desselben Kults kommunizieren können, konstatiert der Museumshistoriker Krzysztof Pomian. Jener Franz II., der vom Tage seiner Thronbesteigung an in Furcht vor „Umtrieben der geheimen Gesellschaften" lebte und auch die „Zauberflöte" in Acht und Bann tat, war es dann ironischerweise, der die aufklärerischen Bestrebungen der josephinischen Freimaurer mit seiner Sammelwut zu einer gewissen Vollendung brachte.

So wäre alles in schönster Ordnung gewesen, hätte nicht Angelo Solimans Tochter Josepha mit Hilfe der Kirche in den Jahren 1796 und

1797 lautstark in mehreren Eingaben an die Polizeihofstelle und die Regierung „um Zurückstellung der Überbleibsel ihres verstorbenen Vaters" gebeten, die regelmäßig abgewiesen wurden. Aber nicht allzu lange sollte Angelo Soliman seine neue Funktion als Repräsentant und Objekt wissenschaftlicher Neugierde ausüben. Nachdem Karl Schreiber 1806 zum Direktor des Naturalienkabinetts bestimmt worden war, bestand, wie Brabbée weiter berichtet, „eine seiner ersten Amtshandlungen darin, dass er Angelo Soliman und zwei andere ausgestopfte Neger von dem bisherigen Aufstellungsort entfernen und in einem Magazin unterhalb den Giebeln des Dachgeschosses zur weiteren Aufbewahrung deponieren ließ …". Während der hochfürstliche Mohr nunmehr von vereinzelten Besuchern behelligt wurde, die von trinkgeldbefeuerten Dienern heimlich in die Dachkammer gebracht wurden, gesellte sich 1808 zu den drei Ausgestopften noch ein vierter in Gestalt des, wie Brabbée berichtet, „im Spital der barmherzigen Brüder verstorbenen, 38jährigen Negers, namens Josef Hammer, der irgendwo Gärtnergehilfe gewesen war und dessen Haut in wahrhaft künstlerisch vollendeter Weise über Holz gespannt dem kaiserlichen Kabinett von Frater Narciss, dem Oberkrankenwärter, zum Geschenk gemacht worden war …".

Während also Angelo Soliman mit seinen Gefährten auf dem Dachboden am Josephsplatz abgestellt war, in einem Zustand, auf den wohl die sprichwörtliche Wiener Empfehlung „Laß dich ausstopfen" zurückgeht, heiratet im Oktober 1797 seine Tochter Josephine den Kreisingenieur Freiherrn von Feuchtersleben. Bereits 1801 starb sie neunundzwanzigjährig, nachdem sie drei Jahre zuvor einen Sohn Eduard geboren hatte, jenen Stiefbruder des Dichters und Arztes Ernst von Feuchtersleben, der, selbst literarisch tätig, 1854 in Aussee verschied und damit dem Geschlecht der Solimans ein Ende setzte.

Im Revolutionsjahr 1848 gingen schließlich die Reste des hochfürstlichen Mohren Angelo Soliman durch eine Granate bei der Belagerung Wiens im Feuer auf, merkwürdigerweise zugleich mit der Büste des einstigen Naturalienkabinettsverwalters Ignaz von Born, der Angelos Meister vom Stuhl in der gleichen Loge gewesen war. Übriggeblieben ist lediglich eine Büste, vermutlich gefertigt nach jenem Gipsabdruck des Bildhauers Franz Thaller aus der Sammlung des Dr. Gall, die sich heute im Badener Rollettmuseum befindet und noch immer von der Jugendlichkeit und Schönheit seiner feingeschnittenen Gesichtszüge zeugt, die einstens in Kaiser Franz II. den Wunsch erregt hatten, dieselben auch der späteren Nachwelt zu erhalten.

Galgen, Pranger, Theaterbuden

Henker und Hanswurst
1, Freyung

W ie eine große Theaterdekoration, wie ein Canaletto-Bild aus der Barockzeit der Stadt wirkt der weite Platz der Freyung noch heute, auch wenn zahlreiche Gebäude bereits in der Zeit um 1845 demoliert worden waren. In der Mitte des Platzes war bis zum Beginn des 19. Jahrhunderts ein breiter Prangerstein zu sehen. „Zu den Schotten am Stein" wurde er genannt, nach jenen irischen Mönchen, die über Regensburg aus „Nova Scotia" hierher gelangt waren. 1639 wird während des Dreißigjährigen Krieges auf der Schranne der „große Schwede" Oberst Kirchbaum wegen Hochverrats und Felonie vor dem versammelten Volk enthauptet. Seinen Leichnam bergen die Totenbrüder. Er wird nachts abgeholt und in den Katakomben zu St. Stephan „verwahrt".

1683, während der zweiten Türkenbelagerung, wurden auf dem Schottenfriedhof, an der Stelle, wo heute das Haus Nummer 7 steht, zweitausend Gefallene des Regiments Starhemberg bestattet, hier ließ der Regimentsinhaber auch einen Galgen für defaitistische Offiziere errichten und hier, zwischen Händlern, Wandertruppen, Kreuzerkomödianten, Gauklern, Glücksspielern und Marktschreiern – deren Tätigkeit bereits am 24. November 1750 dahingehend reglementiert wurde, daß „die öffentlichen Spiel und Kreuzerkomödie auf der Freiung außer der wirklichen Marktzeit abzuschaffen und nicht zu gedulden" seien – schlug bereits zu Beginn des 18. Jahrhunderts Joseph Anton Stranitzky eine Bretterbude auf, von der aus sein Hanswurst den Siegeszug antrat.

Im 18. Jahrhundert waren auf dem Platz zahlreiche mechanisch-optische Schaustellungen zu den Marktzeiten im Frühjahr und Herbst in eigens errichteten Holzhütten zu sehen, die dem staunenden Publikum oftmals als Zauberkunststücke erschienen und voll Bewunderung, gemischt mit leichtem Grauen, aufgenommen wurden. So heißt es beispielsweise im Jahre 1748 in einer Anzeiges des „Wienerischen Diariums": „Auf hiesiger Freyung in dasiger Hütten seynd die vor einigen Jahren hier gewese künstliche Figuren, bekanntlichen ein Bauer, der aus einem Tuchladen, die von jedermann verlangende Farb Tuches auf bloßes Begehren von selbst hervor bringet, ein Bachus, der auf gleiche Art an einem Faß dreyerley Wein rinnen lasset, und eine Tyrolerin, wel-

In naher Nachbarschaft zu Henkern und Händlern: Die Hanswurstbühne bei der Freyung, nach einem Stich von J. C. Fischer v. Erlach und J. A. Delsenbach

che auf alle Fragen, die man an sie macht, mit dem Hammer auf eine Glocke schlagend Bewunderungs-würdig antwortet, alltäglicher zu sehen." Ebenfalls auf der Freyung war am Allerheiligenmarkt 1768 „zum erstenmal zu sehen ein neuerfundenes optisches Werk, desgleichen noch nie erfunden und gesehen worden. Es wird sich unter andern die Insel Rhodis mit Citadelle und Festungswerken und der Colossus, Kauf- und Kriegsschiffe, dann ein großes Schiff mit 106 Kanonen auf dem natürlichen Wasser durch den Colossum durch- und zurückfahrend praesentiren. Die Schiffe werden von Luft getrieben."

Von vielen Menschen gefüllt präsentierte sich der Platz auch, nachdem Joseph II. nach Abschaffung der Folter und der Todesstrafe ein solches Urteil noch einmal aus abschreckenden Gründen anordnen ließ. Unter dem Titel „Allgemeine Gesetze über Verbrechen und derselben Bestrafung" war am 13. Jänner 1787 der „Josephinische Criminalcodex" erschienen, der zweifellos eine Liberalisierung gegenüber den Gesetzessammlungen Maria Theresias enthielt. So lautet der erste Titel über Kriminalverbrechen: „§ 20. Die Todesstrafe soll, außer dem Verbrechen, bey welchem nach dem Gesetz mit Standrecht verfahren werden muß, nicht statt finden. In den standrechtlichen Fällen aber ist der Strang zur alleinigen Todesstrafe bestimmt. § 21. Die weitern Criminalstrafen sind

Anschmiedung, Gefängniß mit öffentlicher Arbeit, Gefängniß allein, Stock-, Karbatsch- und Ruthenstreiche, und Ausstellung auf der Schandbühne."

„Die schrecklichen Strafen der Anschmiedung, des schwersten und harten Gefängnisses, der öffentlichen Arbeit, welche für die gröbsten Verbrechen gewöhnlich im Schiffziehen besteht, sind für das Publikum gleichsam verborgene Strafen, weil es den Angeschmiedeten, den im Kerker Schmachtenden, den Schiffsziehenden nicht sieht", schreibt Johann Pezzl in seinem Kommentar zum neuen josephinischen Strafgesetz. Auch zweifelt der Chronist daran, daß dieses Allgemeine Gesetzbuch, gültig für alle Erbländer der Monarchie, aufgrund des ungleichen Entwicklungsstandes der östlichen Provinzen „für den walachischen Bauern, für den slawonischen Ochsentreiber, für den galizischen Juden, für den Kohlenbrenner aus der Bukowina" wohl das geeignetste Mittel sei.

Hingegen schien die Reform dem Magistratsbeamten Franz de Paula Zahlheim, Neffe jenes Wiener Bürgermeisters, der Georg Raphael Donner mit der Errichtung des Providentiabrunnens auf dem Neuen Markt beauftragt hatte, durchaus angemessen, doch gerade bei ihm machte der Kaiser eine Ausnahme vom eigenen Gesetz. Zahlheim ermordete 1786 seine Haushälterin, eine Verwandte, um mit deren Geld seine Schulden bezahlen zu können. Seine Exekution durch Joseph II. ließ in der Bevölkerung den Glauben an das Wiederaufleben der Todesstrafe aufkommen, und so schreibt auch Franz Gräffer über den Mörder Zahlheim: „Die Wiedereinführung der Todesstrafe ward in dem Monat März mehr als wahrscheinlich und schon wurde bey der Residenzstadt Wien noch in gedachtem Monathe ein Begräbnißplatz für die Hingerichteten angewiesen. Hierzu schien den Monarchen besonders zu veranlassen, die gräßliche Mordthat des grausamen und unmenschlichen Zahlheims, der auch wirklich hingerichtet wurde, und also der erste nach jener Aufhebung war."

Zahlheim, der auf die Aufhebung der Todesstrafe durch den Kaiser vertraut hatte, soll, laut Gräffer, nach Verhängung des Todesurteiles „förmlich gegen die Ungerechtigkeit, wie er sagte" protestiert haben und „bediente sich dabey sehr ungeziemender Ausdrücke; drang darauf, alles zu Protokoll zu nehmen, welches dann dem Kaiser vorgelegt ward, und gebehrdete sich dabey wie ein Rasender". Als er jedoch vernahm, daß keine Gnade für ihn zu hoffen sei, fügte er sich in sein Schicksal und betete seither ohne Unterlaß mit zwei ihm beigegebenen Augustinermönchen.

Über die Exekution heißt es bei Gräffer:

Siegeszug des Hanswursts zwischen Gauklern, Glücksspielern und Gerichtsvollziehern:
Anschlagzettel eines Hüttentheaters auf dem Neuen Markt

Am 10. März ward er des Morgens früh aus dem Kerker geführt, und auf dem hohen Markt, bey der sogenannten Schranne auf einen hohen Wagen gesetzt, auf welchem eine Säule befestiget war; an diese wurde er mit verbundenen Augen fest gemacht, und an der rechten Brust zum erstenmahle mit glühenden Zangen gezwickt. Er ward darauf wieder losgemacht und weiter gefahren. Bey seiner Ankunft auf der Freyung ward er an der linken Brust zum zweytenmahle gezwickt. Sein reuevolles und Bußfertiges Betragen brachte ihm noch die Gnade zuwege, daß er nicht wie im Urtheile stand, von unten hinauf, sondern von oben herab gerädert, hernach aufs Rad geflochten, der Kopf auf einen Pfahl gesteckt und über demselben ein Galgen mit herabhängendem Strange (er war Dieb und Mörder) aufgerichtet ward.

Die Reform des Strafgesetzbuches durch Joseph II. rief nach Abschaffung der literarischen Zensur eine Fülle von Pamphleten hervor, in denen der Kaiser samt seiner neuen Polizei- und Kriminalverordnungen, wie Gustav Gugitz anmerkt, arg gescholten wurde. Seine Inkonsequenz in den Urteilsfällungen lag auch darin begründet, daß die Justizstellen noch nach dem theresianischen Strafkodex Recht sprachen und der Kaiser wieder in letzter Instanz bereits im Sinne des neuen Strafgesetzes das Urteil mitunter verschärfte. Dies wurde von der Bevölkerung als Willkür gedeutet, wie etwa im Falle Zahlheim. Das Strafgesetzbuch seines Bruders und Nachfolgers Leopold, das dieser aus der Toskana mitgebracht hatte, war allerdings noch viel schärfer, wodurch Galgen und Pranger auf der Freyung wieder eine neue Hoch-Zeit erlebten.

Unterwelten

Doderer und der Dritte Mann
1, Friedrichstraße, Esperantopark (Einstieg)

Da saß er nun im Februar 1948 im arg zerstörten und vierfach besetzten Wien und hatte lediglich einen Anfang von zwei Sätzen für seine Filmstory in der Tasche, die er vor langem auf einem Briefumschlag notiert hatte: „Vor einer Woche hatte ich von Harry für immer Abschied genommen, als sein Sarg in die im Februarfrost erstarrte Erde hinabgelassen wurde. Ich wollte also meinen Augen nicht trauen, als ich ihn in London im Menschengewühl des Strand ohne ein Zeichen des Wiedererkennens an mir vorübereilen sah." Alles, was hinzukam, waren, während die drei Wochen in Wien viel zu schnell verflogen, eine amerikanische Produktionsfirma, ein paar fotogene Schauplätze, die Offiziersbar im Hotel Sacher, Schutt und Trümmer vor dem Stammlokal der Schieber- und Spione, dem „Café Mozart", im Film dann „Alt-Wien" genannt, der schäbige Nachtklub „Oriental" und der große Friedhof am Rande der Stadt, wo man, um den Boden in jenem frosterstarrten Winter aufzugraben, einen elektrischen Bohrer benötigte.

Am vorletzten Tag seines Aufenthaltes lernte der Schriftsteller Graham Greene einen jungen englischen Abwehroffizier kennen, der ihm beim Essen erzählte, er habe vor kurzem erfolglos versucht, eine in Wien tätige „Untergrundbrigade" aufzulösen. Daraufhin hätte man dem Agenten im Dienste seiner Majestät erklärt, diese mißverstandene Untergrundbrigade sei keine Art Geheimpolizei, sondern eine Truppe, die tatsächlich in der Unterwelt der Stadt, nämlich im riesigen Netz der Abwässerkanäle, Reinigungs- und Instandhaltungsarbeiten durchführe. In diesem rund 1.200 Kilometer langen Kanalnetz existierten keine alliierten Zonen, die grüngestrichenen Einstiegssäulen befanden sich in allen Bezirken der Stadt, und Schwarzhändler und Spione konnten so ohne Kontrolle von einer Zone in die andere gelangen. „Nach dem Mittagessen zogen wir schwere Stiefel und Regenzeug an", erinnerte sich Graham Greene in seinem Memoirenband „Fluchtwege", „und machten einen Spaziergang unter der Stadt. Der Hauptkanal wirkte wie ein mächtiger Abwasserstrom und roch auch ebenso köstlich. Beim Essen hatte mir der Offizier vom Schwarzhandel mit Penicillin erzählt, und plötzlich, dort unten im Kanalnetz, nahm meine Geschichte Umrisse an. Was ich ausfindig gemacht hatte über das Funktionieren der vierfachen Besatzung durch die Alliierten, mein Besuch in der russischen Zone bei einer alten Hausangestellten meiner Mutter, die langen, einsamen Abende mit viel Alkohol im Oriental, nichts davon war vergeudet. Ich hatte meinen Film."

Der Höhepunkt des vom Zitherspiel des Wiener Heurigenmusikers Anton Karas begleiteten Films, die Jagd auf den „Dritten Mann", findet dann folgerichtig im Kanalnetz der Stadt ihr Ende. Zahlreiche Angehörige der Kanalbrigade und der zuständigen Magistratsabteilung 30 wirkten gemeinsam mit Joseph Cotton und Trevor Howard an den unterirdischen Verfolgungsszenen mit. Harry-Lime-Darsteller Orson Welles wieder mußte mehrfach von einem Wiener Fleischhauer gedoubelt werden, da er den Gestank der Kanäle nicht ertrug, und so wurde auch seine berühmte Sterbeszene am Kanalgitter in einem Londoner Filmstudio nachgedreht.

Die vielen unterirdischen Szenen im „Dritten Mann" wurden lediglich an einem einzigen Ort gedreht, auch wenn die Kameraführung einen räumlich großzügigeren und vielfältigeren Eindruck hinterläßt, und seit Mai 1999 ist das kanalisierte Gebiet zwischen übermauertem Ottakringer Bach und überwölbtem Wienfluß mit seinen Überflutungsdämmen, Sammelkanälen und Entlastungsgerinnen im Rahmen einer Führung und Erlebnisshow „WienKanalLive" von Frühjahr bis Herbst, außer bei starken Regenfällen, täglich, vom Einstieg Esperantopark aus, gegenüber dem Café Museum und der Kunsthalle, zu besichtigen.

Zwar konnte das damalige Wien innerhalb seiner Mauern bereits 1739 auf ein vollständiges Kanalsystem verweisen, doch mit seiner raschen Ausbreitung brachen in den Vorstädten immer wieder Epidemien und Seuchen aus. Nach der großen Überschwemmung in der Nacht vom 28. Februar auf den 1. März 1830 fanden 74 Menschen den Tod in den Fluten. „Der Anblick der Leopoldstadt war grauenhaft", beschreibt die Katastrophe Franz Grillparzer in seiner Novelle „Der arme Spielmann". „In den Straßen zerbrochene Schiffe und Gerätschaften, in den Erdgeschossen zum Teil noch stehendes Wasser und schwimmende Habe. Als ich, dem Gedränge ausweichend, an ein zugelehntes Hoftor hintrat, gab dieses nach und zeigte im Torwege eine Reihe von Leichen, offenbar behufs der amtlichen Inspektion zusammengebracht und hingelegt; ja im Innern der Gemächer waren noch hie und da, aufrechtstehend und an die Gitterfenster angekrallt, verunglückte Bewohner zu sehen, die – es fehlte eben an der Zeit und Beamten, die gerichtliche Konstatierung so vieler Todesfälle vorzunehmen."

Als dann im darauffolgenden Jahr, nach einem ungewöhnlich großen Eisstoß auf der Donau, die Bäche nicht abfließen konnten, wütete bald die Cholera, eine neue epidemische Seuche, die wegen ihrer verheerenden Wirkung und des Unvermögens der Ärzte, sie zu besiegen, schon seit Monaten die Gemüter der Bewohner beunruhigt hatte. Aberglaube und Furcht verbreiteten die abenteuerlichsten Gerüchte über diese Krankheit, deren Ursachen man vielfach in den Sternen suchte, und die in der Zeit vom 16. August 1831 bis 17. Februar 1832 fast zweitausend Menschen das Leben kostete. Zur „Verminderung der Noth unter den ärmeren Classen der Bevölkerung" wurde in diesen Tagen vom „guten Kaiser Franz" die Inangriffnahme öffentlicher Bauten angeordnet. So entstand der sogenannte Choleracanal ebenso wie der Neubau des Kriminalgerichts- und Gefangenenhauses. Man hielt letztere Bauten für umso notwendiger, da im Zeichen des Ausbruchs der Pariser Revolution die Stimmung unter den Arbeitern und kleinen Handwerkern seit der Einführung der Verzehrungssteuer 1830 sehr angespannt war. So war es bei einigen Linien, wie in Lerchenfeld und am Tabor, zu Krawallen gekommen, wobei die steuereinhebenden Linienämter ausgeplündert, die Finanzmänner entwaffnet und die Beamten mißhandelt wurden.

Mit dem Bau des „Choleracanals" einher ging auch die Einwölbung zahlreicher Bäche im Stadtgebiet und die Errichtung zweier großer Sammelkanäle, die entlang des Wienflusses die Abwässer aufnahmen und zur Donau weiterleiteten. Zwar erfolgte 1849, nach Überschwemmung der an der Donau gelegenen Vororte, noch ein weiterer Ausbruch der gefürchteten Cholera, doch konnte man im folgenden Jahr bereits ein gut funktionierendes Kanalnetz auch für die Vorstädte vorweisen, das in der Folgezeit immer weiter ausgebaut wurde.

Um die Jahrhundertwende waren es die Sozialreporter Emil Kläger und Max Winter, die auf die Notquartiere armer Menschen in den Kanälen der Stadt aufmerksam machten. Hunderte Obdachlose fanden etwa in den Röhren, Kammern und Schläuchen der unterirdischen Stadt allnächtlich hier ihr Schlafquartier. „Wir sahen uns zuerst einer anderthalb Meter hohen Böschung gegenüber", beschreibt Emil Kläger seine nächtliche Tour unter dem Karlsplatz, „unter welchem der Sammelkanal, der gewöhnlich ziemlich tief ist, sein Bett hat. Und gerade gegenüber dem Schacht, den wir eben verlassen hatten, erblickten wir den Eingang zu einer Kammer, den Schlafstätten der Zwingburgbewohner, vor dem ein alter Kotzen als Vorhang befestigt war. Über den Kanal ist ein schmales, schwankendes Brett gelegt, das von der Böschung zu den Schlafstätten hinüberführt." Daneben gab es auch zahlreiche „Kanalstrotter", die hier als Fettfischer oder Alteisensammler ihrem kärglichen Erwerb nachgingen. „Ich kenne das Leben im Kanal und die mühselige Suche nach dem Strandgut der Großstadt", berichtet Max Winter über das unterirdische Wien, „nach den verlorenen Hellern und Kreuzern, nach den Metallgegenständen und Stücken, die in den Kanälen ihr Grab finden, die Jagd nach den Knochen, die mit dem Spülicht der Großstadt da hinuntergeraten, und ich kenne einen Menschen wenigstens, der diesem Erwerb seit Jahren obliegt, der mehr als zwölf Jahre hindurch Tag für Tag in die Kanäle stieg und der auch heute noch strottern geht, wenn daheim das Brot zu knapp wird, wenn sein Handel mit altem Eisen, den er in der Umgebung Wiens unternimmt, nicht ertragreich genug ist."

Mit der Metaphorik des Wassers dürften es schon unsere Vorfahren gehalten haben, und Moriz Bermann erwähnt in seiner Stadtgeschichte im Zusammenhang mit Bach und Brunnen am Hohen Markt auch den alten Brauch, daß an Flüssen, Bächen, Brunnen und Teichen immer schon Gericht abgehalten wurde. Damals soll der Richter, sobald er den Rechtsspruch kundtat, seinen Stuhl und den einen Fuß in das Wasser gestellt haben, den anderen Fuß hingegen auf das trockene Land. Damit sollte vermutlich angedeutet werden, daß der Rechtsspruch zu Wasser und zu Lande Gültigkeit habe. Im Wien Herzog Albrechts V. hatte ein Donau-Recht existiert, das den Anwohnern des Flusses das Recht einräumte, einen Geächteten über das Wasser zu führen, freilich waren sie ebenso angehalten, seinen Verfolgern ein Gleiches zu tun.

Einer, der sich in seinen Werken immer wieder der Wassersymbolik angenommen hatte, war der entfernte Lenau-Verwandte und gelegentliche Café-Museum-Besucher Heimito von Doderer. Als „ein von den einstigen Kanälen meines Lebens bewässertes Gebiet" bezeichnete er das Alsergrund-Viertel im Roman „Die Strudlhofstiege". Die Gegend zwischen Lichtental und Donaukanal erschien dem Autor dann in seinen „Dämonen" für eine unterirdische Metapher mit zahlreichen Hinweisen auf zugemauerte und überwölbte Bäche geeignet. Hier im 9. Gemeindebezirk spürt der Sohn eines Baumeisters, der im liberalen Zeitalter unter anderem den Wienfluß reguliert, eingebettet und streckenweise überdeckt hatte, die zum Kanal ziehenden Wasseradern besonders deutlich, jenes Unterwandertsein von Bächen überall an diesem Ort.

Wie es vor der Eindeckung 1846 war, berichtet Jakob Blümel: „Die Als – ein Wildbach – verfolgt in mancherlei Krümmungen ihren Lauf durch Neuwaldegg nach Dornbach und fließt sodann durch das ehemalige Dörfchen Hernals, indem sie diesem auch den Namen gibt. Hierauf durchschneidet der Bach den Linienwall und fließt durch die Alservorstadt zwischen dem alten Dorfe Siechenals (Thury) und Michelbeuern … Altlichtenwerd (Lichtental) sowie der obere Werd (Rossau) bildeten somit eine Inselgruppe zwischen der Als und der Donau." Wenn dann die Schneemassen im Gebirge schmolzen oder Wolkenbrüche auftraten, „dann wurde das sonst trocken liegende Bett mit mächtigen Wassermassen angefüllt, der Grießbach trat aus seinem Bette und bedrohte die Bewohner der angrenzenden Gegenden. Die Fluthen des Alsbaches überschwemmten die nahen Häuser, viele derselben in ihren Grundfesten erschütternd, rissen Brücken und Stege hinweg, entwurzelten die Bäume an den Ufern und drohten Tod und Verderben rings umher."

Seit um die Jahrhundertwende das von den Bergen herabströmende Wasser endgültig eingedämmt, kanalisiert und überbaut wurde, war die Angst vor Fluten und Seuchen in den Untergrund der Stadt verdrängt worden. „Es mag ein Gleichnis sein für das was unbekannt, unkontrolliert, diffus in unserer Tiefenschicht vorgeht, aber rational gebannt und bewältigt wird", schreibt Engelbert Pfeiffer in seiner Doderer-Topographie. Doch für den Dichter steigen die Dämonen immer wieder aus den Schächten herauf, gelangen von dorther in die Gesellschaft der Oberwelt. Verbrechen geschehen von Kanalschächten aus, deren Sühne findet in den „Dämonen" in ebendiesen statt. Solches und anderes ereignet sich in dem, das gesellschaftliche Oben und Unten sowie die Angst vor der Unterwelt deutlich manifestierenden Roman, als Zeugnis der Tatsache, „daß wir alle unterwandert sind", wie es darin heißt.

Bemerkungen zum „im Unten gründende(n) Wasser", zu jenem, „das, stromab ziehend, Unreines wegspült und also reinigt", finden sich in den „Tangenten" und in den „Commentarii 1951 bis 56" zahlreich. Oben, am Terrassenrand, auf der Währinger Straße hat er dann gewohnt, hinunter, den Flußläufen nach, gelangte er über die Strudlhofstiege zur Porzellangasse und zum Althanplatz, den Schauplätzen seines Romans. Editha Pastré wohnt in der „Strudlhofstiege" nahe der Spittelauer Lände, und im wirklichen Leben waren die Doderers mit eine Familie Pastrée bekannt, deren Eisengießerei jene Kanaldeckel herstellte, die heute noch mitunter in den Straßen der Stadt auffindbar sind und an denen Harry Limes Flucht letztendlich gescheitert ist.

Einstieg: 1, Friedrichstraße / Esperantopark. Öffnungszeiten: April bis Oktober täglich, November bis März: nur Sonntag, Montag, Dienstag. Die Führungen finden halbstündlich statt.

Sonderbare Statik

Anton Fernkorns patriotische Plastiken
1, Heldenplatz

„„**H**eute nachts, kurz vor 2 Uhr, ist hier der berühmte Bildhauer Anton Ritter v. Fernkorn nach langem Leiden in der Landes-Irrenanstalt verschieden", vermeldet die „Wiener Zeitung" am Sonntag, dem 17. November 1878. Das Leichenbegräbnis fand Montag nachmittags statt. Die Einsegnung erfolgte in der frühen Nachmittagsstunde im St. Stephansdom, unter Anwesenheit der Witwe und der beiden Töchter, des Curators der Akademie der Wissenschaften Ritter von Schmerling, des Feldzeugmeisters Graf Huyn, Freiherrn von Dingelstedt und zahlreicher Mitglieder der Genossenschaft der bildenden Künstler Wiens. Hinter der in trockenen Worten gehaltenen Todesmeldung liegt die Tragik eines Lebens verborgen, in dem Triumph und Schicksalsschläge eng beieinanderlagen.

Constant von Wurzbachs „Biographisches Lexikon des Kaiserthums Oesterreich" aus dem Jahr 1858, also zu Lebzeiten des Künstlers erschienen, bemerkt nicht ganz zu Recht, daß der Künstler mit kleineren Aufgaben beschäftigt war, „bis seine Tüchtigkeit ohne den Posaunenruf künstlicher Lobhudelei zu Tage kam und sich der Meister mit seinen Arbeiten, welche lauter als alles Lob sprachen, den Weg bahnten". Unterstützung von höchster Stelle begleiteten Fernkorns Schaffen ebenso wie scharfe Kritik von seiten des Publikums und seiner Kollegen. Seinen Durchbruch als Bildhauer erzielte er mit dem Denkmal für den Feldherrn Erzherzog Carl 1860, dem mehrere Büsten, Brunnen sowie der „Löwe von Aspern" vorangegangen waren. Seither wurde er von Aufträgen überschüttet und schließlich vom Kaiser geadelt. 1861 konnte er nach Fürsprache Franz Josephs mit „Allerhöchster Entschließung" in der ehemaligen Kanonengießerei auf der Wieden eine Werkstatt einrichten, wo nunmehr im Geviert der k. k. Kunsterzgießerei zwischen der heutigen Gußhaus-, Argentinier- und Favoritenstraße, urteilt Fred Hennings, „alle bedeutenden Denkmale der Ringstraßenzone" entstanden. Die Werkstätte blieb ärarisches Eigentum und sollte nach kaiserlicher Bestimmung „der Ausbildung junger Talente in den verschiedenen, zur Erzbildnerei gehörigen Fächern dienen". Die Leitung und Benützung der Anstalt wurde Fernkorn auf Lebenszeit und unentgeltlich übertra-

Kritik der Zeitgenossen an der abwehrenden Haltung des Helden: Fernkorns Erzherzog-Carl-Denkmal, nach Gustav Frank

gen. Ein Abschnitt der „Punktationen in Betreff der Benützung der k. k. Kunsterzgießerei in Wien durch den Bildhauer Fernkorn" lautet: „Von Fernkorn übernimmt die Ehrenschuld, die k. k. Erzgießerei als Pflanzschule für die Jünger seiner Kunst einer gedeihlichen Entwicklung zuzuführen und sie zu einer Sehenswürdigkeit der Residenz zu machen, und genießt nur unter dieser Voraussetzung das Allerhöchste Vertrauen und die Gnade der unentgeltlichen Benützung des Etablissements." Fernkorn, der auch „keinerlei Anspruch auf Rang, Gehalt, Subventionen und dergleichen" genoß, war damit als Künstler in die Lage eines Privatunternehmers und Ausbildners versetzt und von öffentlicher Anerkennung in starkem Maße abhängig geworden, um die Erzgießerei unter diesen Bedingungen betreiben zu können.

Fernkorns zwei bekannteste Plastiken befinden sich auf dem Heldenplatz: das 1860 enthüllte Reiterdenkmal Erzherzog Carls, des Siegers von Aspern, und das nach seinem Entwurf gegossene und am 18. Oktober 1865 feierlich eröffnete Monument Prinz Eugens, des Bekämpfers der Türkengefahr. Beide Reiterstatuen stießen auf erbitterte Gegner wie Befürworter, wobei erstere den dramatischen Entwurf des sich aufbäumenden Pferdes lautstark verurteilten, von einem monumentalen Skandal sprachen und auf die schlichte klassizistische Geste des in Erz gegossenen Fürsten Schwarzenberg Ernst Julius Hähnels auf dem nämlichen Platz verwiesen, den die despektierlichen Wiener allerdings mit den Worten „Anton, steck den Degen weg!" kommentierten. Zudem war es ausgerechnet die Statik der beiden Denkmäler auf dem Heldenplatz, die Wiens skeptische Gemüter bewegte. Wie sollte eine derart voluminöse Masse, fragte man sich bang und schadenfroh zugleich, allein auf den Hinterbeinen balancierend oder lediglich vom Schwanz des Pferdes abgestützt, dem Zahn der Zeit standhalten können. Die Einwände der staatlichen Kommission wieder richteten sich bei dem Erzherzog-Carl-Denkmal gegen „die abwehrende Haltung des Reiters", während man beim Prinzen Eugen dessen „fortgeschrittenes Alter" nicht guthieß und gegen die „zu starke Bewegung von Pferd und Reiter" opponierte. Dem monumentalen Repräsentationsbedürfnis der Gründerzeit hielten Teile der Bevölkerung sowie ästhetische Modernisierungsverlierer wie Franz Grillparzer ihre Trauer um Alt-Wien entgegen, zugleich stand der Kaiser, der Fernkorn beschützte, im Jahr 1860, nach den verlorenen italienischen Schlachten, nicht eben hoch in der Gunst der Wiener.

Was die Öffentlichkeit nicht erfahren sollte und von der Gemahlin des Künstlers, die vor ihrer Verehelichung wohl nicht grundlos den Namen Wermuth von Schlachtfeld getragen hatte, unter Aufbietung aller Kräfte und unter Mithilfe der Schüler und Gesellen streng geheimgehalten wurde, war die tragische Tatsache, daß Fernkorns heute vielbewunderte Reiterstatuen unter ständiger Aufsicht von zwei Irrenwärtern vollendet werden mußten. Auch bei der feierlichen Einweihung seines Prinz-Eugen-Denkmals findet man ihn im Spalier, flankiert von zwei Wächtern, die den geistesverwirrten Künstler zur Stätte seines größten Triumphes gebracht hatten, und der dort nicht recht wußte, was mit ihm geschah.

Seinen ersten Schlaganfall hatte er 1857 erlitten, „der jedoch noch keine Zäsur seines Schaffens bedeutete", wie der Fernkorn-Biograph Hans Aurenhammer schreibt. Die anstrengende Tätigkeit während der

Fertigstellung des Erzherzog-Carl-Denkmals mag die Krankheit ausgelöst haben. Ende 1859 entsteht dann der erste Entwurf für das Prinz-Eugen-Monument, und Fernkorn konnte noch den Beginn des Gusses überwachen. Bald lag die Ausführung jedoch in den Händen seiner Werkstatt, da der Künstler am 20. Juni 1863 erneut einen Schlaganfall erlitten hatte, der eine Beurlaubung nach St. Radegund bei Graz notwendig machte. Am 10. März 1864 ereilte ihn ein weiterer Anfall, dessen Folgen den Künstler zwangen, sich von der Arbeit endgültig zurückzuziehen. Zwei Tage nach der Einweihung des Prinz-Eugen-Monuments wurde er wieder nach St. Radegund gebracht. „Infolge des Sinkens meiner Kräfte", bittet er den Kaiser, ihn von der Leitung der k. k. Erzgießerei zu entbinden. Die Gußwerkstatt, die später dem Historienmaler Hans Makart als Atelier dienen sollte, wird an seine Schüler übergeben, Kaiser Franz Joseph verfügte daraufhin, daß dem Schöpfer habsburgischen Triumphes, „dem Ritter von Fernkorn die von ihm bisher unentgeltlich genossene Naturalwohnung in einem Gebäude der k. k. Kunsterzgießerei auch fernerhin belassen werde". Doch diese wird er niemals mehr betreten: Zwei Tage nach Weihnachten des Jahres 1866 muß Fernkorn in die Privatkrankenanstalt Döbling des Dr. Maximilian Leidesdorf gebracht werden, zu jenem Arzt, der zwanzig Jahre später erfolglos versuchen wird, den bayrischen König Ludwig II. zu heilen.

1868 in die Landesirrenanstalt in der Lazarettgasse überstellt, wird er hier in geistiger Umnachtung, unterbrochen durch kurze helle Momente, die letzten zehn Jahre seines Lebens verbringen. „Seine Aufzeichnungen aus der Zeit seines Aufenthaltes in Döbling", berichtet Aurenhammer abschließend, „und die Erinnerungen von Dora Stockert-Meynert von etwa 1870 an den immer wieder Schiller zitierenden, seines Gemüts bewußten, aber mit der Realisierung seiner Werke hadernden Künstler, sind erschütternde Zeugnisse seiner Krankheit."

Anton Ritter von Fernkorn starb am 16. November 1878 und nahm das Geheimnis der Statik seiner beiden Monumente mit ins Grab. Am 29. Mai 1908 wurde sein Ehrengrab auf dem Wiener Zentralfriedhof enthüllt, das den Künstler, umgeben von seinen Hauptwerken, vor allem den beiden Reiterstandbildern, zeigt. Doch schon wenige Monate später liquidierte man das Lebenswerk Fernkorns, die k. k. Kunsterzgießerei, zugleich wurde seine Modellsammlung zerstreut.

In ihren Kindheitserinnerungen berichtet die Dichterin Dora Stockert-Meynert, die Tochter des Psychiaters Theodor Meynert, der damals mit Leidesdorf in der Döblinger Klinik gearbeitet hatte und dessen späterer junger Assistenzarzt Arthur Schnitzler heißen wird: „So sehe ich, von Erkennen bewegt, den Park des alten Irrenhauses vor mir, in dem mein Vater Arzt war, und höre die mächtigen Bäume rauschen, unter denen meine Geschwister und ich die ersten Jahre verspielten. Ich sehe den Linienwall mit seinen Gräben und Hügeln, den eisenumgitterten Krankengarten, an dem man uns immer so eilig vorbeizog, und die schwermütige Gestalt Meister Anton Fernkorns, des großen Bildhauers, dessen Seele in Nacht hindarbte.

Seinen Löwen von Aspern und die edlen Siegergestalten Prinz Eugens und Erzherzog Karls, die über alle Zeiten wegzustürmen scheinen, werden noch die Nebel kommender Jahrhunderte umspielen, jene mächtigen Steinbilder im Dom zu Speier, die über Grüften deutscher Kaiser ragen, noch eine lange Totenwache zum Ruhm des Geistes halten, der sie schuf.

Der gottgeborene Funke in der Schale seines Hirns, die stolze Flamme des Genies entzündete sich selbst und warf ihn in ein uferloses Meer von Phantasien, die noch kein Künstler wiedergeben konnte, – so wesenlos und furchtbar ist ihr Fluten, – so schwarz und namenlos das Grauen ihres Stillerwerdens und Verebbens.

Anton Fernkorn ertrank in diesem Jammermeer und konnte den Dämon des Wahnsinns nicht von hochaufsteigendem Roß aus niederschlagen, wie sein Sankt Georg den Drachen. Welten glühten auf in seinem Hirn und brachen berstend auseinander, ihn mit sich auf- und abwärts schleudernd, von den Gipfeln cäsarenhaften Machtgefühles zu den Höllenpforten kleinmütiger Verzweiflung. Bis diesen allgemach ein dunkles Chaos folgte. Ein langsames Versickern und Versinken in ausgeholzten Wäldern der Gedanken.

Wie oft ist er mit seinem Wärter bei uns Kindern stehengeblieben und dann murrend weitergegangen, mit seinem grauen flatternden Radmantel und dem übergroßen Schlapphut, den er so tief in die Stirn gezogen trug, als wollte er sich dadurch noch weiter von der Welt isolieren.

Armer Fernkorn! Das Schicksal langte ihn aus der ruhmvollsten Kurve seines Fluges herab und entschädigte ihn dafür durch Gaukelspiele des Irreseins, die ihm eingaben, daß ein kleiner König etwas Stolzeres wäre, als ein großer Künstler."

Narrenkotter und Vogelhaus

Schergen, Scharfrichter und Schranne
1, Hoher Markt 5

„W ie alle Plätze in der Inneren Stadt, ist der Hohe Markt ebenfalls gewaltige Schaubühne wienerischen Lebens durch die Jahrhunderte gewesen", beschreibt Siegfried Weyr den historisch bedeutsamen Ort, „und wie es eben der Rhythmus des Wiener Lebens mit sich brachte, wechselte immer Alltäglich-Gemütliches in furchtbarer Folge mit unvorstellbarer Tragik ab. Die Wiener sahen sich beides gern an."

Hier, auf dem ältesten Marktplatz der Stadt, hat es schon in der Römerzeit eine Anzahl von öffentlichen Bauten gegeben, hier stieß man auf die Reste der ältesten Stadtmauer, und hier befand sich bereits im Mittelalter ein Zentrum des öffentlichen Lebens. Im frühen vierzehnten Jahrhundert stand frei auf dem Platz das älteste Gerichtsgebäude, das 1437 abbrannte, und auf Nummer fünf danach ab 1441 die berüchtigte Schranne, die bis 1850 in Verwendung blieb als Sitz des Wiener Stadt- und Landgerichts. Früher war es das alte Saithaus, nach den hier ansässigen Seilern so benannt, und von den Handwerkerstühlen oder Schrannen leitete sich der Name für das Stadtgerichtshaus ab. Die Urteile wurden meist sofort auf dem Hohen Markt vollstreckt, und zwar bei der am unteren Ende des Platzes befindlichen Gerichtssäule, deren Knauf die Waage der Gerechtigkeit hielt.

Die Schranne war ein einstöckiger Bau mit hohem Giebel und einer von außen angebrachten Stiege, die Front nur durch zwei hohe gotische Fenster und einer Tür unterbrochen, vor der sich ein breiter Söller in der Höhe des ersten Stockwerkes erstreckte, darunter gab es einen betriebsamen Laubengang. Auf diesem Söller verlas der Richter der Stadt Wien, wenn es um Leib und Leben ging, das Urteil auf einem steinernen Richterstuhl, das Schwert der Gerechtigkeit neben sich postiert.

Vom „Malefizspitzbubenhaus" in der Rauhensteingasse wurden die Delinquenten auf den Hohen Markt zum Verhör gebracht, wo man sie „peinlich befragte". „Man kann annehmen", schreibt Siegfried Weyr weiter, „daß durch Jahrhunderte hindurch das Jammergeschrei der Gemarterten auf den Hohen Markt hinausdrang, wo sich der Schranne gegenüber der Fischmarkt befand, auf dem es immer hoch herging …"

Hoch her ging es auch, wenn auf dem Neuen Markt, dem Mehlmarkt von Wien, diejenigen, die untergewichtiges Brot verkauften, erwischt worden waren und nahe der Schranne, beim Bäckerschupfen, in Bottiche mit menschlichem Unrat getaucht wurden, oder wenn ungeachtet der Delinquenten hier die Gänseverkäufer ihre Stände aufschlugen, die Seifensieder, Kürschner und Tuchscherer ihre Läden in den umliegenden Häusern öffneten. Eine hocherregte Menge war es auch, die 1501 den Scharfrichter vor der Schranne erschlug, nachdem er beim Vollzug der Todesstrafe durch das Schwert beim Delinquenten deutlich dilettiert hatte.

Der Neubau des Gerichtshauses am Hohen Markt um 1740 erfolgte im frühbarocken Geschmack samt einer steinernen Justitia und zweier ihre Schwingen entfaltenden Doppeladlern auf dem Dachfirst, zwischen denen sich ein kleiner Turm mit der Armensünderglocke befand. Die Schranne paßte sich damit dem Vermählungsbrunnen Fischer von Erlachs auf dem Platz an, der eine Verherrlichung der Gottesmutter, der „patrona Austriae" darstellt. Ein aus Marmor und Erz errichtetes barockes Welttheater, das an der Stelle der Bühne für die Todeskandidaten erbaut und unter Karl VI. vollendet wurde, der schließlich die Vollziehung der Todesstrafe aus dem Gebiet der Inneren Stadt verwies.

Diese schauerliche Bühne, auf der man jahrhundertelang vorzugsweise köpfte und vierteilte, wurde noch ergänzt durch einen Narrenkotter, eine Art Gitterkäfig für Kleinkriminelle, welche von der Schaarwache nächtens vaszierend und rumorend angetroffen wurden, aber auch

Schaubühne Wienerischen Lebens: Der Hohe Markt mit Schranne, Pranger, Narrenkotter und Gerichtssäule

Beliebte Volksbelustigung und früher Normierungszwang: Bäckerschupfen in der Roßau. Mit einer einfachen Schaukel „nach altem Herkommen geschupft" wurden dabei jene, die zu leichtes Brot verkauft hatten, während Übertretungsfälle beim Verkauf von Lebensmitteln mit Geldstrafen geahndet wurden

für Gotteslästerer, Flucher und Dirnen. Das Wiener Volk sammelte sich dann vor den Gitterstäben und narrte die Eingesperrten stets gerne. Daneben existierte ein hoch auf einer Säule errichtetes Vogelhaus, ein Schandkäfig, zur Ausstellung straffällig gewordener Personen. Der Pranger der Stadt, 1435 vor der Schranne errichtet, bei dem neben Ehren- und Zusatzstrafen auch als großes Spektakel für die Bevölkerung Handabhacken, Ohren- und Zungenabschneiden, Aufschlitzen der Nase, Abhauen der Finger oder Hände, das Einbrennen und die Prügelstrafen vollstreckt wurden, befand sich ebenfalls lange auf dem Hohen Markt.

1583 wird auf dem Hohen Markt der Hexenprozeß gegen die unglückliche Elise Plainacher durchgeführt. Am 2. Mai 1668 findet hier auch eine der seltsamsten Exekutionen statt, an der die Wiener je teilgenommen hatten. Hans von Tabarelli hat in seinem „Altwiener Panoptikum" darüber berichtet. Eine Hinrichtung durch das Feuer wurde vorgenommen, und der Malefikant war ein Buch. Eigentlich war das Schicksal dem Verfasser zugedacht, doch dieser Johannes Heinrich And-

ler blieb unauffindbar. Er hatte sich unterfangen, in einer lateinischen
Denkschrift verschiedene Unzukömmlichkeiten während des soeben
glücklich beendeten Türkenkrieges aufzudecken und zu kritisieren. Das
hochverräterische und majestätsbeleidigende Werk lautete in deutscher
Übersetzung „Gedenkschrift über den ungarisch-türkischen Krieg, der
geführt wurde zwischen den ‚Caesaren‘ Leopoldus I. und Moham-
med IV., geschrieben von Joannes Henricus Anderlus aus Straßburg, gedruckt zu Massilien (Marseille) anno Domini 1665“. Das Buch wurde in
der kaiserlichen Hofkanzlei gefunden, in Ketten gelegt und im Gefängnis in der Rauhensteingasse arrestiert, nachdem es unter Fluch- und Be-
schwörungsformeln verlesen und „peinlich befragt“, zur Verbrennung
auf dem Scheiterhaufen verurteilt worden war. Der kaiserliche Palatinus
und Sekretär Mathias Abele hat den erstaunlichen Vorgang in seinem
Werk „Künstliche Unordnung“ der Nachwelt erhalten. Darin heißt es:
„Das rothe Tuch als Kennzeichen der Hinrichtung einer malefiz-Person
wurde auf der kays. Schrannen ausgebreitet. Aus dem Amtshaus gienge
man aus, der Schörg mit dem Spießl, nach diese ritte der unter Richter,
deme folgte der Hutstock oder Körker Meister, truge das Büchl in der
Hand und in der Höhe, hernach kam der Scharffrichter, Schörgen,
Hundsschlager und dergleichen Gesindel“, und wie immer bildeten die
neugierigen Wiener ein dichtes Spalier. „Als sie nun zu der Schrannen-
stiege angelangt“, fährt Abele mit seiner Schilderung fort, „stiege der
Unterrichter von dem Pferde ab, gienge oderntlich auf die Schrannen,
alwo das Löbl. Kays. versamlete Stadt-Gericht mit blossem Schwerd
sasse. Das Verbrechen wurde von dem kays. Herren Schrannen-Schrei-
ber offentlich abgelesen, das Urheil gefellet, der Stab gebrochen und das
Büchel, weilen man dessen Urheber nicht haben konnte, dem Scharffrichter zum Verbennen übergeben. Darauf gienge man mit der vorigen
Ordnung mit dem Büchlein von der Schrannen herunter über den Hohen Markt dem Pranger zu, auf diesem wurde an vier Theilen der Titul
des Büchels auf einem Bogen Papier groß geschrieben angeschlagen,
von dem Scharffrichter vor dem Pranger eine hohe Pün [Bühne] aufge-
richt, auf welche der Henker gestiegen war, das Feuer angezündet. Und
das Buch hineingeworfen, bis es gantz verbrunnen …“ Monate später
erinnerte sich Kaiser Leopold der inkriminierten Schmähschrift und beschloß, mißtrauisch gegenüber seine Verwaltung geworden, diese selbst
zu lesen. Als er jedoch erfuhr, daß man sein eigenes und einziges Exem-
plar „hingerichtet“ habe, entlud sich der Zorn des Herrschers über die
eilfertige Gerichtsbarkeit.
    Im Jahr 1685 erlebte man auf dem Hohen Markt eine erste krimi-

nalwissenschaftliche Vorführung: Die zerstückelte Leiche eines in der Leopoldstadt aufgefundenen Mädchens wurde mit allen Fundstücken zusammengesetzt und bei der Schranne ausgestellt, um die Identität der Ermordeten zu klären. 1795 wurden die Urteile im Wiener Jakobinerprozeß hier verkündet. Je eine Stunde an drei aufeinanderfolgenden Tagen standen die zu langjährigen Gefängnisstrafen verurteilten Jakobiner Johann Hackel und Martin Prandstätter auf einer Schandbühne, die unterdessen den alten Pranger ersetzt hatte. Den müßigen Wiener Flaneurs, „maßlos im Verdammen wie im Vergöttern", wie Schönholz in seinen „Traditionen zur Charakteristik Österreichs" festhielt, fielen dabei auch gleich die „possierlichen Knüttelverse" gegenüber den Märtyrern der josephinischen Aufklärung ein, wie: „O Spektakel Herr von Hackel!" und „Potz Wetter Herr von Prandstätter!"

Für Spektakel am Hohen Markt, der im Zweiten Weltkrieg großteils zerstört wurde, sorgt heute lediglich die Ankeruhr des Malers Franz von Matsch über dem Schwibbogen neben dem Ankerhof auf Nummer 12, deren historische Figuren an die Vergänglichkeit des menschlichen Daseins erinnern sollen. Stiller und unauffälliger gibt sich jene Uhr auf dem heute noch bestehenden klassizistischen Mietshaus auf Nummer fünf, die vom Vorgängerbau, der einstigen Schranne, übernommen wurde und vormals die pessimistische Inschrift trug: „Diese Uhr schlägt keinem Glücklichen!"

Arisierung im Mittelalter

Eine frühe Judenvertreibung
1, Judenplatz 2, Haus Zum großen Jordan

Trotz seiner geschichtsträchtigen Mischung aus vielfältig eingesetzten stilistischen Bauformen von der Spätgotik über Barock und Klassizismus bis hin zur Spätgründerzeit empfindet man der Judenplatz in seiner heutigen Form als harmonisch, geschlossen und ohne störenden Lärm. In friedlicher Koexistenz findet sich am Platz das Lessing-Denkmal von Siegfried Charoux gegenüber einer Mozart-Gedenktafel, gestiftet von der kunstsinnigen Gewerkschaft der Gastwirte im Jahr 1929, die darauf hinweist, daß der Komponist auf ständiger Flucht vor mieteintreibenden Hauswirten im Jahre 1783 auch im Vorgängerhaus kurzzeitig abgestiegen war. Das Zunfthaus Nummer 10 aus dem Jahr 1838, unschwer mit seiner Schere am Giebel als jenes der „bürgerl. Schneider" auszumachen, beherbergte einst auch ein „Zech- und Herbergshaus", an das schwach noch die auch schon lange bestehende „Gastwirtschaft zum Pantherbräu" erinnert. Im Schatten der böhmischen Hofkanzlei, 1714 nach einem Entwurf Johann Bernhard Fischer von Erlachs fertiggestellt, liegt ein italienisches Restaurant, während sich daneben das Schild des Bierlokals und das des benachbarten Urologen gegenseitige Hilfe in allen Lebenslagen versichern.

Doch der Schein trügt ein wenig. Das 1935 errichtete Lessing-Denkmal wurde 1939 von den Nationalsozialisten abgetragen und sein Metall für Rüstungszwecke verwendet. Erst 1981 gelangte sein Nachfolgemonument wieder an den ursprünglichen Standort, als Mahnmal der Toleranz in einer Stadt, über die der dargestellte Dichter 1771 bereits angemerkt hatte: „Wien und die Wiener mögen wohl recht gut sein – wenn man nichts Besseres kennt."

Das Wohnhaus Nummer 7 „Zur kleinen Dreifaltigkeit" mit seinen Hofarkaden und der proportionierten Fassade aus dem 18. Jahrhundert beherbergt das „Sitz- und Stehbeisl Zum Scherer" und erinnert daran, daß in diesem Haus die Wiener Ausgabe des seit Mai 1899 in Innsbruck erschienenen „Tiroler Witzblattes" gedruckt wurde. „Der Scherer" war ein völkisch-deutsches Organ, und Katholiken, Slawen und Juden waren laut Erika Wimmer stets die „Objekte gehässiger und satirischen Angriffs" gewesen.

Gleich daneben, auf Nr. 8, steht ein 1682 errichtetes Gebäude, in dem sich nunmehr das Misrachi-Haus befindet, in das demnächst das Museum für mittelalterliche Geschichte des Judentums einziehen wird, gleichzeitig mit der Fertigstellung des Schauraums der mittelalterlichen Synagoge und dem von Rachel Whiteread geplanten und seither heiß umfehdeten Mahnmals für die Opfer der Schoa.

Und dies scheint dafür auch der geeignete Platz zu sein, erinnert doch eine Tafel am Haus Nummer 6, an der Ecke zur Pariser Gasse, an die ersten Vertreibungs- und Vernichtungsaktionen im Mittelalter auf dem einstigen

Gesellschaftlicher Mittelpunkt im Ghetto und Ausgangsort der Verfolgung: Der Judenplatz, Federzeichnung von Lili Réthi, 1925

Schulhof, dem Zentrum der betriebsamen mittelalterlichen Judenstadt.

Die Babenberger ziehen Juden zur Belebung des Handels ins Land. Diejenigen, die ihrem Ruf folgen, sind vermutlich Vertriebene aus dem Rheinland und aus Böhmen, die in der aufblühenden Handelsstadt Wien eine neue Heimat finden und bereits im zwölften Jahrhundert eine geschlossene Siedlung entlang der heutigen Wipplingerstraße bilden. Ihre Haupteinnahmequelle ist der Warenhandel, zudem liegt ab dem dreizehnten Jahrhundert das Darlehensgeschäft in ihren Händen. Zwar werden ihre Rechtsverhältnisse durch die Landesherren geschützt, doch verhindern Geistlichkeit und Bürgerschaft, zähe Feinde der Wiener Judenschaft ab nun, die Ausübung von Ämtern. Gegen Ende des dreizehnten Jahrhunderts finden auch erste Judenverfolgungen in Wien statt, und bald darauf wird ein regelrechtes Ghetto eingerichtet, das sich um den heutigen Judenplatz gruppiert. Mit Beginn des vierzehnten Jahrhunderts radikalisiert sich die Lage erneut: Verfolgungen und Vermögensbeschlagnahmen erfolgen, man beschuldigt sie seitens der theologischen Fakultät der Jesuitenuniversität fälschlicherweise des Einverständnisses mit den Hussiten und Waldensern sowie des mehrfach wiederkehrenden Hostienfrevels. Landesherr, Geistlichkeit und Bürgerschaft organisieren wenig später einen Großangriff auf die finanziellen Reserven der Juden, während die Frage des Glaubens eine geringere Rolle spielt. Neuerliche fürstliche Privilegien, die wenig später erfolgen, dürfen jedoch, so Nikolaus Vielmetti, nicht über die Einstellung des Volkes und der ständig von dieser Seite drohenden Gefahr hinwegtäuschen.

Als 1406 in der Wiener Judenstadt ein Brand ausbricht, nützen die christlichen Nachbarn ausgiebig die Gelegenheit, die Häuser der Juden zu plündern und darin nach verborgenen Schätzen zu suchen. Ein Teil des Vermögens der Judenschaft wird eingezogen, und die durch den Brand verursachte Minderung der finanziellen Leistungsfähigkeit der jüdischen Gemeinde sollte das Interesse des Herzogs an ihr deutlich schwächer werden lassen.

Der Brand selbst, der in der Nacht zum 5. November in der Synagoge ausbrach, ist nach Hans Tietze immer auch als Vorzeichen der kommenden Katastrophe empfunden worden. Ein explosives Gemisch aus Vermögensneid, Wucheranklage, wirtschaftlichem Rückgang der Stadt, dynastischer und sozialer Zwistigkeiten, wiederholter Anschuldigungen des Hostienfrevels und geheimer Verbindungen mit dem hussitischen Landesfeind hatten Albrecht V. schließlich veranlaßt, ein grausames Strafgericht über die Juden in Stadt und Land zu verhängen. Am 23. Mai 1420 wurden auf Befehl des Landesherrn sämtliche Juden in den herzöglichen Städten gefangengenommen, ihr Vermögen wurde eingezogen, die Armen Richtung Ungarn ausgewiesen, während man die Reichen als Geisel zurückbehielt. Die Häuser der Wiener Judengemeinde wieder sollen verschenkt oder verkauft worden sein, und auch dem Herzog fiel ein Teil der Beute zu. Grausame Martern mußten die Zurückgehaltenen erleiden, um versteckte Schätze preiszugeben. Diejenigen, die sich der Taufe widersetzten, wurden massen-

Das spätgotische Basrelief mit der Darstellung der Taufe Christi am Haus „Zum großen Jordan" erinnert als „Sühne gegen die Hebräerhunde" an die Vernichtung der Wiener Juden im Jahr 1421

Am 12. März 1421 wurden die letzten überlebenden gefangenen Juden auf der Gänse-weide in Erdberg verbrannt

weise in der Synagoge hingeschlachtet oder richteten sich selbst, und am 12. März 1421 wurden schließlich die letzten überlebenden 210 Gefangenen auf die Gänseweide nach Erdberg getrieben und dort verbrannt. „Wie nun die Juden zum Brandhaus geführt wurden, hoben sie an zu tanzen und zu springen, als ob es zur Hochzeit ginge. Unter lauten Zurufen und Trostworten zueinander baten sie sich gegenseitig um Vergebung und erhofften sich ein glückliches Jenseits", überlieferte das Blutgericht die „Wiener Geserah". Selbst „in der Asche der verbrannten Blutzeugen fahndet die Habgier nach Gold und Silber", schreibt der Chronist Ludwig Bato. Diese wurde nach Gold und Silber durchwühlt, die von verschluckten Münzen oder vom Geschmeide der Frauen herrühren sollten. Studenten taten sich dabei besonders hervor. Und aus den Steinen der zerstörten Synagoge wurde die neue Universität errichtet. Hans Musterer, der Bürgermeister von Wien, war dann einer der ersten, der einen Monat später als herzögliches Geschenk eines der konfiszierten Häuser im einstigen Ghetto um den Judenplatz zugewiesen erhielt.

Ein spätgotischer Gedenkstein mit antisemitischer Inschrift und der Darstellung der Taufe Christi am Haus „Zum großen Jordan" auf dem Judenplatz Nummer 2 erinnert noch heute an das Drama, das sich 1421 abgespielt hat: „So erhebt sich der Ingrimm wütend durch die ganze Stadt, 1421, und sühnt die furchtbaren Verbrechen der Hebräerhunde. Die Welt ist nun gereinigt durch die Fluten und wird so wieder durch das wütende Feuer die Strafe büßen."

Arisierung im Mittelalter

In der jüdischen Welt findet die blutige Tragödie schmerzlichen Widerhall. Während bei den Überlebenden und ihrer Nachkommenschaft durch die jüdisch-deutsch geschriebene Chronik „Wiener Geserah" die kollektive Erinnerung an jenes Massenmartyrium wachgehalten wurde, die das Ende der Judenstadt bedeutete, und womit aus dem „verhaissen und gesegnet lant" das Wiener „Blutland" geworden war, lebt der Ausdruck bis heute im Wienerischen Dialekt als humoristisch angehauchtes „Gseres" im Sinne von Wehgeschrei fort, oder nach Max Mayr auch in der Form des „Gseras", als unnötiger, störender Lärm.

Das Haus „Zum großen Jordan" hat aber auch späteren Besitzern noch großen Kummer bereitet. Die Klagen über das „üble und gewalttätige Benehmen" mancher Hofmieter ihrem Hausherrn gegenüber sind so alt wie das Hofquartierwesen selbst. Im Jahre 1554 hat König Ferdinand auf Ersuchen des Wiener Stadtrates ein Gebäude in der Nähe des Rathauses und Judenplatzes deshalb von der Last des Hofquartiers befreit, weil die Einquartierten durch ihr lautes Schreien die Ratssitzungen gestört und durch ihre Art, mit dem Feuer umzugehen, das Rathaus gefährdet haben sollen. Auch aus dem 17. Jahrhundert finden sich in den Protokollen des Hofquartiermeisteramtes immer wieder Klagen über Exzesse der Mieter, die sich allerdings unausgesprochen vielfach gegen die kaiserliche Methode der Einquartierung selbst richten dürften. Das „Quartier am Judenplatz, beim Jordan", worin „zuvor ein gewisser Michael Radowitsch, so ein Raguser und Dolmetsch gewesen, loschirt war, welches Quartier nach seinem Tod oder Abgang sein Vetter, auch Radowitsch, ohne Verwilligung eingenomben, bericht ich gehorsambst, daß nicht ohne, wie genannter Radowitsch mit höchster Beschwer und Ungelegenheit des Hauswirths, welcher sich sowohl wegen der Verwüstung der Zimmer als des Hauses, sunderlich aber wegen Aufhaltung allerlei Raguseer, Cravaten und frembter Leuth hierdurch besorgender Mordt und Feuers halber wehmütig beklagt hat, das Quartier possediert, auch über das seinen Hauswirth mit gefährlicher Bedrohung zur Hergebung der gehörigen Stallung (da er doch für sich keine Pferde hat) zu zwingen sich unterstehet." Der „Allergnädigste Kayser, Landesfürst und Herr" weist jedoch die Bitte des Hauswirts am 10. November 1641 in einem Schreiben an das Hofquartieramt ab, wodurch uns mit diesem Briefwechsel eine frühe und eindrucksvoll devote Darstellung fremdenfeindlichen Verhaltens und Vernaderertums in der Kaiserstadt erhalten blieb.

Trennung der Herzen

In den Gewölben der Kapuzinergruft
1, Neuer Markt, Kapuzinerkirche

Die Kapuzinergruft, deren Eingang sich links neben der Kirche befindet, umfaßt acht Gewölbe, in denen zwölf Kaiser, seit 1989 mit Kaiser Karls Frau Zita nunmehr siebzehn Kaiserinnen, 109 Erzherzöge und Erzherzoginnen sowie Maria Theresias Vertraute, die Gräfin Karoline Fuchs, begraben liegen. Kaiser Matthias und seine Frau Anna finden wir als Stifterpaar. Nach der Fertigstellung der Gruft im Jahre 1633 wurden beide hier beigesetzt, und seitdem ist die Kapuzinergruft die Begräbnisstätte der kaiserlichen Familie. Seither geleitete der Obersthofmeister stets den Sarg des jeweiligen Habsburgers in die Gruft, hob dort den Deckel ab und fragte den Praefectus cryptae: „Erkennen Sie in dem Toten die verstorbene Person?" Auf die zumeist bejahende Antwort wurde der Deckel geschlossen und beide am Sarg angebrachten Schlösser versperrt. Einen Schlüssel erhielt der Pater Guardian „zur gewissenhaften Verwahrung für ewige Zeiten", der andere wurde in der Hofburg aufbewahrt. Die Leichname wurden vor der Beisetzung einbalsamiert und dabei nahm man eine seltsame Aufteilung des Körpers vor: Die Eingeweide wurden in kupferne Kessel gelötet und in die Herzoggruft der Katakomben unter dem Stephansdom gebracht, das Herz hingegen kam in einem silbernen Becher in das „Herzgrüftl" in der Augustinerkirche. Doch auch dieser Brauch vermochte die modernen Zeiten nicht zu überleben: Der letzte, an dem diese Art der Dreiteilung vorgenommen wurde, war Erzherzog Franz Karl, der Vater von Joseph I.

Überreich ist die Symbolik der prominenten Särge. Der hohe Sockel der verzierten, zu einer künstlerischen Einheit verbundenen Barocksärge der Kaiserin Maria Theresia und ihres Gemahls Franz Stephan verrät das Prinzip, die Regierenden auch im Tode höher zu stellen als die anderen Mitglieder der weitverzweigten Familie, deren etwas willkürliche Aufstellung dann oftmals an ein vergessenes ärarisches Versorgungsdepot in Feindesland lange nach der verlorenen Schlacht erinnert. Die erzernen Gestalten der beiden ruhen hoch oben, halb erhoben und blicken einander ins Auge. Sie sind im kaiserlichen Ornat abgebildet, und Maria Theresia hält den Herrscherstab Österreichs in der Rechten, während sie

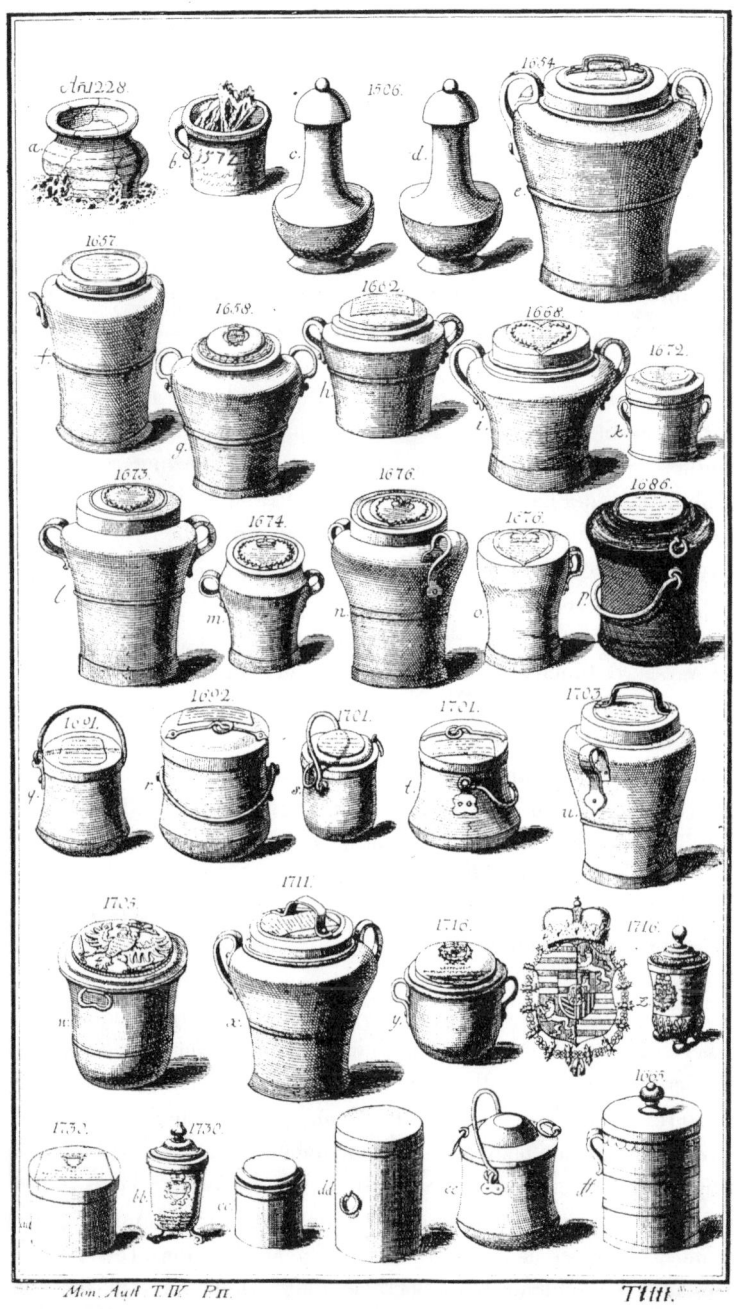

Der Tod im Herzen. Archaische Todesrituale als Garantien fürs Jenseits: Die silbernen Becher der Habsburger im „Herzgrüftl"

die Linke an ein Schwert legt. Ihr Gemahl trägt das Zepter des deutschen Kaisertums in der einen Hand und berührt lediglich mit der anderen fast zögernd dasjenige von Österreich. An den Särgen sind die Lebensstationen Beider dargestellt, und auch der versinnbildlichte Schmerz der trauernden Völker darf nicht fehlen. Von dem Sarge des Kaisers Leopold I. fliegt ein Adler empor, auf dem seines Sohnes Joseph I., der, wie schon sein Thron, auf zahlreichen Siegestrophäen, Fahnen, Trommeln Kanonen und Gewehren steht, legt ein Engel soeben den Lorbeerkranz auf die Krone, während ein anderer die Trompete bläst, an der wieder eine Tafel angebracht ist, die uns die

Herrscher statt Heilige: Die kaiserlichen Herzen bei den Augustinern

rühmliche Legende des an Blattern verstorbenen jungen Herrschers erzählt. Überreich auch die Zeichensetzung auf den Särgen Karls VI. und seiner Gemahlin, die an allen Ecken von grinsenden Totenschädeln geziert sind, von denen wieder jeder, welch eigentümliche Symbolik, die alte deutsche Kaiserkrone trägt.

Zu Füßen des pomphaften Kaisersarkophages seiner Eltern steht auf ebener Erde ein einfacher Metallsarg, ohne geringsten künstlerischen Schmuck, lediglich durch ein großes Kreuz auf dem Deckel gekennzeichnet, und in ihm ruht, ganz seiner Weltanschauung gemäß, Kaiser Joseph II.

Nachdem Kaiser Joseph II. am Morgen des 20. Februar 1790 gestorben war, nicht ohne kurz zuvor mit dem testamentarischen Beisatz noch zu verfügen, seinen Leichnam nicht zu sezieren: „Seine Krankheit sey sichtbar genug gewesen, man würde also durch die Öffnung des Leichnams nichts weiter lernen", wurde er im kaiserlichen Audienzzimmer aufgebahrt. Am 21. Februar wurde die Leiche abends in der Hofburgpfarrkirche auf einer prächtig erleuchteten Trauerbühne zur öffentlichen Schau ausgestellt. Am folgenden Tag wurde der Sarg in der Augustiner-

Repräsentative Arten des Nachlebens: Im Himmel wie auf Erden. Die Sarkophage Maria Theresias und Franz Stephans in der Kapuzinergruft

kirche verschlossen und, wie Gräffer berichtet, „von dem Hofburgpfarrer unter der Assistierung des Hofceremoniars und der Hofcaplänе und im Beyseyn der mit brennenden Fackeln versehenen Edelknaben, der Leibgarden, des obersten Kämmerers und des obersten Stallmeisters, wie auch der anwesenden drey Gardecapitäne eingesegnet, und in den mit sechs Pferden bespannten, ringsumher mit Gläsern versehenen schwarzdrapirten Hofleichenwagen übertragen." Hierauf ging der Leichenzug über den Josephsplatz zur Kapuzinerkirche. „Bey Anlangung an der Kirchenthüre wurde der Sarg von Hofkammerdienern aus dem Wagen gehoben, und auf die in der Kirche errichtete, mit Goldstoff bedeckte Bühne gestellt, allda von dem Wiener Cardinalerzbischofe Migazzi unter Assistirung mehrerer Bischöfe, und der niederösterreichischen Prälaten, mit Würde und Salbung eingesegnet. Sodann übernahmen die Kammerherrn den Sarg und trugen ihn zu der in dieser Kirche befindlichen Erzherzoglichen österreichischen Gruft. Die P. P. Capuziner-Guardiane übernahmen ihn darauf, und brachten ihn unter Voraustretung vieler Ordensleute, die mit brennenden Kerzen versehen waren, bis an das eiserne Thor, welchen (wie bey solchen Fällen gewöhnlich ist) verschlossen war. Einer von ihnen klopfte an, und der Pater-Guardian fragte, wer da sey? – ‚Der Leichnam des durchlauchtigsten Kaisers, Jo-

Erster Bezirk

sephs des Zweyten.` Nach dreymaligem Fragen und dreymaliger Antwort wurde das Thor geöffnet, und der Sarg hinein getragen.``

In der Kapuzinerkirche selbst befinden sich nunmehr zahlreiche Gedenksteine aus den Schlachten des Ersten Weltkrieges. Aus Josephinischer Zeit berichtet nämlicher Gräffer aber auch, wie es damals zu Wien in den Kirchen überhaupt zuging. „Die Kirchen müssen oft zu Zusammenkünften dienen, die gar nichts Geistliches an sich haben. Man sieht sehr oft, daß jemand dicht neben einem Frauenzimmer in einem Bethstuhle knieet, und man merkt wohl zuweilen, daß sie nicht bloß Gebethe murmeln. Das Ärgerniß wird oft ohne Scheu getrieben. Bey dem Segen und Litaneyen gegen Abend, wo es schon dunkel ist, werden die gröbsten Unanständigkeiten begangen. Die letzte Messe, die nach halb 12 täglich gelesen wird, hat einigermaßen den Argwohn für sich, daß sie oft zu Zusammenkünften diene. Besonders nennt man in Wien diese letzte Messe bey den Kapuzinern ungescheut und öffentlich die Hurenmesse. Daselbst kommen sehr viele Frauenzimmer von zweydeutigem Rufe zusammen, und die jungen Herrn gehen dahin, um zu sehen, was für Waare angekommen ist. Man denke nicht etwa, daß ich etwas übertreibe; die Sache ist in Wien (und in München und Mainz) bekannt genug, und man kann, so oft man will, sie mit Augen sehen.``

So lagen Freude und Tod, Eros und Thanatos in Wien oft nahe beisammen und gaben der Stadt ihr eigentümliches Gepräge als Ort doppelbödiger Lebensform zwischen Prunksucht und Daseinsflucht.

Mord in der Oper

oder Eine Bemerkung Th. W. Adornos über Wiens gemütliche Mörder
1, Opernring 2

Im Rückblick werden die Anfangsjahre des neuen Jahrzehnts von vielen als durchaus bequem und angenehm empfunden werden. Gerührt wird man sich auf dieser empfindsamen Reise in die neobiedermeierliche Gemütlichkeit der sechziger Jahre etwa daran erinnern, daß von den Österreichern damals jährlich 2,6 Milliarden Schilling für Rauchwaren, 5,7 Milliarden für Alkohol und 3,5 Milliarden für Ratenkäufe ausgegeben wurden. 350.000 Tonnen Fleisch verzehrt der Einheimische im Jahre 1960 und trinkt dazu durchschnittlich 70 Liter Bier, während ihm die Kultur täglich immerhin 33 Groschen wert ist. Überhaupt, wie vieles Merkwürdige ließe sich über das Land Anfang der sechziger Jahre sagen, in dem soeben der Neubau des Allgemeinen Krankenhauses mit der Psychiatrie begonnen wird, jeder fünfte einen Leberschaden vorzuweisen vermag und sich die Zahl der Hunde verdoppelt, während die der Neugeborenen im gleichen Zeitraum auf die Hälfte sinkt; wo der Rundfunkdirektor, es könnte bei Nestroy stehen, Alfons Übelhör heißt und die Fernsehzentrale in einer ehemaligen Schule für Blinde untergebracht ist. 42.269 Vereine sind im Lande registriert und sorgen flächendeckend für garantierte Gemütlichkeit. Etwa jeder dritte Staatsbürger ist somit gesellig organisiert, und dies bedeutet auch die Existenz von 170.000 Präsidenten, Vizepräsidenten, Schriftführern und Kassierern für abendliche Kulturvereine, die sich schöngeistige Namen wie „Sorgenbrecher" oder „Lauter Bleede" geben und bei denen auch der bodenständige Humor nicht zu kurz kommen soll.

Diese idyllischen, gemütlichen Zustände mahnen fast an jene denkwürdigen Zeiten, in denen der alte Josephiner Franz Gräffer mit beachtlichem Eifer für die Konstituierung von förmlichen „Lachanstalten" plädierte und beispielsweise private theatralische Vorstellungen von Buckligen beantragte, wobei die Zuschauer „vor Lachen zerplatzen müßten". Friedrich Schlögls Neu-Wien wieder sah sich seit der liberalen Verfassung von 1867 einer wahren Vereinsvermehrung gegenüber. Aufgeweckten Geistern mußte dieser Zustand nachgerade ideal erscheinen, und so schossen bald zahlreiche „Geselligkeitsvereine" empor, die dem hierortigen „Spaß und Hamur" eine freundliche Pflegestätte im Rahmen der bestehenden Gesetze und unter Hochhaltung der Obrigkeit bieten konnten.

„Einen erlaubten G'spaß, kein Wort Politik und Sinn für Hamur", so lautet das Programm bereits zu Schlögls Zeiten, „dieser Muster-‚Unterthanen', bei deren Symposien die p. t. ‚Regierungsvertreter' (vulgo Polizeicommissäre) nicht als feindselige Späher und grimmige Censoren sondern als lachlustige ‚Spezi' erschienen, die ebenfalls zustimmend und beifällig mit dem Kopf nickten, wenn eine kleine Verschwörung im Zuge war: in das Pfeifenspitzel des Herrn von Grausgrueber ein Zündhölzl zu stecken, in das Salzfassel gestoßenen Zucker zu geben, das Paprikabüchsel von innen zu verkleben, die Speiszettelpreise auf die Hälfte abzuändern, eine gewisse Thür zu verriegeln, die Pelzärmel des Herrn von Hammergschwandtner heimlich zuzunähen, das Hutleder des Herrn von Hausleitner mit Kienruß zu bestreichen u.s.w. u.s.w.

‚Mir woll'n an G'spaß und weiter nix!' Das war die Devise jener Männer vom ‚Grund', denen übrigens auch viele ‚Stadtherren' die Hand zum schönen Bunde reichten und als notorische ‚Kreuzköpfeln' mit ihrem Witze gerne aushalfen, wenn es galt, einen etwas kostspieligeren Jux zu arrangiren. Und weder die Fundamentalartikel der Czechen, noch die Forderungen der Polen, weder Thronreden noch Diplomatenreisen genirten diese Extrazimmerbesatzungen, an deren erprobter (nicht selten auch decorirter) guter Gesinnung die alarmirendsten Depeschen machtlos abprallten. Nichts störte die collegialste, fidelste Eintracht."

„Gemütlichkeit ist ein Grundzug des Wieners", hatte dazu der Berliner Adolf Glaßbrenner bereits in den biedermeierlichen dreißiger Jahren des 19. Jahrhunderts bemerkt, „doch muß sich der Norddeutsche erst an diese Gemütlichkeit gewöhnen, denn sie hat zuweilen einen etwas unzarten Anstrich und will verstanden sein."

Im neobiermeierlichen Wien, wo man in den sechziger Jahren des 20. Jahrhunderts Amt und Autorität noch hochhält und die humoristische Charakterisierung des Nächsten noch ernst nimmt, sehen die Mörder jener Jahre aus wie der freundliche, gemütliche Nachbar von nebenan (und umgekehrt), tragen gemütliche, vertrauenswürdige Namen und heißen etwa Alfred Engleder, Alois Wunderl, Max Gufler, Mathias Kindlinger, Karl Pomaßl oder eben Josef Weinwurm. Wer keinen allzu vertrauenswürdigen Namen trägt, wird mitunter, wie das Mitglied der „Wiener Gruppe", Gerhard Rühm, aufgrund „bösartiger" Dialektgedichte des Frauenmordes verdächtigt und muß im sogenannten Opernmord ein Alibi erbringen. Die „Große Österreich-Illustrierte" fordert in diesen Tagen: „Wiener, jagt den Mörder!", und der von Mord und Melodram lebende Schriftsteller Heinz Konsalik tritt in einem Rückfall in die Vormoderne engagiert für die Todesstrafe ein. Große Trauer waltet im Herbst 1961 über der Stadt, nachdem auf der Marionettenbühne der Frau Wilhelmine Ruprecht in der Wiener Rosensteingasse der Kasperl gestorben ist; „brutal umgebracht", wie es in den Nachrufen der Zeitungen heißt, „von der modernen Zeit".

In diesem vereinsseligen, gemütlichen Wien wird die Nachricht von der Ermordung einer zehnjährigen Ballettelevin in der Staatsoper am 12. März 1963 mit Entsetzen und Empörung aufgenommen. Tagelang verdrängen die Meldungen über den Mord die Kulturberichterstattung über neue Opernpremieren samt deren Inszenierung von Liebe und Haß. Der allgemeine Volkszorn und die Welle der Anteilnahme nimmt Ausmaße an, die beinahe so unheimlich sind wie die Tat selbst.

An diesem 12. März, kurz vor 17 Uhr, betritt eine diensthabende Friseurin den Damenduschraum in der zweiten Etage des Opernhauses und findet in einer großen Blutlache ein kleines Mädchen auf dem Boden liegen, dessen Körper von zahlreichen Messerstichen durchbohrt wurde. Die gerichtsmedizinische Untersuchung wird dann allein 17 Stiche an der linken Brustseite feststellen, wovon 13 das Herz und die Lunge durchbohrten und bis in die hintere Brustwand eindrangen.

Was nun folgt, muß auf eine hierzulande nicht unübliche Autoritätsfixierung unter Ausnützung des üblichen Amtsweges zurückgeführt werden: Anstatt die Polizei in der nahe gelegenen Goethegasse zu alarmieren, holt die Friseuse eine Kollegin, die verständigt einen Löschmeister, der sich allerdings für nicht kompetent erklärt, jedoch nach einigem Zögern den Hausverwalter informiert. Im hierarchischen Gang durch die Institutionen wird nun der Personaldirektor des Hauses kontaktiert. Es dauert jedoch einige Zeit, bis er gefunden werden kann, berichtet die Illustrierte „Stern" am 24. 3. 1963. Daraufhin versucht der künstlerische Direktor erfolglos und mehrmals den Opernchef Herbert von Karajan ratsuchend in St. Moritz anzurufen, ehe sich der Personaldirektor schließlich entschließt, zu Fuß zur Polizeiwachstelle zu gehen, um den Mord zu melden. Der Inspektionsbeamte der Polizeidirektion Wien stand ahnungslos von 16 Uhr 45 bis 17 Uhr 45 wartend im Foyer und wurde erst später vom Mord unterrichtet. Inzwischen waren mehr als 45 Minuten vergangen, der Saal der Oper füllt sich allmählich mit festlich gekleideten Menschen, und auch der bekannte Gerichtsmediziner Dr. Leopold Breitenecker hat in einer Loge Platz genommen. Die

Philharmoniker im Orchesterraum stimmen ihre Instrumente. Am Programm steht Richard Wagners „Walküre", das Spiel von Gier, Sünde, Leid und Tod.

Die Tatbestandsaufnahme dauerte sechs Stunden, der erste Akt der „Walküre" war soeben zu Ende gegangen. Kurz nach Beginn des zweiten Aktes konnten Professor Breitenecker und Polizeihofrat Heger bereits den Ablauf der Tat rekonstruieren. Fest stand auch, daß der Täter die Oper beim Ausgang Kärntner Straße verlassen hatte. Dem Portier war nichts Verdächtiges aufgefallen, dafür fanden die Gerichtsmediziner an der Glasscheibe beim Bühneneingang einen verwischten blutigen Fingerabdruck und wurden bei dessen Abnahme von einer großen Menschenmenge beobachtet. Als die Bläser der Philharmoniker den Walkürenritt intonierten, wurde der kleine Metallsarg aus der Oper getragen. Über die Person des Täters gab es keinen Hinweis, bekannt wurde lediglich, daß sich schon früher Unbekannte in die Duschräume eingeschlichen hatten. Erst jetzt ordnete die Direktion an den Eingängen verschärfte Kontrollen an, die sich allerdings hauptsächlich gegen Journalisten richteten.

Die ermordete Ballettelevin wurde am am 22. März 1963 beigesetzt. Dem Sarg folgten 5.000 Menschen.

Viereinhalb Monate nach dem Mord trat der mysteriöse Messerattentäter erneut in Erscheinung. Eine amerikanische Studentin wurde in der Augustinerkirche angegriffen und durch mehrere Stiche verletzt, zwei Tage später schlug der Täter wieder zu und attackierte eine Verkäuferin im Stadtpark. Am 6. August wurde eine Pensionistin in ihrem Wohnhaus angefallen, wenig später konnte in dem Gebäude nahe der Tuchlauben der Verdächtige von einem beherzten Polizisten gestellt werden. Der später geständige Mörder schien übrigens im Namenregister des Opernmordaktes bereits auf, wie die Polizei erstaunt feststellen mußte. Zwei Aktenvermerke gegen den vorbestraften Sexualattentäter lagen ebenso vor, von dem der eine aus dem Arbeitshaus Göllersdorf stammte und darauf hinwies, daß der nunmehr Gefaßte die Strafanstalt mit zwei Messern verlassen habe, von denen eines der beschriebenen Mordwaffe ähnlich sei. „Er war einer jener vielen Verdächtigen, die nicht überprüft werden konnten", schreibt der Reporter Peter Müller, „weil man ihren Wohnort nicht wußte."

„In Wien kann man, auch unter zarten, sensiblen und refraktären Intellektuellen, beobachten, wie sie mit dem Tod eines geliebten Menschen, an dem wiederum die Lässigkeit mehr Schuld trägt, als einem lieb ist, gar zu bereitwillig sich abfinden", konstatiert Theodor W. Adorno in seiner Betrachtung „Wien, nach Ostern 1967". „Der Valentin, der seinen Hobel hinlegt, wenn der allegorische Sensenmann ihm vernünftig zuredet, ist ebenso vernünftig beim Tod des anderen. Ergebung ins Unvermeidliche wird zu dessen Empfehlung. Von ihr ist nicht weit zur Schadenfreude. Das mag jenes Makabre erklären, an dem nicht nur der Wiener Geist sich ergötzt, sondern das real in Wien mit Gusto sich manifestiert, Kontrapunkt der Heiterkeit. Wer's nicht so schwer nimmt, läßt gern dem Schweren seinen Lauf. Darin ist der objektive Geist der Stadt unerschöpflich produktiv. Der Bursch, der vor ein paar Jahren eine Ballettelevin im Labyrinth der Oper ungestört erdolchte, hieß Weinwurm."

Das Malefizspitzbubenhaus

Eine Schergen- oder Diebsstube
1, Rauhensteingasse 10

Die Rauhensteingasse läuft zur täglichen Folter von Fußgängern und Autofahrern als enger, winkeliger Verkehrsweg von der Weihburg- zur Himmelpfortgasse. Einige wenige Häuser stammen noch aus der Josephinischen Zeit. Der seit 1786 gültige Name der Gasse leitet sich von der Bezeichnung „Auf dem rauhen Stein" ab. Auf Nummer 6 wohnte 1831 Franz Grillparzer, auf Nummer 8 stand das einstige Sterbehaus Mozarts, und auf Nummer 10, wo heute zu ebener Erde Modeartikel angeboten werden, befand sich von 1368 bis 1785 das Schergen- oder Diebshaus samt Frag- oder Schergenstube, in zeitgemäßer Humoranwandlung auch das Malefizspitzbubenhaus genannt, kurzum das Wiener Untersuchungsgefängnis samt Folterkammer.

Hier befragte man von altersher peinlich die eingelieferten Verdächtigen, „ihr Gebrüll und Geschrei", schildert Siegfried Weyr, „erstickte wohl in unterirdischen Gewölben. Wie ein Blitz beleuchtet das Treiben die kurze Nachricht von dem armen Weib, das sich 1603 in den Hausbrunnen stürzte, als man es zur Folter führte. Sie war der Zauberei angeklagt, und man gönnte ihr kein Grab, sondern packte den Leichnam in ein Faß und warf ihn in die Donau, damit sie nicht in Wiener Erde verfaule, die Todsünderin. Es läßt sich vorstellen, welch ein altes gotisches Durcheinander dieses Gebäude war!"

1632 erfolgt ein kaiserlicher Befehl an den Obristen der 1546 gegründeten Stadtwache, den Bau einer Amtswohnung für den Regierungsprofosen mit den nötigen anschließenden Gefängnissen für seine Delinquenten einzuleiten. Bedenkt man, daß der Regierungsprofos der landesfürstliche Scharfrichter war, den die Bürger verabscheuten, und die Delinquenten, die er zur Tortur oder Hinrichtung zu bringen hatte, offenbar gemeinsam in einem elenden Raum untergebracht waren, so wird des Kaisers sofortige Reaktion auf die Bitte des „Stattguardi-Obristen" Hans Christof Löbl verständlich. Und so befiehlt er am 13. Oktober 1632, „dass der Profos zu Versicherung der Gefangenen mit einem solchen Quartier versehen werde, darinnen er sich seinem Officio gemäß mit seinen Leuthen betragen und der Notturft nach die Gefengnussen an der Hand haben könne. Weilen ihne aber am maisten dieses verhindert, daß die Burgerschaft vor derlei Leuthen gleichsamb einen abscheuch habe und sie in ihre Heüser nit gern ein- und unterkommen lasse, daraus dann allerlei excess mit Ausreissung der Gefangenen, an welchen den Partheien, auch wol dem gemainen Wesen, oftmals viel gelegen, entstehen", befiehlt also der Kaiser dem Obristen einen „Ort nahend bei einem Statthor oder auf irgend einer Pastei, allwo ihme Profosen ein eigenes Haus auf Bauumkosten der Regierung erbauet werden möchte, auszeigen und eingeben, wie es Herr Obrister wohl recht zu thun wissen."

Doch auch das 1722 im Geschmack der Zeit und ihres Strafvollzuges neuerrichtete Amtshaus, ein düsteres barockes Gebäude, das im seltsamen Gegensatz zum nahen, zwei Jahre zuvor von Lukas von Hildebrandt errichteten Bürgerhaus in der angrenzenden Himmelpfortgasse stehen sollte, setzte das alte Durcheinander auf traditionelle Weise fort. Nach Werner Ogris galt nach damaliger Zunftordnung jeder Handwerker für unehrlich, der am Bau des neuen Malefizspitzbubenhauses mitwirkte, sodaß in einer feierlichen Zeremonie am 14. April 1722 alle Angehörige der Bauberufe sich symbolisch zur Mitarbeit verpflichten mußten. Den Gesamteindruck eines uneinheitlichen, eklektizistischen und furchteinflößenden Gebäudes vermittelt auch jenes anonyme, 1785 entstandene Aquarell, das neben allerlei Folterinstrumenten auf der linken Seite die Gasse samt Gerichtshaus darstellt, dessen Front fast zur Gänze von einem einschüchternden Golgatha-Bild eingenommen wurde, in dessen Mitte eine eisenbeschlagene Türe, umgeben von vergitterten Fenstern, zu den Gerichtsräumen und den unterirdischen Folter- und Kellergewölben führte. Unter der Erde wurden die Gefangenen in abgesonderten Zellen in ewiger Dunkelheit auf Strohmatten verwahrt, woran noch das wienerische „Auf der Dacken liegen" erinnert.

Joseph II., damals noch Mitregent neben seiner Mutter Maria Theresia in den Erblanden, schaffte am 2. Jänner 1776 die Folter ab, woran in josephinischer Propagandamanier auch das oben beschriebene Aquarell erinnern sollte und wodurch das barocke Amtshaus seinen Sinn für den Strafvollzug verlor. Wenig später demoliert, wurden an seiner Stelle Mietshäuser errichtet. Als Mozart in das zweistöckige Haus Nr. 934 in der Rauhensteingasse einzog, in dem er dann in den frühen Morgenstunden des 5. Dezembers 1791 gestorben ist, erinnerte kein Stein mehr an das benachbarte einstige Malefizspitzbubenhaus.

Ein altes Wiener Wachsfigurenkabinett

Die Sammlung des Hofstatuarius Müller
1, Rotenturmstraße 26, Franz-Josefs-Kai 21

Im Jahre 1889 wurde das stadtbekannte „Müllersche Gebäude" am Donaukanal, nahe der Rotenturmstraße abgerissen. Mit der Hauptfront Richtung Kai und seiner Rückseite in der einstigen Adlergasse, nahm es fast die gesamte Länge zwischen Schwedenplatz und Rotenturmstraße ein, nach den schweren Zerstörungen am Ende des Zweiten Weltkrieges wurde das Gelände am Kai nicht wieder verbaut. Im Grundstein, der 1797 gelegt worden war, fand man bei der Demolierung, so berichtet Theodor Frimmel im „Alt-Wiener Kalender für das Jahr 1922", allerlei Kunstgegenstände eingeschlossen, darunter auch ein kleines Wachsrelief mit dem Bildnis des Gründers, des zu seinen Lebzeiten populären Sammlers von Wachsfiguren, Abgüssen antiker Skulpturen und mechanischer Automaten.

Die Müllersche Kunstgalerie hatte sich allerdings schon eines großen Rufes erfreut, als sie sich noch auf dem Kohlmarkt befand. So berichtet das „Sichere Adreßbuch und Kundschaftsbuch für Einheimische und Fremde, welche vorläufige Kenntniß von der Haupt- und Residenzstadt Wien haben wollen" in seiner Ausgabe von 1796, die Sammlung besitze „drei Hauptabtheilungen, nämlich die moderne Zimmer, die antique Zimmer und das Schlafgemach der Grazien". Da gab es Spieluhren, Automaten, Gemälde, Wachsfiguren in Lebensgröße, Büsten und andere Merkwürdigkeiten, „welche theils seinem eigenen, seltenen Talent ihr Daseyn zu verdanken haben. So z. B. findet sich hier die ganze kais. königl. und königl. Neapolitanische Familie en grouppe, alle sämmtliche erhabene Personen lebensgroß, von der bekannten Wachskompositions-Massa, die Herr von Müller selbst erfunden und dem menschlichen Fleische ganz ähnlich ist; das überaus prächtige Mausoleum Kaiser Josefs II. und Laudons mit mehreren Statuen; Se. Majestät Kaiser Franz II. zu Pferd, täuschend ähnlich, und mit ganz vorzüglichem Fleiße gearbeitet die Abbildungen des Feldmarschalls Clairfaits, Wurmsers und Benders und anderer großer Männer und Helden mehr. In dem berühmten Schlafgemach der Grazien steht ein elastisches, des Abends durch alabasterne Lampen sanft beleuchtetes Bett mit einer schönen Schlafenden, und hinter demselben ertönt die entzückendste Musik, die für den

Ort und die Vorstellung eigens komponiert wurde. In einer 18 Schuh hohen Niche steht die schöne Venus Kallipygos vortrefflich koloriert, und bildet vermittels der künstlich angebrachten Spiegelgläser die drei Grazien, wovon das Schlafgemach den Namen führt …"

Das Nachschlagewerk rühmt wiederholt den guten Geschmack Müllers und geht dann mit weitschweifigem Lob auf die Abgüsse der antiken Plastiken, wie der Laokoon-Gruppe, des Apollo von Belvedere und anderer ein. Diese merkwürdige Sammlung romantischer Wachskompositionen, klassizistischer Antikenverehrung und frührationalistischer Automatenschau fand aber auch ihre zeitgenössischen Kritiker. Die Gemälde trugen große Namen, seien aber, wie der Griechischprofessor Karl August Küttner in seiner „Reise durch Deutschland", posthum 1801 erschienen, ausspricht, durchwegs schwache Kopien. Die Abgüsse seien keine guten gewesen, und an den Wachsfiguren störten den Antikenverehrer die naturalistischen Farben, das Anbringen wirklicher Haare und bei der Venus Kallipygos und der Mediceischen Venus die Hinzufügung eines leichten seidenen Gewandes. Der „Heimliche Botschafter" weiß am 5. April 1791 auch davon zu berichten, daß Herr Müller vor wenigen Tagen des Nachts ungebetenen Besuch der Polizei erhalten habe, „welche ihn sogleich anhielt eines seiner abgesonderten Kabinette zu öffnen, es geschah und sie fanden darin so manche Attitüden, deren Anblick bei den meisten Christen unserer Zeit die guten Lehren ihrer respektive P. Fastenprediger über den Haufen geworfen hätte, man schritt zu Werk und fieng an, alles näher zu untersuchen und als die Herren sich satt gesehen hatten, so fanden sie, daß es wider alle Sittlichkeit sei, irgendeinen Menschen so etwas sehen zu lassen. Diejenigen Kunstwerke, die ihnen am anstößigsten schienen, wurden von ihnen sogleich mit eigenen Händen zerschlagen und Hr. Müller, um sich zu verteidigen mitgeführt, des andern Tags ward er wieder losgelassen, weil diese Figuren vermutlich bestellte Arbeit waren und ihm aufs schärfste untersagt, je mehr dergl. zu verfertigen."

Tatsächlich muß die Müllersche Galerie mehr einem Panoptikum geglichen haben als einer ernstzunehmenden Kunstsammlung, was die Wiener keineswegs davon abhielt, sie in Scharen aufzusuchen. Die Wachsfiguren, zumal die leichtbekleideten, dürften den Gesamteindruck am meisten bestimmt haben, sie finden sich auch im „Journal des Luxus und der Moden" von 1803 wieder. Zahlreiche frühe Reiseführer, wie die „Merkwürdigkeiten der Welt", erschienen 1807, widmen der Müllerschen Sammlung eine ausführliche Besprechung und erwähnen dabei auch eine anatomische Figur, die zerlegbar sei. Der Schriftsteller Heinrich Friedrich Christian Bertuch besucht dann nach dem Tod des Begründers das Kunstkabinett im Oktober 1814, und in den „Eipeldauer Briefen" von 1799 werden ebenfalls die Wachsfiguren des Kaisers, des Prinzen Karl, das Grabmal General Laudons und des alten preußischen Königs Friedrich geschildert. „Aber, Herr Vetter", schreibt der Eipeldauer an seinen Vetter in Kagran weiter, „jetzt kommen erst rundherum eine Menge andre Figuren und Kunststücker, und Uhrwerk, und die gfallen den Leuten fast besser als die Antikn, weil s' ein schöne Musik aufmachen. Da sieht der Herr Vetter eine Menge Köpf von römischen Kaisern und Filosophen herum stehen; und jetzt freuts mich, daß ich die Ehre hab, diese Herren nun auch von Gsicht kennen z' lernen. Und überall ist der Nahm drauf gschriebn, was jedes vorstellt. Man därf sich also den Kopf nicht lang z' brechen, und man därf sich jetzt auch nicht so bloß geben, daß man nichts von der Histori versteht. Da steht unter andern einer da, den d' Schlangen sammt sein zwey Kindern umwunden, und das soll 's größte Masterstuck ausn Alterthum seyn."

„Fast wunderbar, mindestens rätselhaft könnte es erscheinen", bemerkt Friedrich Anton von Schönholz über das Staats- und Volksleben unter Franz I., „daß unser in Materialismus bis an den Gürtel untergesunkenes Zeitalter der Ideologie und Abstraktionen so hart bedrängt wird und selbst in der industriellen, rein praktischen Sphäre eine Menge der fähigsten Köpfe über den müßigsten Problemen brüten, wenn man bei näherer Betrachtung der Menschen und ihrer Verhältnisse nicht dahinter käme, daß diese anscheinend mit dem Geist der Zeit in direkten Widerspruch geratenden Erscheinungen notwendige Produkte eben der, mehr oder weniger alles bewegenden, materiellen Triebfedern sind, auf welche der Geist der Welt die Gesellschaft gestellt hat." Doch dieser patriarchalisch regierende biedermeierliche Kaiser, der schließlich 1835, am Vorabend von der zögernden Industrialisierung doch noch ausgelösten politischen Revolution in Österreich, in der Franzensgruft der Kapuziner bestattet wurde, förderte nur mäßig die fortschrittlichen Ideen und den Geist der Zeit. „Es sind jetzt neue Ideen im Schwunge, die ich nicht billigen werde", hatte er einmal die Professoren in Laibach gewarnt. „Enthalten sie sich von diesen und halten sie sich an das Positive; denn ich brauche keine Gelehrten, sondern gute rechtschaffene Bürger. Die Jugend zu solchen zu bilden, liegt Ihnen ob. Wer mir dient, muß lehren, was ich befehle; wer dies nicht tun kann oder mir mit neuen Ideen kommt, der kann gehen, oder ich werde ihn entfernen!"

Dies versuchte der Kaiser auch dadurch zu bewirken, daß lange Jahre die Intelligenz in Österreich auf sich selbst beschränkt und durch Erschwerung der Reisen ins Ausland, durch Absperrung und Zensur gegenüber den merkantilen und literarischen Kontakten mit anderen Nationen, isoliert blieb. So gab es wohl kaum ein Land, wo von regsamen Geistern im Gehäuse ihrer Abgeschlossenheit zu Beginn des 19. Jahrhunderts so vielerlei rastlos ersonnen und erfunden, so emsig gegrübelt wurde, freilich auch kein Land, wo der rührige Erfindergeist weniger aufs Große, auf die Entwicklung der Industrie und des Handels, sondern vielmehr auf die kleinen, unterhaltsamen Dinge des Lebens gerichtet blieb. „Es liegt daher in der Natur der Sache", faßt Schönholz die Entdeckungen seiner Zeit zusammen, „daß gerade in Österreich sich eine Menge guter Köpfe mit den unüberwindlichsten Problemen herumjagen und die Projektenmacherei und der Erfindungsdrang hier mehr zu Hause ist, als irgend anderswo. In Ermangelung eines von öffentlichen Zuständen angeregten Interesses und auf vielen Seiten von der Wahrheit entfernt gehalten, verliert sich der Geist ins Reich der Möglichkeiten oder, weil vorzugsweise auf mathematischem Wege zur Erkenntnis geleitet, flüchtet er sich in den Friedhof der Zahl, um hier die Erweckung der Toten zu versuchen, nach deren Umgang er Sehnsucht fühlt. Andererseits will man auch leben und möglichst gut leben und hofft, daß in den härtesten Nüssen, an die man den Geist hetzt, auch der meiste sinnliche Vorteil enthalten sein werde."

So hatte etwa der Zeugschmied Raimund Vincenz Gärber bereits am 31. Jänner 1816 ein fünfzehnjähriges Privileg auf ein von ihm ersonnenes Perpetuum mobile erhalten, dem der berühmte Astronom Josef Johann von Littrow bescheinigte, daß Rechnung und Theorie ohne Fehl und höchst glücklich erdacht seien, allein es funktionierte nicht. Dieser Fall repräsentiert eine ganze Gattung von in jenen Jahren bekannt gewordenen Erfindungsobjekten aus dem inneren Reich der Möglichkeit, darunter besonders jene auf dem Gebiet der Mechanik.

Dabei darf man auch den seit 1792 in Wien lebenden Hofmechanikus Johann Nepomuk Mälzel nicht vergessen. Mit seinem miterfundenen Metronom konnte er ab 1816 finanzielle Gewinne verbuchen, und bald verbreitete sich der Ruf seiner mechanischen Werkstätte über ganz Europa. Jene zahlreichen Uhrwerke und Automaten in der Müllerschen Sammlung hatten Mälzel vieles an Popularität zu verdanken. Er konstruierte vielstimmige Flötenwerke, sogenannte Kriegsmusikmaschinen samt einem ganzen Orchester, sechzehn Trompeten, Pauken und zahlreiche Trommeln nebst einigen Kanonen. In seinem Haus in der Leopoldstadt befand sich ein kleines Theater mit sieben lebensgroßen Automaten, die mittels Blasebälgen aufspielten. Bestaunt in Wien wurden auch sein weltberühmter Flötenspieler, seine Sprechmaschine und seine mechanische Hand, die des Schreibens kundig gewesen sein soll. Er verfertigte ebenso einen Trompeterautomaten, der, als die Tochter von Kaiser Franz I., Maria Louise, von diesem mit Napoleon verheiratet wurde, aus Mälzels Fenster seine Melodien blies, für einen Volksauflauf sorgte. Die sonderbarsten Einfälle kamen Mälzel in den Sinn, so veranstaltete er etwa eine mechanisch-optische Aufführung von Haydns „Jahreszeiten" in einem landschaftlich dekorierten Saal, der sich jahreszeitlich verwandelte; beim Sommer fiel Regen von der Decke, Donner und Blitz waren zu verspüren, während es im Winter unangenehm schneite und eine Lawine eine Alpenhütte verschlang. 1811 gelang ihm ein ähnliches Kunstwerk wie seinem Konkurrenten Albertus Magnus, und er ließ durch Hohlspiegel eine Mohrin und Venus auftreten, was furchtbares Geschrei und Gedränge auf der Straße auslöste, welches der Polizei teils gefährlich, teils anstößig erschien. Auch die Eisenbahn beschäftigte den Hofmechanikus, allerdings nur für seinen Garten, dort fuhr man auf Geleisen in leichtrollenden Wagen, die der darin Sitzende mittels Ruderstangen in Lauf setzte. Daneben machte sich Mälzel aber auch mit seinem Hörrohr für Beethoven und durch seine mechanischen Füße um die Kranken und Invaliden verdient, die damals dank der antinapoleonischen Kriege eine große Masse der Bevölkerung ausmachten. Ansonsten jedoch betrieb der schöpferische Kopf vor allem jene mechanischen Kunstwerke, mit denen er nach dem Urteil von Schönholz „die leichtbeweglichen Wiener mit seinen wunderbaren Abenteuern blendete, elektrisierte und eine Masse zeit-, kraft- und geldraubender Nachahmungen hervorrief".

Denn rasch hatten Mälzels verspielte Produkte Imitatoren gefunden, und bald konnte man in ganz Wien Flötenwerke, Handorgeln, Spieldosen, Spieltische, Spielschränke, Stutzuhren auf Spielsockeln bestaunen, und wer Anspruch auf Eleganz erhob, mußte eine Petschaft mit Spielwerk an seiner Taschenuhr tragen. „Wer aber ein musikalisch gebildetes Ohr mit sich führte", erzählt Schönholz resigniert weiter, „war fortan der Verzweiflung geweiht; allenthalben Glocken- und Flötenspiel: auf der Straße, beim Traiteur, im Kaffeehause. Kaum war man irgendwo zum Besuch eingetreten, klappte eine Feder in der Uhr, im Schrank oder Tisch; die Ouvertüre zur Zauberflöte oder dergleichen begann und zugleich das Panegyrikon des Eigentümers auf sein alle bisher bekannten übertreffendes Spielwerk, das Steckenpferd der Mode." All diese unproduktiven Spielwerke erheiterten den Wiener mehr als die Bewohner des übrigen Europas, und sie erfreuen ihn noch immer, wenn er an allen möglichen Orten „Die kleine Nachtmusik", das „Albumblatt für Elise" oder dergleichen auf seinem neuen Spielwerk namens Handtelefon, dem Steckenpferd der Mode, zum besten gibt.

1770 bereits hatte der österreichische Hofrat Baron von Kempelen einen Automaten entwickelt, der die Chronisten noch lange beschäftigen sollte. Es war der berühmte „Türkische Schachspieler", mit dem es ihm gelang, halb Europa und später auch die Neue Welt in Erstaunen zu versetzen.

Die Zeit war sehr aufgeschlossen für mechanische Kunstwerke. Hatte nicht der französische Philosoph René Descartes bereits erklärt, alle Lebewesen, mit Ausnahme des Menschen, seien lediglich Maschinen oder Automaten? Unweigerlich tat sich in der Aufklärung die Möglichkeit auf, daß auch, wie Lamettrie, ein Vertreter der materialistischen Schule, verkündete, der Mensch nichts anderes als eine Maschine sein könne, wenn auch eine, die anfällig war für Eitelkeit und Selbsttäuschung. Nun war ein „künstlicher Mensch" entstanden, angetrieben von einem komplizierten Mechanismus aus metallenen Rädern, Rollen, Walzen und Zügen. Der Türke gewann fast immer das Spiel, und die Sensation in Wien war außerordentlich und begeisterte selbst Joseph II. Später geriet der „Schachspielende Türke" in den Besitz Friedrichs II., danach in den Napoleons, schließlich wurde er vom geschäftstüchtigen Mechanikus Mälzl erstanden, der den Apparat erneut im In- und Ausland vorzeigte. Bereits 1789 allerdings hatte Freiherr von Racknitz eine Schrift bei Breitkopf erscheinen lassen, in der er nachwies, daß in der Maschine ein Mensch versteckt sei, der sich bei Spiel aufrichten konnte, und als 1819 in London eine wissenschaftliche Veröffentlichung mit gleicher Schlußfolgerung publiziert wurde, wanderte der tückische Türke mit seinem Herrn nach Amerika aus, wo ihn dann 1836 der Schriftsteller Edgar Allan Poe in seinem Essay „Maelzels Schachspieler" allein durch logisch-analytisches Denken, ähnlich Voltaires „Zadig", entzaubert hat. Poe hat hier zum erstenmal jenes rationalistisch-deduktive Untersuchungssystem entwickelt, das dann die Grundlage seiner ersten Kriminalerzählung wurde: „Der Doppelmord in der Rue Morgue", 1841, im gleichen Jahr wie der dritte Band von Auguste Comtes Werk „Cours de philosophie positive" erschienen, das dem nunmehr anbrechenden wissenschaftlichen Zeitalter seinen Namen geben sollte.

1854 soll der Apparat des türkischen Schachspielers vor Philadelphia brennend untergegangen sein, sein Besitzer Johann Nepomuk Mälzel war bereits im Juli 1838, während der Überfahrt nach ebendieser Stadt, verstorben.

Das Schicksal des Erbauers und Begründers des Wiener Wachsfigurenkabinetts wieder ähnelt ein wenig dem einer Raimundschen Bühnenfigur: Josef Müller, 1750 als Graf Josef Deym von Strzitetz geboren, wurde als Offizier in ein Duell verwickelt und mußte aus Wien fliehen. Später kehrte er wieder zurück und nannte sich von nun an schlicht Müller, erwarb 1773 die ehemalige Hauptmaut sowie die Waaghäuser am Donaukanal und ließ diese zu einem großen Gebäude mit der Hauptfront Richtung Kai umbauen, worin er mit seinem Wachsfigurenkabinett vom Kohlmarkt übersiedelte. Im März 1797 von Kaiser Franz, nachdem dieser sein Kabinett besucht

Das Müllersche Wachsfigurenkabinett am Donaukanal, Stich von Zinke nach E. Gurk

hatte, zum „Hof-Modeleur und Statuaire" ernannt, durfte Müller im Jahr 1800 wieder den Grafentitel annehmen, erhielt die Kammerherrenwürde und heiratete die Komtesse Josefine Brunsvik. In seiner Galerie hatte er die junge ungarische Aristokratin erstmals getroffen, und über die überhastete Verlobung und die kurze, unglücklich verlaufende Ehe hat Josefines ältere Schwester Therese in ihrem Tagebuch berichtet. Therese von Brunsvik gehörte ebenso wie ihre Schwester Josefine und Bruder Franz dem engeren Freundeskreis um Beethoven an. Ihr hat er die Fis-Dur-Klaviersonate op. 78 gewidmet. Daß sie des Meisters „unsterbliche Geliebte" und Empfängerin des berühmten Beethovenschen dreiteiligen Liebesbriefes gewesen sein soll, ist nicht erwiesen und wohl auch unwahrscheinlich.

Nach Deyms plötzlichem Tod im Jänner 1804 heiratet Josefine Jahre später den russischen Gesandten Baron Christoph von Stackelberg, der im März 1821 stirbt. Die Knaben aus erster Ehe erhalten einen Vormund, der die geerbten Statuen und Bilder, Geräte und Möbel verkauft. Einige Gipsabdrucke gelangen 1823 an die Akademie der bildenden Künste, der Rest wird zu Staub gemacht und als Gips verkauft.

So endete die einstmals bekannte Müllersche Kunstgalerie am Donaukanal.

Verrufener Genius loci

Kurze Geschichte eines langen Unglücksortes
1, Schottenring 7

D er berühmte Räuberhauptmann Johann Georg Grasel und seine
Gefährten konnten endlich nach langer Verfolgungsjagd im Spät-
herbst 1815, während eines wenig umsichtigen Umtrunkes in einem
Dorfwirtshaus, durch die List eines Polizeiagenten festgenommen werden. Der Ort hieß Mörtersdorf, auch Mördersdorf genannt, nahe bei
Horn im Waldviertel, und seine düstere Symbolik hat selbst den gefürchteten Verbrecher gerührt, der nach erfolgter Verhaftung ausgerufen
haben soll: „Ich wußte es ja, daß mir dieser Ort Unglück bringen würde.
Meine Ahnung hat mich nicht getäuscht."

In Horn, wo man die einstige erfolgreiche Flucht Grasels aus dem
Diebsturm noch in reger Erinnerung behalten hatte, wurde Militär an-
gefordert und der Räuberhauptmann unter strenger Bewachung noch
am Tag seiner Verhaftung mit einem Kumpanen gefesselt auf einem Leiterwagen nach Wien geführt. Als der Wagen mit den beiden Räubern bei
der Taborlinie eintraf, drängten sich Tausende herbei, um den gefürchteten Verbrecher aus der Nähe zu sehen. Im Kriminalgebäude auf dem
Hohen Markt angekommen, wurde sofort mit der Untersuchung begonnen, die dann sieben Jahre dauern sollte, da zahlreiche Personen als
Mitschuldige noch auszuforschen waren. Endlich, am 18. Jänner 1818,
wurde das Urteil gefällt und den Räubern verlesen. Es lautete folgendermaßen:

Auszug aus dem am 18. Jänner 1818 publizierten kriegsgerichtlichen Urteile
gegen den Räuber Johann Georg Grasel und dessen sechs Mitschuldige. Johann Georg Grasel, fälschlich auch Heller, Frei, Schönau, Eigner und Kohl,
insgemein aber der große Hansjörg, auch Niklo genannt, von Neuserowitz,
Znaimerkreis, in Mähren gebürtig, 27 Jahre alt, ist nicht nur der Desertion
und zahlreicher Diebstähle, desgleichen mehrerer zum Teile schwerer Ver-
wundungen, ferner eines am 14. Juni 1811 der Obergrünbach an dem Wirte
Michael Witzmann, weil ihn derselbe anhalten wollte, verübten Totschlages,
nicht minder mehrfältiger, zu Reichenbach, Unterthumeritz, Zettenreuth,
Modes und anderen Orten mit gewaltsamen Handlungen an den Personen
der Beraubten, ja selbst mit anhaltender, schweren Mißhandlung derselben

Der Schottenring mit dem auf der ehemaligen Hinrichtungsstätte erbauten Ringtheater

verübten Beraubungen schuldig, sondern er hat auch geständiger- und erwiesenermaßen, insbesondere bei dem weiteren, in der Nacht vom 18. auf den 19. Mai 1804 zu Zwettl unternommenen und vollführten Raube die beraubte 67jährige Anna Schindler auf eine so gewalttätige und grausame Art behandelt, daß der Tod daraus erfolgt ist, und notwendig erfolgen mußte. Was nun die Bestrafung dieses Verbrechers betrifft, so soll der Johann Georg Grasel, da er seine schwersten Verbrechen noch vor dem Eintritt in den Soldatenstand begangen hat, und daher nach den Zivilstrafgesetzen abzuurteilen ist, insbesondere seines an der Anna Maria Schindler zu Zwettl verübten räuberischen Totschlages wegen in Gemäßheit des § 124 und 10 des Gesetzbuches über Verbrechen mit dem Tode durch den Strang bestraft werden. Auch sind der Jakob Fähding und der Ignaz Stangl mit dem Strange hinzurichten.

Drei Tage nach Verlesung des Urteils wurden die drei Delinquenten zum Richtplatz am ehemaligen Glacis beim Schottentor geführt. Grasel zeigte den meisten Mut. Er umarmte den Geistlichen und den Henker, warf einen langen, nachdenklichen Blick auf die sensationslüsterne Menge und sagte staunend: „Jessas, die vielen Leut'!" Er wurde als letzter hingerichtet, und zwar auf dem mittleren Galgen, mit dem Rücken gegen die Stadt gekehrt, die dem berüchtigten Räuber so viele Moritaten verdankte, in denen er bald zur lichten Heldengestalt emporgehoben wurde, die die Reichen bestahl, um den Armen zu geben.

Nachdem die Schottenbastei 1869 endgültig abgebrochen worden war, plante an dieser ehemaligen Hinrichtungsstätte ein privates Konsortium mit liberalen Unternehmergeist die Gründung einer Komischen Oper. Drei Jahre später teilte der Statthalter den Konzessionsbewerbern schließlich mit, „Seine Majestät haben mit allerhöchster Entschließung de dato Ischl 3. October 1872 geruht, dem Albrecht Grafen von Wickenburg, Achilles von Melingo und Bruno Dittrich die angesuchte Bewilligung zur Errichtung eines neuen stabilen Theaters am Schottenring unter dem Namen ‚Komische Oper' für theatralische Vorstellungen jeder Art und des Balletts, allergnädigst zu verleihen". In Wien erhob sich bald ein merkwürdiges Geraune: der Platz sei ein Unglücksort, auf ihn habe das Haus des Scharfrichters gestanden, hier seien zahlreiche Hinrichtungen vorgenommen und auch Freiheitskämpfer des Jahres 1848 füsiliert worden. Dessenungeachtet enstand an dem anrüchigen Ort ab 1873 nach den Plänen Emil von Försters schließlich ein Operntheater, das über 1.700 Besuchern Platz bieten konnte und mit Mozarts „Barbier von Sevilla" am 17. Jänner 1874 eröffnet wurde. Nach finanziellen Mißerfolgen wurde die Opernbühne 1878 unter der Direktion Friedrich Stampfers in ein Lustspieltheater umgewandelt. Ab 1880 unter der Leitung Franz Jauners stehend, erfolgten Renovierungs- und Adaptierungsarbeiten, und die Bühne erhielt den Namen „Wiener Ringtheater" allergnädigst verliehen.

Am 7. Dezember 1881, so schreibt Franz Hadamowsky in seiner „Wiener Theatergeschichte" über die sich anbahnende Katastrophe, erschien als erste Oper im Spielplan Offenbachs letztes Werk „Hoffmanns Erzählungen". Für den kommenden Tag, einen Marienfeiertag, war die zweite Vorstellung angesetzt. Das Haus war ausverkauft, und kurz vor sieben Uhr waren besonders die Galerien bereits dicht besetzt. Auf der Bühne wurden die letzten Vorbereitungen für die Vorstellung getroffen, so auch das Entzünden der Gasbeleuchtung für die Soffitten. Es war damals allgemein bekannt, daß diese Beleuchtungsart am Schnürboden eine Gefahr darstellte und besondere Vorsicht erforderte. Die Beleuchtung erfolgte mit „je einem Beleuchtungskasten, in welchem sich 48 Gasbrenner für Leuchtgas befanden", heißt es dann in den Präsidial-Akten der Polizeidirektion weiter. „Die Entzündung geschah auf elektrischem Wege, indem der elektrische Funke an beiden Seiten des Beleuchtungskastens zugeleitet wurde. Im Beleuchtungskasten der IV. Soffitte versagte an diesem Abend der elektrische Anzünde-Apparat teilweise, indem nur die Hälfte der Soffittenbrenner sich entzündete." Statt nun die Gaszufuhr abzusperren, ließ der Beleuchter August Breithofer das Leuchtgas weiter in den Beleuchtungskasten einströmen, und als er danach die elektrische Zündung wiederholte, entzündete sich das unverbrannte Gas und die Flamme schoß durch das Drahtgitter des Beleuchtungskastens heraus. Die Flamme ergriff sofort einen daneben

Erster Bezirk

hängenden Saalprospekt samt Vorhängen mit Fransen aus Jute, wenig später standen auch die übrigen 30 Prospekte am Schnürboden in Flammen. Löschversuche mißlangen „nicht etwa wegen Wassermangel, sondern deshalb, weil bei der raschen Verbreitung des Feuers die betreffenden Arbeiter auf die Sicherung ihres eigenen Lebens bedacht waren". Das Feuer raste Richtung Bühne, das Übergreifen auf den Zuschauerraum hätte allerdings zu diesem Zeitpunkt bis zur Räumung des Theaters noch verhindert werden können, wenn das Publikum gewarnt und der eiserne Vorhang herabgelassen worden wäre. Beides unterblieb: Der Beleuchtungsinspektor Josef Nitsche war nicht auf seinem Posten, und auch „bei der Kurbel der Drahtcourtine an der rechten Prosceniumsmauer war niemand postiert", stellte später das Gericht fest. Zu dieser Zeit wurde jedoch eine eiserne Rolltüre an der linken Seite der Bühne geöffnet, und die „einströmende, kalte Luft trieb mit orkanartigem Brausen Flammen, heißen Dampf und Rauch gegen den großen Vorhang, der brennend, von keinem eisernen Vorhang gehalten, bis zur Höhe der zweiten Galerie in den Zuschauerraum hinausgeschleudert wurde". Allgemeine Panik breitete sich unter dem Publikum aus, „in diesem Momente erloschen fast gleichzeitig die Gasflammen an den Brüstungen, an den Wänden, auf den Gängen und Stiegen des Zuschauerraumes". Inspektor Nitsche hatte möglicherweise das Gas abgedreht; eine genaue Klärung des Vorganges konnte allerdings auch das Gericht nicht erbringen, und so gehört das Erlöschen der Beleuchtung noch heute zu den Rätseln des Ringtheaterbrandes. Fest stand lediglich: Die Notbeleuchtung aus Öllampen war zwei Tage zuvor nach einer Reparatur zwar geliefert, aber noch nicht wieder angebracht worden. Als sicher kann gelten, daß die allgemeine Dunkelheit die Panik vermehrte und zum Tod vieler Menschen beitrug. Zudem betäubte Sauerstoffmangel zusammen mit Rauchgasen jene Fliehenden, die bereits die Türen trotz der „winkeligen Construction der Stiegen" erreicht hatten. Die wieder gingen nach innen auf und wurden von den ersten Ohnmächtigen blockiert, hinter denen sich weitere Erstickende zu einem Menschenberg türmten. Während im Theater mehrere hundert Menschen starben, sammelten sich auf der Ringstraße Angehörige und Retter, die von der Polizei nicht ins Haus gelassen wurden, da, wie man annahm, „ohnedies niemand im Theater sei", eine tödliche Vermutung, die die Polizei deshalb aufstellte, da sie keine Besucher mehr herauskommen sah. Vor dem brennenden Theater trafen die Erzherzöge Albrecht und Wilhelm sowie Ministerpräsident Taaffe ein und erhielten vom Leiter des Polizeikommissariats Innere Stadt, Anton Landsteiner, die beruhigende Meldung: „Alles gerettet!" Ein Feststellung, die in Wien bald zum ironisch-geflügelten Wort in Zusammenhang mit weiteren Katastrophen wurde, die dann folgen sollten. Der Optimismus Landsteiners mag auch durch Berichte bestärkt worden sein, nach denen kein menschlicher Laut im Inneren des Gebäudes zu vernehmen war. Wenig später wurden allerdings die ersten Toten aus dem Gebäude herausgeschafft, inzwischen wagte sich auch die verspätet eingetroffene, vorerst mit ungenügender Ausrüstung versehene und falsch eingesetzte Feuerwehr ins Theater vor.

Der Sicherheitswachmann Ignaz Winkler war dann der erste, der nach dem Bericht Hermann Oberhummers noch vor der Feuerwehr ins Gebäude eindrang. Seiner Darstellung im Prozeß zufolge verschafft er sich eine Fackel, die er aber vorerst nicht entzünden kann, dringt bis zum 2. Rang vor, wo ihm bereits Flammen aus dem Zuschauerraum entgegenschlagen. An diesem Feuer entzündet er seine mitgebrachte Beleuchtung und setzt den Weg zum 3. Rang fort. „Da erlischt die Fackel, wieder umgibt ihn tiefe Finsternis und dichter Qualm, er stolpert über Gegenstände, die er nicht erkennt, das Hindernis zu seinen Füßen wird immer höher, plötzlich versinken seine Füße in einem Klumpen, er kann weder vor noch zurück schreiten und spürt ein Schwanken, ein Heben und Senken unter seinen Füßen, im selben Augenblicke erschüttert ein gewaltiges Getöse das ganze Haus, es entsteht ein heftiger Luftzug, ein Vorhang gerät in Flammen und beim Scheine dieses Feuers gewahrt er mit Entsetzen, daß er bis zur Brust von Menschenleibern umgeben ist." Mit letzter Kraft arbeitet er sich zum Ausgang durch und gelangt, ohne zu wissen, wie, ins Freie. So verstört ist sein Aussehen, daß ihm von allen Seiten entgegengerufen wird: „Der Wachmann ist vor Hitze wahnsinnig geworden."

Staatsanwalt Graf Eduard Lamezan, der sich unter den Zuschauern befunden und Winklers Schilderung gehört hatte, übernahm nunmehr die Leitung der Bergungsarbeiten und das Kommando über die ratlosen Wachmänner und Feuerwehrleute.

Graf Lamezan, der bei seiner Zeugeneinvernahme im Mai 1882 bereits als Vizepräsident des Landesgerichts in Strafsachen auftreten konnte, wurde bald als Held gefeiert, des Wachmannes Winkler hingegen nur im Vorbeigehen gedacht. So heißt es in der zeitgenössischen Broschüre von C. Th. Fockt „Der Brand des Ringtheaters": „Die Todesverachtung und der Heldenmut, mit welcher Graf Lamezan stundenlang unablässig bemüht war, wenigstens die Toten vor dem Verbrennen zu bewahren, da es keine Lebenden mehr zu retten gab, verdient in ehren-

Der Ausbruch des Ringtheaterbrandes nach Entzünden der Beleuchtungskästen kurz vor sieben Uhr am Abend des 8. Dezembers 1881

der Weise der Nachwelt übergeben zu werden." Ein seltsamer Widerspruch, der ebenfalls nie aufgeklärt wurde, ergab sich daraus, daß Graf Lamezan, als er jene Stelle bei den Türen im 3. Rang erreichte, die vor ihm bereits den Wachmann Winkler erschreckt hatte, vermeinte, wie er später im Prozeß angab, „ein Zittern und Zucken einzelner Gliedmaßen wahrzunehmen und schloß daraus, daß in dem einen oder anderen Körper noch Leben vorhanden war". Der Staatsanwalt als Retter zur rechten Zeit war aber schon deshalb nötig, da die sonstigen höhergestellten Verantwortlichen versagt hatten und die grausame Ironie zur Meldung Landsteiners darin lag, daß die ersten geborgenen Leichen wenige Minuten später das Wort „Alles gerettet" Lügen straften.

Groß war auch noch die Erregung der Wiener über die unfähigen Verantwortlichen, nachdem am 24. April 1882 vor dem k. k. Landesgericht der Prozeß über die Ringtheaterkatastrophe begonnen hatte. Die Staatsanwaltschaft erhob Anklage gegen acht Personen, gegen den Bürgermeister von Wien, Julius von Newald, gegen Theaterdirektor Jauner, den Beleuchtungsinspektor Nitsche, den Beleuchter Breithofer, den Feuerwehrkommandanten Geringer, den Polizeibeamten Landsteiner und den beiden leitenden Feuerwehrmännern Wilhelm und Heer. Im Urteil vom 16. Mai wurden dann lediglich neben Direktor Jauner die

Rangniedrigen Geringer und Nitsche zu mehrmonatigen Arreststrafen verurteilt, die übrigen Angeklagten freigesprochen.

Im übrigen bleibt zu sagen, daß die Einrichtungen des Ringtheaters den Sicherheitsanforderungen ebenso sehr oder ebenso wenig entsprachen wie der Durchschnitt der übrigen Theater Wiens. Man kann getrost behaupten, daß ein Brand in manch anderer Spielstätte der Stadt ähnlich verheerende Wirkungen gezeigt hätte, da dem Personal, vielfach lediglich ungeschulte Hilfsarbeiter, die nicht selten tatenlos auf der Bühne herumlungerten, ebensowenig wie im Ringtheater ihre Bestimmungen bekannt waren. Feuerwehrmänner, die, wie die gerichtliche Untersuchung ergab, niemals ihre Rüstung trugen, die zudem nicht imstande waren, die Spritzvorrichtung zu bedienen, solcherart war das Personal auch auf den übrigen Theatern beschaffen. Einen gewissen Wiener Lebensstil bewiesen zudem die Arbeiter und Feuerwehrleute des Ringtheaters, und zwar, wie Hermann Oberhummer weiter berichtete, „eine stark hervortretende Neigung zum Gasthausbesuche und pflegten zwischen 5 und 6 Uhr nachmittags die kleinen Kneipen in der Nähe des Theatergebäudes zu bevölkern". Es wurde also „von den Arbeitern und Feuerwehrmännern häufig eine Stunde, manchmal auch noch länger, gezecht, bevor sie sich um 6 Uhr ins Theater begaben". Bei der Gerichtsverhandlung wurde auch nachgewiesen, „daß einer von den Feuerwehrmännern nicht selten betrunken auf die Bühne kam", und der Theatermeister Weber gab an, daß er „die ihm unterstellten Arbeiter nicht selten aus dem Wirtshause holen mußte, daß es eine Diensteinteilung und einen geordneten Betrieb im Ringtheater nicht gegeben habe". Diese nichtexistente Diensteinteilung sorgte dann auch während der Katastrophe für einige Verwirrung: Bühnenarbeiter schafften Klaviere aus dem Haus, während Hunderte Besucher eben erstickten, zwei Beleuchter brachten zu dieser Zeit Papiere und Effekten des Inspektors Nitsche in Sicherheit, die meisten Billeteure entfernten sich bei Ausbruch des Brandes fluchtartig aus dem Hause, ein Garderobier ging gleich weg, da er einen Husten befürchtete, ein Kulissenschieber, befragt, wo er sich bei Ausbruch der Katastrophe befunden habe, gab an: „Im Wirtshaus, dort habe ich mir a Glas Bier geben lassen und Nierndl – oder wars a Leber? A Leber wars, ich habs stehen lassen müssen, weil's Ringtheater brennt hat." Und so kam es, daß die zu keiner bestimmten Tätigkeit angehaltenen Arbeiter erst elf Minuten nach Ausbruch des Brandes die Feuerwehr verständigten. In diesem Zusammenhang wurde auch vermutet, daß die mitunter bis heute in Wien anzutreffende „Verwandtenwirtschaft" eine „nicht geringe Schuld an diesen

Zuständen" getragen habe: Der dafür nicht ausgebildete Beleuchtungsinspektor Nitsche brachte zwei Brüder als Arbeiter unter, der angelernte
Schnürbodenmeister, der beim Brande umkam, nahm sich einen Verwandten als Hilfskraft, der einzig geprüfte Hausinspektor Geringer, der
während der Beleuchtungsarbeiten in der Portierloge Zeitung las, sorgte
für die Beschäftigung zweier Schwäger als Feuerwehrmänner, darunter
den oben erwähnten Trunkenbold.

Die Anzahl der Todesopfer des Ringtheaterbrandes konnte niemals
genau ermittelt werden. Im Prozeß wurde die Zahl der Opfer mit 386
angegeben, eine von der Polzeidirektion aufgestellte Liste nannte bis
zum 24. Dezember 448 Namen von Toten und Vermißten, das spätere
„Verzeichnis der seit dem Brande des Wiener Ringtheaters vermißten
Personen" der Polizei gab 379 Opfer an. Nur ein Drittel der Toten
konnte agnosziert werden, und die auch nur nach der erstmals angewandten Methode der Gebißuntersuchung.

Der Ringtheaterbrand wurde zum Anreger neuer Sicherheitsmaß-
nahmen nicht nur für die Theater Wiens, sondern ganz Europas. So
stark war die Erregung in Wien nach dem Brand und dem Prozeß, daß
die Regierung die Bereitschaft des Militärs anordnete. Zu erwähnen ist
noch, daß in der Nacht vom 8. auf den 9. Dezember von jenen Wienern,
die sich zur Bergung der Leichen vorgedrängt hatten, „in sehr ausgiebi-
ger Weise", wie es im Polizeibericht heißt, Leichenraub begangen wurde.

Als direkte Folge der Katastrophe wurde einen Tag danach, am 9. Dezember 1881, die Wiener Freiwillige Rettungsgesellschaft von Jaromir
von Mundy gegründet. Auch Graf Lamezan, der Held des Ringtheaterbrandes, enger Freund Alexander Girardis und unerbittlicher Vorsitzen-
der in zahlreichen aufsehenerregenden Mordprozessen, hat seinen Anteil an dieser Gründung gehabt. Dabei bleibt am Rande noch über eine
abstruse und erschreckende Zufälligkeit zu berichten: Im Wiener Feuerwehrmuseum ist heute noch ein handgeschriebenes Protokoll zu besichtigen, in dem Baronin Dina Buschmann aus der Schlösselgasse,
Ecke Florianigasse berichtet, wie sich der Vorhang des Ringtheaters bei
Brandbeginn mehrmals hob und wie sie sich schließlich mit knapper
Not retten konnte. Wenig später, am 20. 8. 1883 gibt ein Baron Ottokar
Buschmann aus der Florianigasse im Sicherheitsbüro der k. k. Polizeidirektion das Verschwinden seiner Köchin Therese Ketterl zu Protokoll
und löst damit die Suche nach dem Dienstmädchenmörder Hugo
Schenk aus, der schließlich im März 1884 vom Gerichtsvorsitzenden
Graf Lamezan zum Tode verurteilt und am 22. April im Leichenhaus
des Landesgerichtes hingerichtet wird.

Das anstelle des Ringtheaters von Friedrich Schmidt errichtete und von Kaiser Franz Joseph gespendete Stiftungshaus am Schottenring, Illustration von S. Stern, 1886

Am 24. Dezember 1881 richtete Kaiser Franz Joseph an den Ministerpräsidenten Graf Taaffe ein Handschreiben, daß er, „um seiner Teilnahme an dem traurigen Schicksale der bei dem Brande des Ringtheaters Verunglückten einen dauernden Ausdruck zu verleihen", beschlossen habe, „auf dem Baugrund des Ringtheaters aus seinen Privatmitteln ein Gebäude mit einer entsprechend ausgestatteten Gedächtniskapelle aufführten zu lassen". Nach den Plänen Friedrich Schmidts wurde das kaiserliche Stiftungshaus genau vier Jahre nach dem Brand des Ringtheaters als Mietshaus eröffnet, dessen Erträge wohltätigen Zwecken zuflossen. Im sogenannten Sühnhaus wohnte kurzzeitig Sigmund Freud, und hier verstarb sein Erbauer und der des nahen neuen Rathauses, Friedrich Schmidt. In der Kapelle im zweiten Stock wurde alljährlich eine Seelenmesse für die Opfer der Brandkatastrophe gelesen. Im März 1945 durch Bomben schwer beschädigt, wurde das Sühnhaus 1951 schließlich abgetragen.

Lange Zeit ein mit Brettern abgeschlossener Bauplatz, wurden im Jahr 1969 auf dem ehemaligen Hinrichtungsort und dem Platz des Stadttheaters und des Sühnhauses neue Aktivitäten gesetzt: Unter Einbeziehung des angrenzenden Grundstückes wurde hier 1974 die neue Direktion der Wiener Polizei eröffnet und damit gewissermaßen ein historischer Bogen geschlossen. Ohne merkwürdigem Geraune gingen die Bauarbeiten vor sich, und bis jetzt wurde von dem Ort auch kein größeres Unglück vermeldet. Sollte mich also meine Ahnung getäuscht haben?

Wiener Feuerwehrmuseum, 1, Am Hof 7, geöffnet an Sonn- und Feiertagen von 9.00–12.00 Uhr.

Besucher der Katakomben

Dämon der Neugierde
1, Stephansplatz, Stephanskirche

Der älteste Bericht von Augenzeugen über den Zustand der Katakomben unter dem Stephansplatz nach deren endgültigen Sperre für weitere Leichen im Jahre 1783 stammt von der englischen Schriftstellerin Frances Trollope, die am 1. Dezember 1836 diese Grüfte gemeinsam mit ihrer Tochter besuchte. Ihre Eindrücke tieferliegender Bekundungen der Stadt, in der sie auch höhere Stände des Hofes kennenlernte, hat sie im 41. Brief ihres Buches „Wien und die Österreicher" aus dem Jahre 1838 folgendermaßen niedergelegt: „Der gegenwärtige Eingang zu diesen Grüften ist ein unbemerkliches Tor unter den Häusern hinter der Kathedrale", schreibt sie über den damaligen Abstieg vom Deutschen Haus aus, „welches in eine kleine, schmutzige Kammer führt. Nachdem wir hier durchgekommen, befanden wir uns in einem gepflasterten Hofe oder vielmehr Gange. Am anderen Ende desselben war abermals eine Tür, von wo die Stufen in die Katakomben hinunterführten. Der Dämon der Neugierde trieb uns vorwärts, wir stiegen die Stufen hinunter, bekamen jedes ein Wachslicht in die Hand und begannen dann unseren entsetzlichen Zug. Zwei Männer begleiteten uns, einer ging voran, der andere folgte, beide zählten die Gesellschaft und schärften uns ernstlich ein, ja beieinander zu bleiben. Nachdem wir eine kleine Strecke in dem Gange fortgeschritten waren, wandten wir uns im rechten Winkel um eine Ecke desselben und befanden uns vor einer anderen und viel schöneren Flucht von Stufen. Als wir durch den Gang schritten, der von dieser zweiten Treppe aus fortführte, gewahrte ich ein schwaches Schimmern des Tageslichtes hoch über unsern Häuptern. Ich erkundigte mich, woher dies käme, und erfuhr, daß das Licht von einem Gitter in der Kirche herrühre, wodurch einst die Leichen in die Gruft hinuntergelassen wurden. Wir setzten unseren Weg fort, ohne auf etwas Schreckliches zu stoßen, als man natürlicherweise in Grüften, die zu einem weiten Behälter menschlicher Überreste bestimmt waren, erwarten mußte, das heißt, wir sahen zuerst auf der einen, dann auf der anderen Seite Wände, die aus menschlichen Gebeinen bestanden, zwar von keiner großen Ausdehnung, aber genau so angeordnet, wie es uns die Abbildungen der Pariser Katakomben zeigen. Der Mann, der voranging, schritt immer weiter und wir alle folgten ihm. Plötzlich änderte sich der Schauplatz, aller Schein von Ordnung und von Ehrfurcht vor den hier aufgeschichteten menschlichen Überresten hörte gänzlich auf und es bot sich mir eine Szene dar, wie sie mich wahrscheinlich das ganze Leben hindurch in meinen Träumen verfolgen wird. Wir erreichten eine große viereckige Gruft, wo unser Führer haltmachte und uns, indem er das Licht niedrig hielt, auf dem Boden, der von ungeheuren Massen widerlichen Moders hügelig war, eine Menge ganz nackter Leichen, ohne Särge in jeder Stellung zeigte, wie sie der Zufall nur hatte bewirken können.

Aus irgendeiner eigentümlichen Beschaffenheit der Luft, wahrscheinlich wegen ihres merkwürdigen Mangels an Feuchtigkeit, findet die Zersetzung, welche gewöhnlich auf den Tod folgt, hier nicht statt. Statt dessen ist die Haut zu dickem Leder eingetrocknet, während die Gestalt und in vielen Fällen auch die Züge geradeso unveränderlich sind, um die grinsende Ähnlichkeit mit uns selbst so ergreifend und entsetzlich als möglich zu machen. Die verschiedenen Stellungen und der vielfältige Ausdruck jedes gespenstigen Hauptes schienen dem Tode Leben zu geben, und ich zitterte, als ich diese Schreckensdinge betrachtete, auf daß ich nicht wahnsinnig würde. Ein solches Schauspiel und die Unordnung, in welcher die schauderhaften Gegenstände, woraus es bestand, zerstreut lagen, waren in der Tat genug, um die Schritte eines Weibes wankend zu machen und die Sinne zu verwirren. Dennoch war dies erst der Anfang der Schrecken. Nachdem unser Führer uns Zeit gelassen hatte, uns umzusehen und die ganze abscheuliche Szene zu überblicken, faßte er einen dieser kläglichen Überreste eines menschlichen Wesens an der Gurgel, hob die Leiche vor unseren Augen empor, ließ sie vor uns aufrecht stehen, schwenkte dabei seine Fackel so, daß wir sie in ihrer ganzen gräßlichen Häßlichkeit sehen konnten, und verbreitete sich dabei über ihre Höhe und guten Proportionen, dann ließ er die rasselnde Leiche vor unseren Füßen hinfallen, hob eine andere auf, sagte, daß sie ein Frauenzimmer wäre, erhob dann eine dritte, stützte sie mit der Hand, womit er das Licht hielt, gegen seinen Körper und riß mit der anderen lange Streifen der vertrockneten Haut auf, um zu zeigen, wie zähe sie sei."

Die englische Reisende fühlte sich immer stärker von Schauer ergriffen, unwohl und gänzlich verwirrt, und so folgte sie willenlos der Gesellschaft, die sich nunmehr in einer imposanten Halle unter dem Querschiff des Domes befand, um von dort in ein größeres Gewölbe zu gelangen, „an dessen anderem Ende sich ein Haufen unzählbarer menschlicher Leichname, die wie ebenso viele Massen Schutt übereinandergeworfen waren, bis zur Hälfte der Mauer erhob. Die Oberfläche dieser schaudervollen Höhle ist ganz mit Rümpfen überstreut, woran noch Köpfe und Gliedmaßen hingen, und zwar in besserem oder geringerem Zustande der Erhaltung, je nach den Zufälligkeiten der Lage, die sie beim Übereinanderwerfen erhalten hatten. Abermals erhob unser widerwärtiger Führer einige der am besten erhaltenen Leichen vor unseren Augen und trieb mit ihnen solche ekelhafte Kurzweil, daß ich lebhaft an die scheußlichen Scherze des Petit André erinnert wurde."

Während Mistress Trollope bei derartigem Umgang mit den menschlichen Überresten an die Französische Revolution erinnert wurde, war es vor allem das Verhalten des einheimischen Führers, das sie an der Wiener Mentalität verzweifeln ließ. „An einem Orte insbesondere weilte der Mensch länger und schien offenbar nach irgendeinem ausgezeichneten Gegenstand zu suchen, bis zuletzt sein schlechter Erfolg ihm den Ausruf abzwang: ‚Es war ein schöner Mann hier, wo ist er denn?' Und fortfuhr er mit gottloser Beharrlichkeit nach der Leiche, die er zu zeigen wünschte, zu suchen, indem er die eine hierhin, die andere dorthin stieß, bis er sie gefunden hatte. Dann stellte er ihre magere und ungeheuere Höhe neben sich und schmunzelte, als er den Schauder und Ekel gewahrte, womit wir uns von ihm abwandten." Es war dies die sogenannte Schreckenskammer unter dem rechten Kirchenschiff nahe dem Grabmahl Kaiser Friedrichs IV., wohin man die Mumien aus gänzlich vermorschten Särgen gebracht hatte. „Fast bis an den Rand dieses schwarzen Abgrundes erhob sich eine andere Masse eher vertrockneter als verwester Leichen", bemerkte Frances Trollope auf entsprechende Hinweise ihres „lustigen Führers", und „noch mehr Beine, noch mehr grinsende Schädel, noch mehr verschrumpfte Rumpfe, halb Leder und halb Bein, zeigten sich unseren Blicken, während die bis an den Rand dieses schrecklichen Loches verstreuten Überreste von zerbrochenen Gliedern bewiesen, daß, wenn die Fülle in den Grüften es notwendig machte, einen neuen Abgrund abzutiefen, die Art, wie man schließlich mit diesen sterblichen Überresten verfuhr, nicht sehr ehrerbietig gewesen sein kann.

Aber der greulichste Ort von allen war ein Gewölbe, das durch eine Mauer aus augenscheinlich minder festem Stoff als das übrige Gebäude geschieden gewesen war. Viele Jahre lang, erzählte unser Führer, empfing die so geschiedene Gruft eine Menge Särge mit Leichen, die von oben hinuntergeworfen wurden, und zuletzt sei der Druck gegen die neue Seitenmauer so stark geworden, daß diese nachgegeben habe. Dieselbe hassenswerte Fackel, welche so oft schon vor uns geschwungen

*Schauerliche Publikumsattraktion gegen geringes Trinkgeld: Führungen durch die Kata-
komben unter dem Stephansplatz*

worden, war wieder tätig, uns den gähnenden Spalt zu zeigen, durch
welchen sie in die Gruft, in der wir standen, gefallen waren. Einige waren im Fallen aufgesprungen und hatten ihre gräßlichen Bewohner her-
ausgeworfen, einer kopfüber, der andere in solcher schauderhaften und
scheußlichen Verwirrung, daß das Blut bei der bloßen Erinnerung daran
in den Adern stockt. Mehrere dieser gähnenden Särge hakten sich im
Fallen an und blieben hängen und ich konnte nicht umhin, zu fürchten,
daß, wenn sich jemand von uns plötzlich bewegen oder auch nur die
Luft durch lautes Sprechen erschüttern sollte, eine andere schreckliche
Lawine herunterrollen und uns unter ihren rasselnden Trümmern begraben möchte.

Diese letzte Szene scheint der coup de théâtre dieses höchst empö-
renden, unanständigen, unnatürlichen und gottlosen Schauspieles gewesen zu sein, denn mittels einer plötzlichen Wendung in dem Labyrin-
the von Gängen, das uns umgab, erreichten wir bald die Treppe, durch
die wir herabgestiegen waren, und kamen in einigen Minuten wieder zu
dem segenreichen Lichte des Tages empor.

Ich muß mein ungemischtes Erstaunen gestehen", resümiert Mistress Trollope ihren Rundgang durch die Katakomben unter dem Stephansplatz, nicht ohne über das enge Verhältnis von Theater und Tod in dieser Stadt zu reflektieren, „daß eine so fürchterliche und höchst unanständige Schau in einer so wohlgeregelten Stadt wie Wien gestattet wird. Wenn ein solches Schauspiel dem Publikum zu Paris während der Periode von Robespierres Macht und Gesetzgebung geboten und erlaubt worden wäre, so würde dies vollkommen in der natürlichen Ordnung der Dinge gewesen sein, hier aber, wo eine wachsame, schützende Weisheit unaufhörlich tätig ist, das Wohl des Volkes moralisch und physisch zu behüten, ist eine solche Tatsache schlechterdings unerklärlich, es müßte denn sein, daß diese Schau weder erlaubt noch bekannt ist, und daß der Mensch, welcher die Schlüssel in Verwahrung hat, glaubt, er tue kein Unrecht, wenn er von ihnen zuweilen Gebrauch macht, um ein paar Gulden zu gewinnen."

Die Katakombenschau war damals sehr bekannt und wohl auch wegen der paar Gulden höheren Orts durchaus gestattet. Einige Jahre nach Frances Trollope, im November 1841, besucht der sechsunddreißigjährige Adalbert Stifter die Grüfte und hält die Besichtigung in seinem Buch „Bilder aus Wien" unter dem Titel „Ein Gang durch die Katakomben" fest. Auch er wendet sich gegen jene, die derartige Schaustellungen dulden, dennoch klingt sein Tonfall verständlicher und verzeihender. In der resignierenden Erkenntnis Stifters, daß der Tod alles gleichmacht, denn „vor ihm sinkt lächerlich nieder, was wir uns hienieden bemühen, wichtig zu finden", erweist er sich als echter Dichter Österreichs. „Wer weiß, mit welchem Ansehen und mit welchen Kosten es diese Tote dahin gebracht hatte, daß sie dereinst in diesen unbezwinglichen Gewölben ruhen möge, dem Asyl der Reichen und Vornehmen", schreibt Stifter über eine weibliche Mumie in der fälschlichen Annahme, nur den sozial Höherstehenden sei die Bestattung in den Katakomben erlaubt worden. „Und nun steht ein Mann vor ihr, der vielleicht bei ihrem Leben sich kaum ihrer Schwelle hätte nähern dürfen, und legt, nicht mit der Hand, weils ihn ekelt, sondern mit der Spitze seines Stockes einige Lappen zurecht, daß sie ihren Leib bedecken – und wer weiß, ob nicht bald eine mutwillige Hand erscheint, sie aus dem Sarge reißt und nackt und zerrissen dort auf jenen Haufen namenlosen Moders wirft, wo sie dann jeder, der diese Keller besucht, emporreißt, anleuchtet, herumdreht und wieder hinwirft."

Im Nachruf des gelernten Wieners Adalbert Stifter auf die Toten der St. Stephanskatakomben schwingt dann auch das heimische Motiv des stets gegenwärtigen Memento mori und der hoffnungslosen irdischen Vergänglichkeit, eingebettet zwischen hierorts üblicher Eskapade und Eschatologie, deutlich mit: „Sie alle mühten sich, erwarben, verzehrten, arbeiteten, stiegen empor, verrichteten Taten, die tausend Arme regten sich täglich, die Seelen dachten, die Herzen glühten in Wunsch und Begierde oder in Befriedigung und Triumph, die Leidenschaften kochten und kühlten sich – nun ist alles vorüber und von dem Gebirge von Arbeiten aus dem Leben dieser ist ein Blatt Geschichte übriggeblieben und selbst dieses Blatt, wenn die Jahrhunderte rollen, schrumpft zu einer Zeile ein, bis auch endlich diese verschwindet und die Zeit gar nicht mehr ist, die den darin Lebenden so ungeheuer und so einzig herrlich vorgekommen."

Stifter war der letzte, der uns eine Schilderung der Katakomben hinterließ, wie sie damals noch zu bestaunen waren. Schon sechs Jahre später, und ein weiteres Mal 1870, wurden sie, auch aufgrund der Aufregung, die derartige Berichte hervorriefen, vermauert und zugeschüttet. Damit ging vieles unter, was Frances Trollope und Adalbert Stifter so eindrucksvoll geschildert hatten, aber auch die zahlreichen Sagen und gespenstischen Erzähungen, die sich mit ihnen verbunden hatten, verflüchtigten sich, wie jenes falsche Gerücht von der Vereinigung der „Lanzetten-Ritter", die in Wien unter Leopold I. als Spione des feindseligen Königs von Frankreich die Pest hervorgerufen haben sollen.

Katakombenführungen: (nach Bedarf halb- oder viertelstündlich) an Sonn- u. Feiertagen 13.30–16.30, an Werktagen 10.00–11.30, 13.30–16.30, Treffpunkt im Dom, linke Schiffsseite).

Adel und Bürgertum

Bühnenliebling Therese Krones und Raubmörder Jaroszynski
1, Trattnerhof, Graben 29–29 A

„Heute", schrieb Ferdinand Raimund 1827 an seinen Freund Johann Landner, „haben wir einen Theaterscandal zu gewärtigen. Die Krones tritt nach einer mehrmonatlichen Pause wieder auf. Der Leichtsinn dieser allerdings sehr talentvollen Person hat selbe in eine gräßliche Situation verwickelt. Ein reicher polnischer Cavalier sucht ihre Bekanntschaft zu machen und läßt sich bei der beliebten Schauspielerin einführen. Es soll dies, wie die böse Welt behauptet, eben nicht mit besonderen Schwierigkeiten verbunden sein. Kurz und gut, in wenigen Wochen stehen die Krones und der Graf Jaroschinsky auf so vertrautem Fuße, daß Erstere eine Einladung zum Mittagessen in der Wohnung des Edelmannes annimmt. Es soll dort toll genug zugegangen sein. Während die Orgie im vollen Gange ist, wird der Graf abgerufen. Die Krones setzt sich ans Klavier und trällert ein Modeliedchen. Plötzlich öffnet sich die Seitenthüre und Graf Jaroschinsky steht umgeben von Polizeidienern und Kriminalbeamten, mit schweren Ketten gefesselt und mit todtbleichem Antlitze, vor den Augen seiner entsetzten Gäste. Die Krones fällt in Ohnmacht, ob in eine wirkliche oder fingirte, will ich dahingestellt sein lassen, wird aber durch die Hände der rauhen Sicherheitsbeamten ins Leben zurückgerufen und muß nun über ihr Verhältniß zu dem Grafen – der eines Raubmordes angeklagt ist – genaue Auskunft geben. Es sollen dabei eben nicht die erbaulichsten Details an's Tageslicht gekommen sein …"

Als „Wiens beliebtesten Mörder" hat ihn Leomare Qualtinger in ihrer Sammlung berühmter Kriminalfälle aus dem alten Österreich eingereiht. Jener Severin, Edler von Jaroszynski, auch Jaroschinski genannt, stammte aus Russisch-Polen und kam um 1810 als Schüler nach Wien, wo er am Hohen Markt im Plebanschen Privaterziehungsinstitut seine Ausbildung erhielt. Von dessen Fenstern aus konnte man auf die Schranne und den Pranger blicken, ein Bild, das sich, wie spätere Chronisten glauben machen wollen, tief wie erfolglos in das Gedächtnis des Jugendlichen eingegraben habe. Sein Mathematiklehrer war der Priester Johann Konrad Blank. 1757 in Vorarlberg geboren, studierte er in Konstanz und Wien, wo er in den Orden der Schwarzspanier aufgenommen wurde. Nach Aufhebung des Ordens erhielt er eine Kooperatorstelle in Altlerchenfeld, später unterrichtete er an der Lehranstalt des Vincenz Pleban, erhielt eine Professur an der Theresianischen Ritterakademie und danach eine auf der mathematischen Lehrkanzel in der architektonischen Abteilung der Akademie der bildenden Künste. Die Titel seiner zahlreichen Veröffentlichungen über Meßkunst, Kegelschnitte und der Trigonometrie sind uns durch den Buchhändler Franz Gräffer bekannt, der den Nachlaß Blanks sichten und schätzen konnte.

Sein früherer Schüler und späterer Mörder Severin von Jaroszynski war im Juni 1826 wieder nach Wien gekommen, wo er sich im alten Trattnerhof einquartierte, in dem schon Mozart und Karoline Pichler gewohnt hatten und der 1911 demoliert werden sollte. Durch seinen aufwendigen Lebenswandel war Jaroszynski, der sich im titelsüchtigen Wien auch als Graf ausgab, bald in Geldnöte geraten. So wuchsen die Schulden, und als er im Jänner 1827 von seiner Regierung den strengen Befehl zur Rückkehr und zur Rechenschaftslegung über sein zuletzt bekleidetes Amt eines Kreismarschalls von Mohylow erhielt, faßte er den Gedanken, seinen früheren Lehrer, den siebzigjährigen Blank, zu ermorden, da ihm bekannt war, daß dieser im Eckhaus Johannesgasse 19 und Seilerstätte 24 allein lebte und sein Vermögen in Obligationen angelegt hatte. Am 13. Februar, gegen ein Uhr mittags, ging Jaroszynski mit einem gekauften Küchenmesser in die Wohnung seines ehemaligen Lehrers, erstach ihn und raffte die Staatspapiere zusammen, die er anschließend verkaufte. Danach genoß er wieder das Leben in vollen Zügen bis zum 16. Februar. An diesem Tag gab er ein Abschiedssouper in seiner Wohnung im alten Trattnerhof, bei dem die berühmte Schauspielerin und Sängerin Therese Krones eben das Modeliedchen „Brüderlein fein" aus Ferdinand Raimunds „Bauer als Millionär" sang und danach die Rede auf den vor drei Tagen erfolgten Mord brachte, als ein Polizeikommissär mit seinen Agenten erschien und den Raubmörder verhaftete.

Jaroszynski war durch seine Vorliebe für modische Kleidung erkannt und ausgeforscht worden. Sein blauer, nach damaliger Mode mit vielen Krägen gezierter Mantel wurde sein Verräter und das Kleidungsstück fortan im Volksmund folgerichtig „Galgenmantel" genannt.

Des meuchlerischen Raubmordes für schuldig befunden, wurde ihm der Adel aberkannt und Jaroszynski zum Tod durch den Strang verurteilt. Anschließend stand er am Pranger vor der Schranne am Hohen Markt, nahe seiner alten Schule und mit einer Magentafel versehen, die sein Verbrechen verkündete. Die Hinrichtung erfolgte am 30. August 1827 kurz nach halb neun Uhr morgens vor einer ungeheuren Menge am Wienerberg bei der Spinnerin am Kreuz. „Ich war an der linken Seite des Galgens", berichtet etwas geistesabwesend sein trostspendender Geistlicher Philipp Jakob Münnich, „als er aufgezogen wurde. Ich dachte nun über die an das Volk zu haltende Rede, ich war davon ganz begeistert. Ich achtete nicht darauf, was geredet wurde. Der Henker kommandierte mit seinen Knechten, diese sprachen auch. Ich sah in die Höhe, von Jaroschinski hatte den Strick um den Hals. Der Henker winkte seinen Knechten, die hinter dem Galgen ließen nach, die unter dem Galgen zogen an. Von Jaroschinski war tot. Mehr als 20.000 Menschen umgaben den Gerichtsplatz. Ich trat vor den Erhängten und begann meine Rede an das Volk. Ich sprach von der Macht der Leidenschaften. Ich würde auch die Pflicht der Eltern berührt haben, aber es fing zu regnen an, wodurch die Zuhörer in Bewegung und Unruhe gerieten …"

Adolf Bäuerle hat die Erzählung von dem Mord in seinem Roman „Therese Krones" aus dem Jahr 1852 aufgenommen, der zahlreiche weitere Tatsachen aus jenen Tagen enthält. Therese Krones, die man häufig die „lustigste Person von Wien" nannte, stand um die Zeit der Verhaftung von „Wiens beliebtesten Mörder" auf den Höhepunkt ihres Ruhms. Die Freundschaft der Krones mit dem leichtlebigen polnischen Edelmann war in Wien allgemein bekannt, und man habe sie, schreibt Heinrich Börnstein in seinen Memoiren, bei ihrem ersten Auftreten nach der Verhaftung Jaroszynskis mit eisiger Stille empfangen und ihre Vorführung mit wütendem Zischen und gellenden Pfiffen kommentiert. Ein böses Bild vor passendem biedermeierlichen Hintergrund zeichnet auch Ignaz Franz Castelli von der Schauspielerin. „Was mich betrifft", schreibt er in seinen Memoiren, „so war ich mit dieser Berühmtheit weder in Rücksicht auf ihre Kunst noch auf ihren Charakter einverstanden. Sie holte ihre Komik aus der Hefe des Pöbels und aus der Kloake der Unsittlichkeit, sie kokettierte mit ihrer eigenen Nichtswürdigkeit." Und an anderer Stelle heißt es: „Vom Charakter will ich schweigen, denn ich könnte viele Tatsachen aufzählen, über die ich beim Schreiben erröten müßte; nur so viel ist gewiß, daß sie und ihre hübsche Freundin, die Schauspielerin Frau Walla, die beiden liederlichsten Frauenzimmer in Wien waren."
    Auch Raimund, der zu Unrecht von romantischen Seelen mit Therese Krones immer wieder in Verbindung gebracht wird, dürfte benutzt worden sein, an der traurigen Krones-Legende mitzuwirken. Dabei soll Ludwig August Frankl, nach Ansicht der Raimund-Biographin Renate Wagner, mit fingierten Briefen, wie den zwei hier wiedergegebenen,

Erster Bezirk

Keine romantische Beziehung: Therese Krones als Jugend und Ferdinand Raimund als Aschenmann im „Bauer als Millionär", Abbildung von Josef Kinzel

„den üblen Versuch, Raimund als moralinsauren Spießbürger hinzustellen", unternommen haben. Beide Briefe sind undatiert und scheinen in der Gesamtausgabe von Fritz Brukner und Eduard Castle nicht auf. Bedenkt man den langen Irrweg, den Raimunds Nachlaß wie seiner Hirnschale eigen war, wäre dies allein allerdings kein Grund zur Verwunderung.

Seinen obigen Brief ergänzt Raimund wenig später wie folgt, berichtet also der verdächtige Frankl: „Die Krones ist gestern Abend mit einem Sturm von Applaus, ohne das geringste Zeichen von Mißfallen, empfangen worden! Ist es denkbar! Wahrlich, so sehr ich gestern fürchtete, unsern Stand beschimpft zu sehen, so empört war ich dennoch über den Ausgang. Ist dies dasselbe Publicum, welches ein Recht zu haben glaubte, sich in meine Privatverhältnisse einzumengen, und mich wüthend auspfiff, weil ich ein Mädchen nicht heiraten wollte, von deren Sittenlosigkeit ich mich leider während des Brautstandes vollständig überzeugt hatte? Ich wurde deshalb mißhandelt, und eine gemeine Buhlerin, deren Verschwendung Mitursache an einem Morde gewesen, wird mit einem Jubel empfangen, als träte sie nach einer großen That vor die Augen der Menge!"

Eine ungarische Verschwörung

Kaiserliche Begnadigung
1, Wipplingerstraße 6–8, Altes Rathaus

Fast die Hälfte der Gebäude, die später das langgestreckte Rathaus in der Wipplingerstraße bilden sollten, gehörte einst zur Judenstadt. Der gewaltige Baukomplex selbst erwuchs jedoch zuerst aus einem kleinen Grundstück in der Salvatorgasse, aus dem Besitz der mächtigen Ministerialfamilie der Haymos hervor. Otto Haymo, wiederholt Stadtrichter, hatte „denen von Wien" eine Kanzlei in seinem Haus eingeräumt, nahm jedoch 1309 am Aufstand gegen den als landfremden Aufsteiger empfundenen Habsburger Friedrich den Schönen teil und verlor seinen Besitz durch Konfiskation.

Zu jener Zeit galt noch das Stadtrecht Albrechts I., mit dem die Wiener in einem gespannten Verhältnis lebten, da sich dieser lange geweigert hatte, die verbrieften Rechte und überlieferten Freiheiten der Stadt zu bestätigen. Nachdem der Herzog den hinhaltenden Widerstand der Bürger gebrochen hatte, erneuert er 1296 den Rudolfinischen Freiheitsbrief, allerdings mit wesentlichen Beschränkungen bereits erworbener Rechte der Stadt. Im Bewußtsein seines fürstlichen Hoheitsanspruchs behält sich Albrecht auch die unumschränkte Ernennung des Stadtrichters vor. Dieser ist Mitglied des Stadtrates, und wenn letzterer über eine Rechtssache nicht innerhalb eines Monats entscheidet, so steht den Parteien die Berufung an den Landesfürsten offen. Jedes Mitglied des Stadtrates wieder hat durch einen Eid zu bekräftigen, daß sich dasselbe von jeder Bestechlichkeit fernhalten und nach Recht und Gerechtigkeit amtshandeln wolle.

Mit kleineren Einschränkungen, wie der Beseitigung der Gottesurteile, gelten in den Tagen der Gründung des Rathauses nach wie vor auch jene Bestimmungen über die Handhabung der Rechtspflege, die Herzog Leopold VI. 1221 in seinem diesbezüglichen Stadtrecht erlassen hatte und die eindrucksvoll aufzeigen, daß Besitz und Geld schon damals nicht von Nachteil waren. Die bemerkenswertesten Bestimmungen darin lauten: „Wenn ein Bürger mit einem Besitz im Werte von 50 Talenten innerhalb der Mauer und des Grabens der Stadt jemanden tödtet, oder wenn er in diesem Falle die Bürgschaft eines gleichen Besitzers nachweist, so ist er berechtigt zur Reinigung von der Anklage des Todt-

schlages. Beweist er, dass er den Mord im Stande der Nothwehr begangen, so hat er dies mit dem glühenden Eisen zu erhärten. Wird gegen
einen Bürger die Anklage der Verwundung erhoben, so hat er sich durch
Zeugen aus den Genannten zu reinigen. Wenn ein Bürger auf blutiger
That erwischt wird und der Richter beweist dies durch sieben ehrbare
und glaubwürdige Männer, so ist er mit dem Tode zu bestrafen. Flüchtet sich der Mörder, so wird er für vogelfrei erklärt, zwei Drittheile seines Besitzes verbleiben der Frau und den Kindern und ein Drittheil verfällt dem Richter. Hat er weder Frau noch Kinder und stirbt er vor der
über ihn verhängten Acht, so sind mit den drei Drittheilen der Güter
nach Jahr und Tag die Schuldner zu befriedigen, der Rest zu seinem
Seelenheile zu verwenden. Wenn ein Bürger jemanden eine Hand, einen Fuß, die Nase oder ein anderes wichtiges Glied des Körpers abhaut,
so hat er dem Richter und dem Beschädigten je zehn Talente Geldes zu
bezahlen. Hat er kein Geld, so wird er nach dem Gesetze, nämlich Aug
um Aug, Hand um Hand u. s. w. bestraft. Wenn ein Bürger auf diese
Weise eine große, vornehme Person schädigt, so fällt über ihn der Landesfürst das Urtheil. Wenn jemand die Anklage der Verwundung durch
vier Zeugen nicht entkräftigen kann, so hat er sich durch die Wasser-
probe zu reinigen. Wird ein braver Mann mit Knütteln geschlagen, so
zahlt der Geklagte je zwei Talente dem Richter und dem Geschlagenen.
Ist der Beschädigte ein Mann mit einem Besitze von 30 Talenten innerhalb der Stadtmauern, so beträgt die Geldstrafe fünf Talente. Eine Ohr-
feige, dem Hauswirte gegeben, wird mit fünf Talenten, an einem Diener
mit 60 Denare bestraft. Schlägt jemand seinen Knecht oder seine Magd
ohne Waffe, so darf er, selbst wenn Blut kommt, dem Richter nicht zu
Rede stehen. Wer einer ehrbaren Jungfrau oder einer Frau Gewalt an-
thut und wenn sie innerhalb vierzehn Tagen durch zwei glaubwürdige
Männer erwiesen, dass sie dabei geschrieen, hat sich von der Anklage
durch das glühende Eisen zu reinigen. Ergreift er die Flucht und wird er
dann aufgegriffen, so erleidet er den Tod. Erweist die Geschädigte innerhalb vierzehn Tagen den Gewaltact durch sieben ehrbare Zeugen, so
wird die Reinigung nicht zugelassen und der Geklagte erleidet den Tod.
Ein an einem gemeinen Weibe verübter Gewaltact wird nicht bestraft."
Und abschließend heißt es in den Bestimmungen, wiedergegeben in der
vom Archiv- und Bibliotheksdirektor Karl Weiß 1882 publizierten Wiener Stadtgeschichte: „Wer einen anderen einen Hurensohn nennt, zahlt
als Strafe 60 Denare; ist der Beschimpfte eine vornehme Person, so beträgt die Strafe zwei Talente. Wer ein falsches Zeugnis ablegt oder Gott
und die Heiligen lästert, dem wird die Zunge abgeschnitten."

Friedrich der Schöne schenkte 1316 nach erfolgtem „großen Wiener Blutgericht" gegen die Aufständischen den Gebäudekomplex der Haymos seinen „getreuen Bürgern, dem Rat und der Gemeinde Wien". Vier Jahre zuvor hatte der Herzog gegenüber jenen getreuen Bürgern nur zögernd das alte Stadtrecht erneuert, „damit", wie es in seinem diesbezüglichen Schreiben optimistisch heißt, „furbass keine Zwietracht und kein Krieg mehr werde". 1320 befahl er dann dem Stadtrat, ein Werk anzulegen, das sogenannte „Eisenbuch", in dem ab nun zahlreiche mündlich überlieferte Rechte endgültig schriftlich festgelegt werden sollten. Die ersten darin eingetragenen Rechte sind interessanterweise jene über die Burgmaut, die Wagenmaut, die Wassermaut, den inneren Zoll, den Fleischzoll und den Getreidezoll.

Ab nun wuchs das Rathaus rasch aus mehreren Gebäuden entlang der späteren Wipplingerstraße zusammen, Mitte des 15. Jahrhunderts werden ein großer Saal und eine Gemeindestube erwähnt. Überliefert ist auch, daß hier mehrmals eine politische Stadtjustiz im Namen der Habsburger vollzogen wurde. So befand sich im Souterrain, 20 Stufen unter der Erde, ein Verhörzimmer, von dem man durch eine Falltür, weitere 35 Stufen tief, in die mittelalterlichen Gefängnisräume hinabsteigen konnte, ehe sie dann später zugeschüttet wurden. In der Bürgerstube, ein quadratischer Raum mit Mittelpfeiler und Kreuzgewölben unterhalb der Ratsstube, wurde am 26. Mai 1635, fünfzehn Monate nach Wallensteins Ermordung in Eger, der schwedische Feldmarschall Philipp Kratz von Scharffenstein geköpft, weil er zuvor auf seiten der Habsburger gekämpft hatte, und in dieser Bürgerstube fand auch der letzte Akt einer ungarischen Adelsverschwörung statt.

Die antihabsburgische Haltung in Ungarn wurde geschürt dadurch, daß Kaiser Leopold I. und seine Räte die ungarische Verfassung in den Jahren 1658 und 1661 verletzt hatten. Anstelle eines Reichstages wurden Scheinvertretungen, bestehend aus einzelnen von der Krone ernannten Adeligen und aus Geistlichen, einberufen, in denen deutschsprachige Minister als königliche Kommissäre fungierten. Ebenso berief der Kaiser 1664 anstatt des Reichstages einige Notabeln nach Wien, und als diese sich nicht geneigt zeigten, die Vorschläge der Regierung zu akzeptieren, wurden sie handfest bedroht. Auch die Besetzung ungarischer Orte mit österreichischen Soldaten bewirkte keineswegs eine Beruhigung der Lage, vielmehr erwuchs bei einigen ungarischen Adeligen der Gedanke, sich vom habsburgischen Verbande loszusagen. Die Anführer der Verschwörung waren der Erzbischof Liptai von Gran, der Palatin Graf Franz Wesseleny, der oberste Land- und Hofrichter Graf Nadasdy

Die Bürgerstube im Alten Rathaus. Hier wurde als letzter Akt einer ungarischen Adelsverschwörung gegen Kaiser Leopold I. im Jahre 1671 der Anführer Graf Nadasdy hingerichtet.

und der Ban von Kroatien, Graf Peter Zriny. Mit diesen traten später noch der Marktgraf Frangipani, Stephan Tököli, Michael Teleki und Niklas Bethlen in Siebenbürgen sowie Graf Tattenbach in der Steiermark in Verbindung. Bald wußte die Regierung durch Verrat genug, um gegen die Verschwörer eingreifen zu können, doch zögerte Leopold I. noch, sie den Gerichten zu übergeben, waren doch in Wien erneut antisemitische Unruhen vor dem Hintergrund der drohenden Türkengefahr ausgebrochen und hatte er soeben die schmerzliche Erfahrung machen müssen, daß sein erster Minister, Fürst Auersperg, sich von Frankreich hatte bestechen lassen, um den Kardinalshut zu erlangen. Im Laufe des Jahres 1670 erfolgte schließlich die Verhaftung der Anführer. Nach Beendigung des Untersuchungsverfahrens wurde für den ganzen Prozeß ein besonderer Gerichtshof eingesetzt, der gegen alle Gefangenen die Anklage auf Hoch- und Landesverrat stellte. Am 18. April 1671 wurden Zriny und Frangipani, am 20. April Nadasdy zum Tode verurteilt. Nach zwei großen Ministerkonferenzen bestätigte der Kaiser am 25. April die Urteile, und in der Nacht zum 27. April brachte man Nadasdy vom Landhaus in das Rathaus und übergab ihn dem Stadtrichter Johann Moser.

Ungeachtet der strengen Geheimhaltung befand sich unterdessen das Wiener Volk auf den Straßen. Um jeden Aufruhr in der Stadt zu unterdrücken, waren am Tage der Hinrichtung alle Wachen verstärkt worden, die Stadttore abgesperrt, auf dem Graben die Stadtguardia, auf anderen Plätzen und im Rathaus bewaffnete Bürger aufgestellt und aus Laxenburg Militär in die Stadt befohlen worden. Reiterpatrouillen durchzogen

Das Alte Rathaus, entstanden aus dem konfiszierten Besitz der rebellischen Familie Haymo

die Straßen, und die Feuerleute standen auf ihren Posten bereit, um die Folgen von Brandlegungen hintanzuhalten. Während an Zriny und Frangipani das Urteil in Wiener Neustadt vollzogen wurde, wurde am 28. April nachmittags Nadasdy das Todesurteil verkündet. Er ließ dem Kaiser seinen Dank sagen und bat noch über 10.000 Gulden zum Heil seiner Seele stiften zu dürfen. Zwei Tage brachte er daraufhin mit Gebeten und religiösen Übungen im Gefängnis des Rathauses zu. Donnerstag, den 30. April, morgens wurde er in die Bürgerstube geführt, wo die Vorbereitungen zu seiner Hinrichtung getroffen worden waren, und der Stadtrichter las ihm noch einmal das Todesurteil vor. Ruhig und gefaßt hörte Nadasdy alles an, und nachdem ihm sein Diener die Haare und Kleider geordnet hatte, empfing er, auf einem Lehnstuhl sitzend, das Urteil. Dieses hatte ursprünglich auf Verlust der rechten Hand und des Kopfes gelautet, aus „übergroßen Gnad" hatte ihn Kaiser Leopold I. zum Verlust des Kopfes, des Adels und seiner Güter begnadigt, die Hand durfte er behalten.

Nach Beendigung der Exekution gestattete man dem Volk, den Leichnam im Rathaus zu besichtigen. Zum Andenken an dieses Ereignis ließ der Stadtrat in der Bürgerstube eine Gedenktafel anbringen, die heute noch zu besichtigen ist. Nicht erinnert hingegen haben sich die Gemeindeväter an jenen rebellischen Stadtrichter Haymo, dem das Rathaus bis 1885, bis zum Umzug nahe der Ringstraße, seine bauliche Existenz verdankte.

Zweiter Bezirk

Der Blick des Polizisten

Das Wiener Kriminalmuseum im einstigen Seifensiederhaus
2, Große Sperlgasse 24

Bierwirtschaften, Kaffeehütten und Restaurants, Volkssänger-Etablissements, Vergnügungsparks, Lustspieltheater und Tanzsäle gab es in der Leopoldstadt zahlreiche. Diese Vorstadt jenseits des Donaukanals mit ihrem wachsenden Anteil an jüdischen Mitbürgern galt als vorläufiger Endpunkt für viele, die aus dem Osten der Monarchie in die Haupt- und Residenzstadt strebten, und dieser Stadtteil hatte sich rasch neben dem Zuwandererelend und all seiner sonstigen Schattenseiten zum Vergnügungsviertel der Wiener am Beginn des 19. Jahrhunderts entwickelt. Entlang des Leopoldstädter Theaters gelangte man durch die Jägerzeile zum Prater mit allerlei Ringelspielen, Kegelbahnen, Feuerwerk und Wirtshaushütten und wohl auch zu den Praterstrizzis, Zuhältern, Trickdieben und Stoßspielern. Daneben gab es im ambivalenten Bezirk immer auch kleine, anspruchslose Bierwirtschaften, wie jenes in der Floßgasse 7, nahe dem Donaukanal, wo die Bierfiedler aufspielten und anschließend mit dem Teller absammelten. Pächter des Lokals „Zum heiligen Florian" in der Floßgasse war der „bürgerliche Bierwirt" Franz Borgias Strauß, Sohn eines aus Budapest zugewanderten Juden namens Johann Michael Strauß, und seit 1804 stolzer Vater eines auf den Namen Johann Baptist getauften Sohnes, der zum Begründer der Walzerdynastie werden sollte, währenddessen der bürgerliche Bierwirt tiefverschuldet in der Donau enden wird.

Schlugen sich die Unternehmungslustigen im Leopoldstädter Gassengewirr in Richtung Augarten durch, gelangten sie zum neuentstandenen Gasthaus Sperl, benannt nach dem Hausschild „Zum Sperlbauer", dessen Inhaber Johann Georg Scherzer war, der zum späteren Trauzeugen von Josef Lanner bestimmt werden sollte.

In der Kleinen Sperlgasse, dort, wo sich seit 1877 ausgerechnet das Gebäude der honorigen Sperlschule erstreckt, befand sich ab 1807 das fröhliche Gasthaus des Herrn Scherzer, ein großzügig ausgestaltetes Vergnügungslokal mit Tanzsaal, das bereits zu Zeiten des Wiener Kongresses zu den vornehmsten der Stadt zählte. Der russische Zar hatte in dem Lokal verkehrt, und beim „Sperl" spielten bald Lanner und Strauß zum Tanz auf. Dem Etablissement hatte letzterer den „Sperl-Walzer", den

„Sperl-Galopp" und seine „Sperl-Polka" gewidmet. Über einen Abend im „Sperl" schrieb in den dreißiger Jahren Heinrich Laube: „Der Garten brennt in tausend Lampen, alle Säle sind geöffnet. Strauß dirigiert die Tanzmusik. Leuchtkugeln fliegen, alle Sträucher werden lebendig, was ein Herz hat, steuert über die Ferdinandbrücke." Bis in die vierziger Jahre des 19. Jahrhunderts hinein wurden hier regelmäßig in der Faschingszeit zahlreiche Elitebälle abgehalten, doch bereits zwanzig Jahre später war es mit der nobilitierten Vornehmheit vorbei. Das „Sperl" wurde zum beliebten Treffpunkt der „Plattenbrüder" der Halbwelt Leopoldstadts samt näherer Umgebung, und demzufolge 1873 endgültig geschlossen und abgebrochen.

Aus jener Zeit des Niederganges existiert auch eine blutrünstige, nicht unoriginelle Moritat, bei der man sich des Reimes willen unter „Debardeur" weniger eine reizvolle Damenwäsche, sondern vielmehr eine tugendhafte Schiffsentladerin, unter „Holka" die schmeichelhafte Bezeichnung für ein ausgedientes Schiff oder obige, und unter dem „Taschenfeitl" ein in Unterweltskreisen äußerst beliebtes zusammenklappbares Messer vorstellen sollte.

Mordgeschichte von Sperl:

Publikum, vernimm die Schauderg'schichte,
Die ich Dir mit stillem Grau'n berichte,
Von dem Kerl, der beim Sperl,
Am letzten Ball hat g'mordt ein' Debardeur,
Auf Ehr!

Sie war ein tugendhaftes Frauenzimmer,
Debardeur war leider sie nicht immer,
Nur der Liebe zarte Triebe
Hab'n verleitet sie zu dem Skandal
Am Ball!

Es war ihr Liebster, ein sehr mag'rer Großer,
Wie die böse Welt behaup't, ein Schlosser,
Zärtlich heuchelnd, Liebe schmeichelnd,
Schleppt er hin zum Maskenballe sie,
Mit Müh!

Wie sie sich umdreht bei der Zepperlpolka,
Unerfahren, seine schuldlos Holka,
Ha! Entsetzlich zieht er plötzlich

Aus sein' Frack ein Taschenfeitl h'raus,
O Graus!

Doch des Mörders blut'ge Hände bebedenten,
Und der Böse stand frech danebebenten,
                              im Blute,
Und es eilt die Polizei sogleich,
Herbei.

Seit dieser Zeit spukt die tote Pepperl,
Im Sperlsaale dort herum, polkt Zepperl,
Mitternächtlich tanzt sie schmächtlich,
Im schneeweißen Debardeur-Gewand,
Die Schand'!

Auf den Spuren von Vergnügen und Verbrechen, stets Synonyme, wenn's
ums Zahlen der Gasthausrechnung geht, gelangt man vom ehemaligen,
namensspendenden Etablissement aus um die Ecke in die Große Sperlgasse, bis zur Zerstörung des großen Ghettos 1670 auch Hauptgasse genannt. In dieser Vorstadtgasse starb der bekannte Prater-Feuerwerker
Stuwer und lebte einst der ebenso berüchtigte Affendarsteller Klisch-
nigg. Das Seifensiederhaus auf Nummer 24 wurde 1685 anstelle des
vormaligen Judengemeindehauses errichtet und war danach lange
Jahre, wie der Name besagt, im Besitz von bürgerlichen Handwerkern
und Gewerbetreibenden. Am 8. November 1991 konnte in diesem pri-
vatfinanzierten, behutsam renovierten Vorstadthaus das Wiener Kriminalmuseum unter Leitung von Magister Harald Seyrl seine Pforten öffnen.

Wie man im „Kurzführer" des Museums nachlesen kann, wurde die bestehende Sammlung durch die verliebenen Reste des einstigen vielge-
wanderten „Museums der Bundespolizeidirektion Wien" ergänzt. So war
bereits 1899 von Kaiser Franz Joseph die Errichtung eines k. k. Polizei-
museums bewilligt worden, welches dann 1904 von der damaligen Polizeidirektion am Schottenring 11 in das neuerrichtete Amtsgebäude an
der Elisabethpromenade übersiedelte, wo es bis zum ominösen Datum
1939 bestand. In den sechziger Jahren gelang mit den Relikten der
Sammlung in der Marokkanerkaserne im dritten Bezirk eine Ausstellung, danach konnten in den achtziger Jahren in Räumlichkeiten der
Wirtschaftspolizei in der Berggasse Teile der verbliebenen Exponate ausgestellt werden, bis das Museum anfang der neunziger Jahre schließlich

WIENER A-1020 WIEN
GROSSE SPERLGASSE 24
TEL. 0222/214 46 78
KRIMINALMUSEUM
VEREINIGT MIT DEM
MUSEUM DER BUNDESPOLIZEIDIREKTION WIEN
TÄGLICH AUSSER MONTAG 10.00 – 17.00 UHR

in dem Alt-Wiener Haus in der Großen Sperlgasse ein würdiges Heim fand.

Das Museum in den Keller- und Nebenräumen ist historisch-chronologisch geordnet, so führt es von der Darstellung des Justizwesens im mittelalterlichen Wien über die aufklärerisch-josephinische und mitunter ungemütliche biedermeierliche Ära hin zur Revolution des Jahres 1848, streift Stadtgeschichte und Attentate im Neoabsolutismus und Liberalismus und gelangt schließlich zur Jahrhundertwende, die offenbar eine Hoch-Zeit spektakulärer Kriminalität darstellte. Erste Republik und Nationalsozialismus, Nachkriegszeit und Wiederaufbaurepublik folgen, um schließlich, gleichsam als mahnender Abschluß, der Geschichte der Todesstrafe zu gedenken.

Die Botschaft der Sammlung ist eindeutig: Jede Zeit besaß ihre spezifischen Verbrechen, und jede Ära bekämpfte sie auf ihre Weise. Und auf wessen Seite die Ausstellung steht, muß hier nicht diskutiert werden; dennoch verfolgt sie gegen Ende zu dank der überlieferten Exponate der Bundespolizeidirektion eine Strategie der Abschreckung durch Anschauung, die überdeutlich den analytischen Blick des Polizisten auf das Verbrechen verrät. Die Dokumentation verknüpft dabei geschickt historische Vorfälle und undurchsichtige Kriminalfälle mit den lichten Wegen des Fortschrittes in der Kriminologie und Gerichtsmedizin. Sie erinnert beispielsweise daran, daß unweit ihres nunmehrigen Standortes, etwa auf der Höhe des heutigen Karmelitermarktes, sich einst das „Provinzialstrafhaus", das wohl erste Gefängnis Österreichs, befand, daß die Gründung des Gerichtsmedizinischen Institutes 1804 auf die Rechtsunsicherheit während der Napoleonischen Kriege zurückgeht, daß Räuberbanden, wie jene des Johann Georg Grasel, den Ruf nach zentralistischen Sicherheitskräften laut werden ließen. Das Jahr 1848, das 1853 erfolgte Attentat auf den jungen Kaiser sowie die Zunahme der Aktivitäten jener, die man in den achtziger Jahren recht allgemein Anarchisten nannte, schließlich die entstehende Arbeiterbewegung ließen einen neuen, politisch motivierten Sicherheitsapparat entstehen, wäh-

114

rend die Zunahme von Morden an leichtgläubigen Dienstmädchen sowie wachsende Eigentumsdelikte und Banknotenfälschungen dem Spätliberalismus eigen waren. Die Presseberichterstattung nimmt ebenso wie die nichtdiskriminierte Börsenspekulation in jener Ära schlagartig zu, während die individuelle Erkennung und Registrierung von Rückfalltätern in diesen Tagen zum Problem der Staatsmacht wird. Der Brand des Ringtheaters brachte die erstmals angewandte dentale Identifizierung der Opfer mit sich, wodurch die Grundlagen der später so berühmten Wiener Kriminalistik und Gerichtsmedizin geschaffen wurden. Am Schädel der im Jahr 1900 hingerichteten Kindesmörderin Juliane Hummel versuchte man, Untersuchungen nach den Theorien von Lombroso und Gall durchzuführen, die Methode der Daktyloskopie und die Technik des „Moulagierens", der Abformung von Leichenteilen für erkenntnisdienstliche Zwecke, wurde damals eingeführt. 1923 wurde in Wien die INTERPOL gegründet, die bis 1939 hier auch ihren Sitz hatte, und im Dezember 1938 eine Maschine aus dem „Altreich" in die Stadt transportiert, die, im Jargon der Zeit kurz als Gerät F bezeichnet, wenig später im Wiener Landesgericht ihre Arbeit aufnimmt. Die Wiedererrichtung der Polizeidirektion Wien erfolgt in der vierfach besetzten Stadt des „Dritten Mannes" unter erschwerten Bedingungen, und den beginnenden Wiederaufbau und Wohlstand begleiten wieder spezifische Kriminalfälle, wie jener der Adrienne Eckhart, die für Schokolade und Sardinen einen Greißler mit einer Fleischmaschine ebendort erschlug, wo sich heute ein Anbau zum Landesgericht Wien befindet, in dem die Mörderin 1953 verurteilt worden war.

Die seltsame Symbolik mancher Wiener Orte läßt mitunter, wie wir in diesem Band schon mehrfach erfahren mußten, Rückschlüsse auf mentale Wert- und Verhaltensnormen der Gesellschaft zu, denen freilich auch unser bodenständiger Verbrecher unterworfen ist, wenn er sein dunkles Treiben in finsterer Gasse frönt. Was die Frage erneut aufwirft, in welcher morbiden Weise spezifisch wienerisch die makabren Taten all jener eigentlich in der langen Verbrecherchronik waren, denen wir heute im Wiener Kriminalmuseum als alte Bekannte begegnen, wie den Spuren Severin von Jaroszynskis, dem Skelett der Therese Kandl oder der Totenmaske des 1902 hingerichteten Josef Voboryl, der uns in seiner Todeszelle die Zeichnung eines Galgens samt Gehängtem hinterlassen hat.
    Zur Annäherung an diese Frage scheint die Wiener Leopoldstadt mit ihren stets wechselnden Licht- und Schattenseiten gerade der rechte Ort. „Nur ein geistloser Mensch", schreibt Wiens Seelenkenner Nestroy, der

seine größten Erfolge stets im Leopoldstädter Theater des Herrn Carl errungen hatte, „kann den Harm übersehen, der überall durch unsere fadenscheinige Gemütlichkeit leuchtet." Höfische Repräsentationsformen hatten zu öffentlichem Spektakel des Volkes geführt, die rauschenden Feste des Wiener Kongresses im Sperlsaal dem Wiener vom Grund zur Nachahmung verleitet. Und dieser hat dann, stets auf dem ungeschriebenen Lokalgesetz bauend, seine Gemütlichkeit, sein Recht auf Wein, Weib und Gesang hartnäckig gegenüber dem Frenden verteidigt, während er dem angrenzenden Bezirksnachbarn ebenso wie den universalen Menschenrechten recht skeptisch gegenüberstand. Als „Dämonie der Gemütlichkeit" hat dies Hilde Spiel auf den kleinsten Nenner zusammengefaßt, jene fühllose Brutalität, begleitet von einer geradezu chevaleresken, sentimentalen und rührseligen Neigung, wie sie so vielen Wiener Verbrechern eigen war. Sein und Schein gingen in dieser Stadt immer schon häufig durcheinander, und so attestierte man auch dem Inbild der dämonischen Gemütlichkeit, dem als „fesch" beschriebenen Dienstmädchenmörder Hugo Schulz, ein sicheres, gebildetes Auftreten eines Herrn Ingenieurs, Doktors oder gar pragmatisierten Beamten. „Er besitzt sehr sympathische Gesichtszüge, weist einen wohlgepflegten Schnurrbart auf", beschreibt ihn der „Wiener Pitaval"; seine „Stimme klingt voll, er spricht dialektfrei mit fester Betonung und macht mit seiner Denkerstirne alles eher, als den Eindruck eines vielfachen Raubmörders". Freilich, dies gehört wohl zur Grundausstattung eines erfolgreichen Dienstmädchenattentäters, auch war Schenk keinesfalls der einzige Mörder seiner Ära gewesen, der sich an hilflose, alleinstehende Frauen vom Land zwecks Vermögensmehrung herangemacht hatte. Neu und innovativ war lediglich, daß er sich dabei ausgiebig der nunmehrigen Möglichkeiten der Kleinanzeigen im „Neuen Wiener Tagblatt" bediente, und etwas ungewöhnlich war auch, daß er seinen Opfern gereimte Liebesbriefe über „Sehnsucht" und „Schmetterlingsgedanken" widmete oder in der Todeszelle das mehrdeutige Poem „Abschied" verfaßte. Nun ist, nachdem man ihn sorgfältig von den umgebenden Weichteilen befreit hat, sein präparierter, mazerierter Schädel gemeinsam mit den Hinrichtungsdokumenten im Raum H des Kriminalmuseums unter der Objektzahl HIO / 12–14 zu betrachten, und noch immer befinden sich seine Zähne in einem wohlgepflegten, einnehmenden Zustand, die auf manch weibliche Betrachter ihre Wirkung nicht verfehlen werden.

Sollten Sie also, geneigte Leserin, nach Verlassen des düsteren Eiskellers und des altwienerischen Pawlatschenhofes, vor dem Museum in der Umgebung der Großen Sperlgasse von einem feschen, wohlgepflegten Herrn mit sympathischen Gesichtszügen und der gemütlichen Wesensart des Wieners mit fester Betonung angesprochen werden, sagen Sie später, als Sammlungsobjekt des Raumes H, ja nicht, man hätte Sie nicht gewarnt.

Wiener Kriminalmuseum, 2, Große Sperlgasse 24, tägl. (außer Montag) 10.00–17.00 Uhr.

Der Tod vom Wurstelprater

Mit der Geisterbahn zu Sensationen und Abnormitäten
2, Prater

Noch unter Maria Theresia blieb die Anlage des Praters den Adeligen vorbehalten, ihr Sohn Joseph II. brach dann mit dieser Tradition und gab durch sein „Avertissement" vom 7. April 1766 den Wienern die vormalige Jagdgegend frei, wobei es „Niemandem verwehrt seyn soll, sich daselbst mit Ballonschlagen, Kegelscheiben und anderen erlaubten Unterhaltungen eigenen Gefallens zu divertieren". Damit war der Prater dem Volke als Erholungs-, aber auch als Belustigungsort eröffnet. Bereits am 14. April richtete der Oberstjägermeister an den Kaiser die Anfrage, ob der Verkauf von „Thee, Coffee, gefrohrnen" und anderen Erfrischungen zu erlauben sei, woraufhin eine diesbezügliche „Nachricht" im „Wienerischen Diarium", dem Vorläufer der „Wiener Zeitung", vom 19. April dies auch mit „allerhuldreichesten Entschluß" gestattete. Der 19. April 1766 gilt somit laut dem verdienstvollen Lokalhistoriker Hans Pemmer als eigentlicher Geburtstag des Wurstelpraters. Denn sofort meldeten sich zahlreiche „Wein-Würthe", „Bier-Würthe" sowie „Coffe-Sieder, Lebzelter, Bradelpratter", dann auch „Limonihandler", eine „Krapfenbacherin" und eine Reihe von „Öbstlern", um im Prater ihr Gewerbe ausüben zu dürfen. Der Sprachlehrer Johann Damen erhält am 1. Mai 1766 die Erlaubnis, Hutschen „nach niederländischer Art", ein Ringelspiel und eine „Machine, per modum einer schlittenfart" zu errichten. Ein Herrschaftsdiener ersucht ebenfalls um die Aufstellung eines „Ringel Reitungs spiels", und ein Graveur möchte einen „Telegraphen" im Prater aufstellen. Wie überhaupt sich die Budenbesitzer aus Schichten rekrutierten, die vom eigentlichen Unterhaltungsbetrieb recht weit entfernt waren, wie Wundärzte, Finanzbeamte, Hausmeister, Choristen, Magazineure, verabschiedete Soldaten und pensionierte Offiziere. Juden konnten allerdings keine Buden im Prater erwerben, da sie auch unter Joseph II. in Wien kein Gewerbe ausüben durften.

Der Zulauf war bald ein enormer, und 1783 verzeichnet die „Preßburger Zeitung" am Ostersonntag für Prater und Augarten 60.000 Besucher. Seine Bedeutung ist nicht mehr eine lediglich lokale, der in Wien wohlbekannte, wenn auch kaum gelesene Johann Wolfgang von Goethe bezeichnet den Prater bereits als den Belustigungsort schlechthin, wenn

Der Eingang zum Prater mit der Brücke über den Fugbach in josefinischer Zeit

Mephisto in der Walpurgisnachtszene zu Faust sagt: „Hier ist's so lustig wie im Prater."

Als älteste Praterunterhaltungen gelten das Ringelspiel, die Schaukel, die Haspel, das Zielwerfen und der Wurstel. Im Jahre 1846 heißt es in den „Komischen Briefen des Hans Jörgel" über diese unvergängliche Wurstelfigur: „Der Schiller sagt, ewig jung und neu, bleibt die Phantasei, das is aber nit wahr, der Wurstel is der Unveränderliche und Unverwüstliche, dem der Strom der Zeit, der Wechsel der Mod und des Geschmacks nix anghabt hat. Der Hanswurst, der Kasperl, der Thadädl is vom Theater verschwunden, aber der Wurstl im Prater steht no in seiner alten Gestalt und mit seine alten Lazzi da."

Das Kasperl- oder Wursteltheater setzt seit Öffnung des Praters die Bühnentradition der Hanswurstfigur des frühen 18. Jahrhunderts fort. Ein Wirtshaus „Zum Hanswurst" wird dort bereits 1782 erwähnt. Als ältestes Kasperltheater gilt der „Kaiserwurstel", ein weiteres, das der Barbara Fux, dürfte von 1834 an noch bis nach der Jahrhundertwende existiert haben. Emil Mayer hat es 1908 fotografisch festgehalten und Felix Salten 1911 in seinem Buch „Wurstelprater" beschrieben:

,Kling, kling, kling!' Kasperl erscheint, er schwingt eine Glocke, die so groß ist, wie er selber. Die Kinder bleiben stehen und lachen. Da ist gleich Beginn der Vorstellung und das Stück wird aufgeführt, das so alt ist, wie das Volkslied. Kasperl läutet, fährt hurtig auf der Bühne umher, schüttelt den Kopf, verneigt sich, klatscht in die Hände. Sogleich kommt seine Frau, Kasperl umarmt sie, sie küssen sich und pressen Brust an Brust, so fest, daß sie hin und her wackeln. Kasperl hat etwas gefunden. Er schleppt einen kleinen Amboß herauf und einen Hammer. Damit schlägt er los. Das gefällt seiner Frau. Sie holt sich auch einen Hammer, schlägt auch zu. Nun klopfen die beiden wie besessen, aber Frau Kasperl war ungeschickt, Herr Kasperl auch – plumps trifft er sie auf den Kopf, da liegt sie nun und ist mausetot. Kasperl schüttelt sie, horcht zu ihrer Brust, dann weint er – sie ist ganz tot. Rasch eilt er fort und kommt mit einem ernsten Mann zurück, der einen Zweispitz auf dem Kopf trägt. Das ist der Totenbeschauer. Der schnüffelt an der Leiche herum. Dann wendet er sich zornig zu Kasperl und stellt ihn zur Rede. Kasperl leugnet. Er will zeigen, wie das Malheur geschehen ist, ergreift den Hammer und erschlägt den Totenbeschauer. Jetzt ist Kasperl zum Verbrecher geworden. Er holt eine Kiste und schmeißt die beiden Toten hinein. Nun tritt der Jud' auf, Kasperl will ihm die Kiste verkaufen, aber der Jud' feilscht, da wird Kasperl böse, und weil er jetzt schon ein Wüterich ist, bringt er den Juden auch um. Das tragische Geschick vollzieht sich. Kasperl hat drei Mordtaten auf dem Gewissen, nun kommt der Teufel mit roter langer Zunge und schwarzen Hörnern. Kasperl bittet, fleht, wehrt sich, schon hat ihn der Luzifer beim Krawattel, da erscheint ein Engel und rettet ihn. Kasperl springt und tanzt. Auf einmal kommt Frau Kasperl – sie ist wieder lebendig geworden, und nun ist die Freude groß ...

„Und auch der Wurstelprater hat in seiner Weise dem Zeitgeiste eine kleine Konzession gemacht", berichtet Friedrich Schlögl bereits 1869 in seiner Betrachtung „Praterfrühling". „Der Jude wird zwar noch immer zur Freude des echt katholischen Lehrjungengemütes totgeschlagen, aber der Schluß dieser konfessionellen Funktion erhielt eine moderne Auffrischung. Nachdem nämlich der erhebende Akt des Totschlagens vorüber und der Binkeljude unter den enthusiastischen ‚Hepp-Hepp'-Rufen des aufgeklärten Nachwuchses unserer geliebten Mitbrüder in die Truhe geworfen ist, soll nach der traditionellen Mise en scène der Praterdramaturgen der lustige Wurstel den Leichnam des Juden dem herbeigerufenen Totengräber – ‚ein paarmal um den Kopf schlagen' und letzteren endlich selbst mit dem Sargdeckel bedecken ..."

Ab 1812 konnte man im Kabinett mimisch-plastischer Darstellungen des Freiherrn von Dubsky 28 bronzene Köpfe von Franz X. Messerschmidt betrachten, und seit 1827 existiert ein Wachsfigurenkabinett im Prater, das ebendiesem Freiherrn gehört und das Adolf Glaßbrenner

1835 in seinen Bericht „Bilder und Täume aus Wien" erwähnt als Ort, an dem man den König von Bayern, den russischen Zaren Nikolaus I., Kaiser Franz I. von Österreich und die Giftmischerin Gottfried, „die so viele Menschen ums Leben gebracht", friedlich nebeneinander sah. Später kommt der Watschenaff oder Watschenmann, an dem man seine Kräfte ausleben und seine Aggressionen abreagieren konnte, hinzu, Geisterbahnen, Geisterschlösser, Feuerwerke, Theater-, Musik- und vor allem Zirkusdarbietungen folgten und mit ihnen auch „Kunst- und Naturseltenheiten" aus aller Welt.

Die Praterbude Nr. 89, „Weltschau" genannt, entsteht 1873. Da gibt es abgerichtete Hunde, Wachsfiguren, Nebelbilder und andere Eigentümlichkeiten zu sehen. Von 1897 bis 1933 war Jakob Feigl Besitzer der Schaubühne und brachte alljährlich neue Sensationen in den Prater, die sich vor allem auf das bald beliebte „Menschenschauen" konzentrierten. Da gab es Zwerge und Riesen, Albinos und Neger zu betrachten, das „Mädchen mit dem sechsten Sinn" und die Frau ohne Kopf, afrikanische Affenmenschen und das bayrische Riesengeschwisterpaar.

Absonderlichkeiten aller Art, liebevoll dargeboten, mehren sich im Wiener Prater vor allem gegen Ende des 19. Jahrhunderts: Die „Damen ohne Unterleib" traten nunmehr häufig auf, ein illusionistischer Trick allerdings, im Gegensatz zu den „Rumpfmenschen" ohne Arme und Beine, die trotz ihrer Behinderung ihre Geschicklichkeit demonstrierten. Der 1851 in Rußland geborene Nikolai Wassiljew Kobelkoff war einer von ihnen und trat 1874 erstmals im Prater auf, wobei er sich als Kunstmaler, Kunstschütze, Entfesselungskünstler und Kraftathlet produzierte. Mit der Schwägerin des bekannten Praterunternehmers August Schaaf verheiratet, wird er Vater von sechs Kindern, und als der „Rumpfmensch" am 19. Jänner 1933 stirbt, folgen zahlreiche Praterkollegen und Tausende Wiener seinem Kindersarg auf dem Weg zum Zentralfriedhof.

Besonders dicke oder extrem dünne Menschen galten gleichfalls als beliebte und bestaunte Attraktion wie Riesen und Zwerge. Auch gewichtige Kinder erfreuten das Publikum, ebenso sogenannte Vogel-, Knochen- oder Haarmenschen; „Wunder der Natur", wie die stark behaarte Miß Julia Pastrana, die dann ausgestopft in Präuschers Panoptikum enden sollte, oder die „Esau Lady" Annie Jones, die um die Jahrhundertwende mit dem amerikanischen Zirkus Barnum & Bailey nach Wien kam. In der Abnormitätenschau finden wir auch „Jojo, den Pudelmenschen" oder die internationale Berühmtheit „Lionel, der Löwenmensch", dessen an den König der Wüste erinnernde Physiognomie zahlreiches Publikum anlockte. Neben Tätowierten traten mehrfach Riesen wie die Wienerin Rosita-Therese oder die bekannte Mariedl, auf, eine Tirolerin, die samt Schwester und Kuh nach Wien gereist war und hier um 1912 in Barths Vergnügungshalle zur Schau gestellt wurde. Ihnen zur Seite gesellten sich zur Konstrastwirkung oftmals Zwerge und Liliputaner, wie „Prinzessin Lu, die kleinste Dame der Erde" oder Walter Böning, der „kleinste Mann der Welt". In den neunziger Jahren des 19. Jahrhunderts existierte bereits ein Zwergentheater im Prater, 1911 wurde eine eigene Liliputstadt samt Zirkus, Kinderkabarett, Postgebäude, Knusperhäuschen und Gastwirtschaft errichtet. Eine Idee, die in den dreißiger Jahren wiederaufgegriffen wurde: 1934 baute man „Glauers Liliputstadt", im folgenden Jahr „Gnidley's Liliputstadt", und 1937 konnte man das „Märchenreich Liliputanien, Wien II., Prater" mit eigenem Paß betreten.

Äußerst beliebt und eine der Hauptattraktionen der Zeit um die Jahrhundertwende waren jedoch die siamesischen Zwillinge. So konnte man wiederholt im Prater die Paare Millie und Christine, die „zweiköpfige Nachtigall", die indischen Mädchen Radica und Doodica oder Rosa und Josepha Blazek bestaunen, die schon als Kinder mit kleinen Kunststücken auftraten. Als Rosa 1906 einen Sohn bekam, bemerkt dazu der Katalog des Pratermuseums, der ja auch von Unmündigen gelesen werden kann, „wurde das Zusammenleben der beiden Schwestern verständlicherweise zunehmend schwieriger".

Als Abnormitäten und sehenswerte Attraktionen bei Menschenschauen galten im Zuge der Weltausstellung 1873 aber auch Menschen mit abweichendem, fremdländischem Aussehen, sogenannte Exoten. 1878 reiste der Zirkus Hagenbeck mit Nubiern und 1884 mit Singhalesen nach Wien. 1886 waren eine Sioux-Truppe, danach Beduinen und Samoaner zu sehen. Ethnographische Dörfer und Schaustellungen erfolgten ab 1894, passenderweise im vormaligen Tiergarten am Schüttel am Rande des Praters, mit Zulukaffern, Matabelen, Senegambiern, Siamesen, Japanern, Kabylen, Beduinen und anderen. Die Aschanti-Ausstellung 1896 regte Peter Altenberg zu seiner Skizzensammlung „Ashantee" an, die im darauffolgenden Jahr bei S. Fischer erschien und worin er in bewährter Manier zivilisatorische Übelstände des Abendlandes durch die unverdorbene Naivität der „Wilden" aufzudecken bestrebt war. „Es ist das künstlerische Denkmal seines Verkehres mit den Negern, welche diesen Sommer im Wiener Thiergarten als Ausstellungsobjecte zubrachten und dem Dichter eine Reihe von tiefen, unvergeßlichen Impressionen gaben", urteilt dann auch Max Messer in der „Wiener

Volksbelustigung und Abnormitätenschau: „Im Volksprater", von Hans Schließmann

Rundschau" 1897, um zu schließen: „Dies scheint mir die philosophische Bedeutung der Ashanteeskizzen zu sein: Ihr belasteten Menschen der Cultur, die ihr gegen euch selbst und gegen euere Gesellschaft wahr zu sein fürchtet und von unnöthigen Fesseln zu Sclaven herabgedrückt seid, werdet leicht, frei und wahrhaft wie diese ‚Paradiesmenschen'…"
Noch sind die Kulturmenschen Wiens nicht ganz frei von ihren Fesseln und schlagen als Besucher des Aschanti-Dorfes häufig, wie Peter Altenberg in seiner „Ashantee"-Skizze „Philosophie" betrübt festhält, „an die Holzwände der Hütten, zum Spaß". Darauf der Goldschmied des Dorfes verärgert: „Sir, wenn ihr zu uns nach Akkra kämet als Ausstellungsobjekte (exhibited), würden wir nicht des Abends an eure Hütten klopfen!"

Wiener Pratermuseum, Oswald-Thomas-Platz 1 (Planetarium), Dienstag bis Freitag 9.00–12.15, 13.00–16.30, Samstag, Sonn- u. Feiertag 14.00 bis 18.30.

Menschenhaut für 10 Gulden

Präuschers Panoptikum und Anatomisches Museum
2, Prater Nr. 140

G leich am Eingang zum Wiener Prater, beim ehemaligen Kaisergarten, stadtauswärts auf der linken Seite der Ausstellungsstraße und nahe dem Praterstern und der Station der Verbindungsbahn gelegen, wo sich heute eine weite und ebene Parkanlage erstreckt, befand sich in den liberalen Zeiten der frühen siebziger Jahren in einem Bau der Theaterarchitekten Hermann Helmer und Ferdinand Fellner eine Attraktion besonderer Art, die ihr Besitzer in Zeitungsinseraten wie jener vom 21. April 1889 im „Illustrierten Wiener Extrablatt", folgendermaßen anpries: „Des Wieners Stolz ist sein Prater, Präuschers Stolz ist seine Praterhütte. Das Publicum hat das Recht, für sein Geld mehr als Gewöhnliches zu verlangen! Darum macht auch Präuschers Panopticum, k. k. Prater Nr. 140, mit seinen großartigen Schaustellungen Furore. Täglich bis Abends spät geöffnet. Entrée 20 kr., Kinder 10 kr. Mein weltberühmtes anatomisches Museum ist räumlich vollständig vom Panopticum getrennt, dasselbe ist täglich für Erwachsene geöffnet." Hermann Präuscher, auch vielfach Preuscher geschrieben, war 1839 in Gotha als Sohn eines Schaustellers geboren worden. Bald begibt er sich auf Wanderschaft und wird Tierbändiger. Nach dem Tod seines Vaters Ende der sechziger Jahre übernimmt er dessen Schaustellermuseum, doch bereits im Jahre 1871 erhält er, nachdem er in Paris einen größeren Geldbetrag gewonnen hatte, einen bevorzugten Standort auf Schauplatz V, später Nr. 140, im Wiener Prater.

Am 29. April 1872 bereits berichtete das „Neue Wiener Tagblatt" über Präuschers Panoptikum und Anatomisches Museum, das rund 2.000 Wachsfiguren, 886 Präparate krankhafter menschlicher Veränderungen sowie Marter- und Folterwerkzeuge umfaßte, und dessen Eintrittspreis damals 10 kr. betrug: „Die größte Sehenswürdigkeit desselben wird jedoch nicht für Geld gezeigt, und diese ist der Herr selbst, der bekannte ehemalige Löwenbändiger Hermann. Er dürfte den Wienern bekannt sein, aber was nicht jeder weiß, ist eine eigentümliche, ihn jetzt beherrschende Marotte. Hermann kauft mit einer unbegreiflichen Leidenschaft Menschenhäute noch lebender Personen. Der gewöhnliche Preis ist 10 fl., doch soll er für eine besonders gute Haut sogar 100 fl. gezahlt haben. Zehn Prozent des Kaufpreises wird sofort erlegt, und noch soforter vertrunken und das scheint die Hauptsache zu sein." „Derbe Körper und schwache Seelen", hatte Fürst Pückler-Muskau den Wiener 1807 bereits attestiert, doch das ist für Hermann Präuschers Geschäft nicht von Nachteil.

1878 investiert er großzügig und gliedert dem Anatomischen Museum ein mechanisches Kunstkabinett an, aber auch ein Affentheater, ein Irrgarten, ein „Circus en miniature", ein Panorama sowie der Wunderelefant Pepi waren hier untergebracht. 1883 war auch ein Heliodrama, eine „mechanisch-zeroplastische Kunstgruppe", bestehend aus acht mythologischen Figuren, neben dem Museum aufgestellt.

Wie das „Illustrierte Wiener Extrablatt" vom 5. April 1884 berichtet, war ab diesem Frühjahr bei Präuscher auch die ausgestopfte Miß Pastrana als Sensation im Anatomischen Museum zu besichtigen. Sie war schon zu Lebzeiten wegen ihres starken Bartwuchses eine weitbekannte Sehenswürdigkeit gewesen. Als sie in Kursk in Rußland bei der Geburt ihres Kindes starb, ließ ihr gramgebeugter Gatte, Theodor Lent, der Besitzer des gleichnamigen Museums in Petersburg, die Leichname von Frau und Kind einbalsamieren und stellte sie dann durch mehrere Wochen hindurch in seinem Museum aus, bis die Körper zu zerfallen begannen. Nun ließ er Frau und Kind skalpieren, sodann ausstopfen und verkaufte sie dem Unternehmen Hermann Präuscher gegen eine jährliche Rente von 320 Talern.

Die Wiener, ob groß, ob klein, liebten diese außergewöhnliche Institution des Panoptikums und der angeschlossenen ausgestopften Leichen. Als jedoch Hermann Präuscher im Jahre 1896 starb, wurde ihm lediglich eine gewöhnliche Erdbestattung zuteil. Seinen Nachruhm überlieferten danach Präuschers Erben, die das Geschäft als anatomisches, pathologisches und ethnologisches Museum bis ins zwanzigste Jahrhundert hinein ungestört weiterführten. Sieht man von einer Episode ab, die sich in der Krisenzeit um 1919 ereignet hatte: Damals raubten Einbrecher, denen man eine gewisse Originalität nicht absprechen kann, in Präuschers Panoptikum und Anatomischen Museum den Wachsfiguren von Johann Strauß, Lueger, Lassalle und anderen ihre Kleidung, in der sicheren Meinung, daß sich die schönen Anzüge anderweitig gewinnbringender verwerten ließen.

Der Frage nach bleibenden Werten in wandelnden Zeiten der Kriege und Katastrophen geht dann nostalgisch im Oktober 1927 Hans Liebstoeckl in der Zeitschrift „Die Bühne" nach und befindet: „Ringsum feierliche Stille, wie vor zwanzig Jahren. Alles leer. Im Hintergrunde ein

Besucher, der mit wonniger Andacht die Marterwerkzeuge der Hexenprozesse betrachtet. Oder ist es kein Besucher, ist es nur eine Wachsfigur? Man wird ja sehen und hat Zeit. Die Stille freilich tut wohl. Kein Lärm von draußen dringt in diese Bude, und die wächserne Ruhe der allerhöchsten wie allerniedrigsten Herrschaften wird nicht gestört. Sie ruhen wahrhaft sanft und auf beiden Seiten, wie nur je zuvor. Nein, nicht alle ruhen, einige stehen mannhaft und mit erstaunten Gesichtern da: die Habsburger und ihr Hof, die Hohenzollern und ihre Leute, in schimmernder Wehr, in prunkvollen militärischen Uniformen, aber augenscheinlich bös aufeinander. Da ist keine Rede mehr von Schulter an Schulter, denn sie verharren Rücken an Rücken und wollen voneinander nichts mehr wissen, worin sie ja beide, weiß Gott, vollkommen im Recht sind. Die Habsburger besonders haben jetzt andere Sorgen, sie schauen mit Ehrfurcht auf Goethe, Schiller, Luther und Richard Wagner. Es scheint, daß sie jetzt in Wachs nachholen wollen, was sie im Fleisch versäumt. Auch sonst: siehe da! Engerln, Amoretterln, Hänsel und Gretel, Wildschütz und Förster; das alte, liebe Leben von anno einst, da noch der große Wind ging."

Die neue Zeit, eine schwache Huldigung an die Gegenwart, findet sich lediglich im Verbrecherviertel dieses Wachsfigurenkabinetts: „Da steht der Pariser Frauenmörder Landru mit seinem schwarzen Umhängebart und seinen stechenden, unheimlichen Augen, und nicht weit von ihm ist Haarmann, der Massenmörder, zu schauen, ein kecker Piefke, der sein Treiben gerne fortsetzen würde, wenn ihn das Wachs, daraus er besteht, nicht daran hinderte. Das Panoptikum ist also glücklich bis zu Haarmann vorgedrungen; alle anderen, die sich auf dem Gebiete der Menschenbeseitigung hervorgetan haben, müssen warten." 1927 fühlte Präuschers Panoptikum keinerlei Ehrgeiz, aktuell zu sein, es begnügte sich mit Andeutungen, Zitaten und dem Zierat der Zeit. Es kehrte mit Vorliebe zu den zeitlosen Dingen zurück, währenddessen im Wartesaal der Vorsehung die kommenden Massenmörder sich ungeduldig einzufinden begannen. Letzteren ist es auch zu verdanken, daß Präuschers Panoptikum im April 1945 während des großen Praterbrandes schließlich vernichtet wurde, einige überlebende Praterfiguren wurden später im Dorotheum versteigert, einige wenige landeten im Wiener Pratermseum unweit des einstigen Präuscherschen Panoptikums und Anatomischen Museums.

Dritter Bezirk

Der Beistand der Beobachter

Wiener Lehrjahre

3, Aspangbahnhof, Platz der Opfer der Deportation

„Zehntausende Wienerinnen und Wiener sind vom Aspangbahnhof in die nationalsozialistischen Vernichtungslager deportiert und dort ermordet worden", lautet der kurze Text auf einer seit wenigen Jahren neben dem Bahnhof an der Kreuzung zur Adolf-Blamauer-Gasse befindlichen Tafel, nahe dem Joseph-Schmidt-Platz, benannt nach dem im Schweizer Exil 1942 verstorbenen einstigen umjubelten lyrischen Tenors der Wiener Staatsoper.

Der 1883 fertiggestellte Aspangbahnhof mit seinem 97 m langen Aufnahmsgebäude, das im linksseitigen Trakt ein Postamt mit Rohrpost und Telegraph beherbergte, während rechts nach einem kleinen Park die Ankunfts- und Ausgangshalle anschloß, Ausgangspunkt einer geplanten und nie vollendeten Eisenbahnverbindung nach Saloniki, die dann offenbar spurlos im Gebiet der Buckligen Welt verschwinden sollte, wurde im Sommer 1977 abgebrochen. Es war dies in den vergangenen Jahrzehnten ein etwas trostloser, versteckter und wenig benutzer Bahnhof gewesen, dessen erhaltene breite kopfsteingepflasterte Zufahrtsstraße vor den nunmehrigen Plakatwänden des Bahnhofareals sich für Transporte aller Art als besondert geeignet erweisen sollte.

Adolf Eichmann, im März 1938 mit der organisierten Auswanderung von Juden beauftragt, sprach später während seines Jerusalemer Prozesses laut Hannah Arendts Bericht häufig von seiner Wiener Zeit wie von einer Idylle. Hier wurde er zum SS-Offizier befördert, hier konnte er als neuernannter Leiter der „Zentralstelle für jüdische Auswanderung in Wien", treu sekundiert von „ostmärkischen" Mitarbeitern, erstmals erproben, was er als „forcierte Auswanderung" bezeichnete, womit er eine organisierte Austreibung der Juden aus dem Reich verstand, mit der man in Österreich zuallererst begann. Derentwegen ließ er sofort nach seiner Ankunft Angehörige jüdischer Organisationen verhaften, nahm aber auch gleichzeitig Verhandlungen mit Vertretern der jüdischen Gemeinde auf, die er zunächst aus den Gefängnissen und Lagern herausholen mußte, da, wie Hannah Arendt festhielt, „der ,revolutionäre Eifer', der in Österreich die anfänglichen ,Ausschreitungen' in Deutschland bei weitem übertraf, zur Verhaftung praktisch aller prominenten Juden geführt hatte". Fanden nach dem „Anschluß" im März bereits massenhafte Judenverfolgungen und wilde Arisierungen vor allem in Wien statt, wurden ab Mitte April 1938 zahlreiche Juden Burgenlands planmäßig mit Waffengewalt über die Staatsgrenze getrieben, eine Maßnahme, die auch in Berlin beifällig registriert und bei der „Besprechung über die Judenfrage" am 12. November 1938 im Reichsluftfahrtministerium über die Vertreibungspolitik in der „Ostmark" von Göring, Heydrich und anderen ausdrücklich als Vorbild für das „Gesamtreich" empfohlen wurde. Besonders in der raschen Vertreibung der Juden aus ihren Wohnungen waren, wie Gerhard Botz unterstreicht, „Wien und Österreich dem ‚Altreich' gegenüber weiter voraus, jedenfalls was die Praxis anlangt". Wiener Ortsgruppen- und Kreisleiter verfolgten ihre Absicht der radikalen Wohnungspolitik und um ihr Herrschaftsgebiet möglichst rasch „judenrein" zu machen, bereits im Herbst 1939, gestützt auf zahlreiche Hinweise auf das dahingehende Drängen des „einfachen Parteimitgliedes" und vieler „Volksgenossen" mit starkem Nachdruck. Ein immer wiederkehrendes Leitmotiv der Berichte aus Wiener Kreisen lautet, wie etwa der Ortsgruppenleiter Rossau, Karl Ocenasek, am 3. Oktober 1939 vermeldet und damit, wie er formuliert, die „Stimmung der Bevölkerung gegen die Juden" wiedergibt:

1.) Entweder die männlichen Juden in Bergwerken und dgl. Arbeiten, wo sie leicht zu beaufsichtigen sind, einzusetzen und die weibliche Mischpoche nächst den Arbeitsstätten in Lagern unterzubringen.
2.) Sollte dies nicht möglich sein, so wäre eine Evakuierung nach Polen östlich der Weichsel in Betracht zu ziehen, da es gleichgültig ist, ob in Polen 21/2 oder 2,7 Millionen Juden leben.

In fast allen Schreiben der von Botz zitierten Wiener Ortsgruppenleiter taucht nunmehr die Idee der „Volksgenossen" auf, die Juden in „Arbeitslager" oder nach Polen „zwischen Bug und Weichsel" abzutransportieren. So hält man nach Meinung der Ortsgruppenleitung Alserbach vom 2. 10. 1939 „in großen Teilen der Bevölkerung den Zeitpunkt für günstig, um wieder einen entscheidenden Vorstoß gegen das Wiener Judentum zu machen, weil man glaubt, daß bestimmte Rücksichten, die bisher genommen werden mußten, in Kürze wegfallen werden. Vorschlag I: Und so wurde von vielen Partei- und Volksgenossen der Vorschlag gemacht, die günstige Gelegenheit zu ergreifen und radikal die ganzen Wiener Juden nach dem jetzt deutschen Teil des ehemaligen Polen abzuschieben. Dies wäre eine ebenso radikale wie für Wien ideale Lösung." Die Vorbereitungen zu einer „Lösung der Judenfrage" wurde zweifellos nicht isoliert von der Stimmung eines Teiles der Wiener Bevölkerung gemacht, dennoch deutet einiges in den oft gleichlautend formulierten Deportationsforderungen nach Ende des Polenfeldzuges auf eine konzertierte Aktion von oben hin. Bereits am 21. September hatte Heydrich im Berliner SD-Hauptamt bei einer Besprechung, an der auch Eichmann teilnahm, ausgeführt, daß Judendeportationen nach Polen und Abschiebungen über die deutsch-sowjetische Demarkationslinie „vom Führer genehmigt" worden seien.

Der Auftrag in Wien war Eichmanns erste wichtige Aufgabe, die ihm übertragen worden war. „Seine Karriere, die so langsam vorangeschritten war, war endlich in Gang gekommen", heißt es im „Bericht von der Banalität des Bösen" Hannah Arendts weiter. „Er muß sich überschlagen haben, um sich zu bewähren, und sein Erfolg war glänzend: innerhalb von acht Monaten verließen 45 000 Juden Österreich, während nicht mehr als 19 000 in der gleichen Zeit aus Deutschland weggingen". Seine „Zentralstelle für jüdische Auswanderung" war auf dem besten Weg, ein Beispiel für künftige Verfahrensweisen im „Altreich" abzugeben, und tatsächlich wurde nach dem „Wiener Modell" im Jänner 1939 im Berliner Innenministerium unter der Leitung Heydrichs die „Reichszentrale für jüdische Auswanderung" ins Leben gerufen.

In Wien hatte er gezeigt, was in ihm steckte, nun wurde Eichmann anerkannt, nun war er als Fachmann in Judenangelegenheiten ebenso gefragt wie bei Evakuierungs- und Deportationsproblemen. Eine Kausalkette wird langsam sichtbar, die von Eichmanns eigenständig betriebenem „Wiener Modell" evolutionär zur schließlichen „Endlösung" hinführt. Grundlage dafür war, wie Hans Safrian in „Eichmann und seine Gehilfen" schreibt, daß „in Wien organisierte Massendeportationen früher als in anderen Städten des ‚Großdeutschen Reichs' gestartet und bereits bis zum Herbst 1942 abgeschlossen werden konnten".

Im Oktober 1939 sprach Eichmanns Vorgesetzter Walter Stahlecker davon, daß im Laufe der gerade vorbereiteten Deportationen nach Polen ein Großteil der Juden Wiens vertrieben werden könnte. Bezeichnend ist dabei, laut Safrian, auch seine Ausdrucksweise in einem Schreiben an Wiens Reichskommissar Bürckel: Die dort geforderte „restlose Lösung der Judenfrage in Österreich" und die endgültig gelöst(e)" Frage kamen schon sehr nahe an den später gebrauchten Begriff „Endlösung" heran.

Eichmann, der in Prag und Wien eng mit Stahlecker zusammenarbeitete, übernahm es nunmehr eilfertig, einen ersten Judentransport aus

Mährisch-Ostrau und Kattowitz zusammenzustellen, zudem reiste er mit seinem Vorgesetzten nach Galizien, um einen Platz für die geplanten Lager zu finden. Nach Wien zurückgekehrt, wurde ihm während einer Besprechung am 16. Oktober versichert, daß er von Bürckel „persönlich sämtliche Vollmachten für die Umsiedlung" Wiener Juden nach Polen erhalten werde. Dabei galt eine der Hauptsorgen der auf der Konferenz vertretenen Funktionäre, die zurückgelassenen Besitztümer der Wiener Juden nicht unkontrolliert in die Hände beutegieriger einheimischer „Arier" fallen zu lassen.

Am Abend des 20. Oktober 1939 fanden sich am Aspangbahnhof 912 von der Kultusgemeinde ausgewählte arbeitsfähige Männer ein, in der von Eichmann verbreiteten Hoffnung, im Osten, im Sumpfgebiet bei Nisko am San, eine freie Kolonie errichten zu können. Handwerker, Tischler, Zimmerleute und Techniker waren am Bahnhof versammelt, ausgewählt aus einer fünffachen Liste mit Laufnummer, voller Namensangabe, Geburtsdatum und -ort, Staatsangehörigkeit, Beruf und Zahl der abhängigen Familienmitglieder, mit beigelegten zwei Lichtbildern und fünf Mark zur Deckung der Transportkosten. Jeder Teilnehmer durfte nach Herbert Rosenkranz 300 Mark mitnehmen und hatte holzverarbeitende Maschinen, Beile, Hämmer und Nägel mitzubringen, ferner warme Kleidung, Spirituskocher und Verpflegung. Der Transport wurde von SS-Männern und 23 Wiener Schutzpolizisten unter Führung eines Polizeimeisters begleitet, „die jede Fluchtgefahr mit der Waffe zu verhindern haben". Das gesamte Reisegepäck durfte 50 Kilogramm nicht überschreiten, und während gegen 22 Uhr sperrige Gepäckstücke in einem Waggon verladen werden, die Schutzpolizei den Einstieg von je 60 Personen pro Wagen kontrolliert, die SS-Männer die Reichsmark der Deportierten in Zloty umtauschen und dabei einen für sie äußerst günstigen Wechselkurs verrechnen, SS-Obersturmführer Günther den Umstehenden erklärte, daß sie ihm dafür „dankbar" sein würden, da sie nunmehr in „geordnete Arbeitsverhältnisse" kämen, nehmen sich in der Aufregung der Abfahrt einige stille Wiener Beobachter der Szene, wie später Augenzeugen einer Tageszeitung berichten, ihrerseits der unbeaufsichtigten Gepäckstücke heimlich und freudig an.

Während der dreitägigen Bahnfahrt soll das Verhalten der Polizisten nicht unfreundlich gewesen sein. Dies änderte sich allerdings nach der Ankunft in Nisko. Nach Hans Safrian folgte man den Deportierten außer Handgepäck und Rucksäcken ihre Habe nicht aus, einige wurden von SS-Männern beraubt und mißhandelt. In einem fünfstündigen Fußmarsch wurden die Wiener Deportierten zu dem im Aufbau befindlichen Barackenlager getrieben, wenn einer von ihnen nicht weiter-konnte, wurde er „von den SS-Männern getreten und geschlagen, bis er im Dreck liegen blieb. Was mit diesen Leuten nachher geschehen ist, weiß ich nicht", erinnerte sich ein Teilnehmer. „Auch die Wiener Schupo änderte nun den Ton, wurde bösartiger." Einige Handwerker wurden in das von der SS bewachte Lager eingewiesen, den Großteil der Deportierten trieben SS-Männer, Wiener Polizisten und Militärangehö-rige weiter zum Fluß San in die Nähe der deutsch-sowjetischen Demar-kationslinie. „Plötzlich bogen die ersten des Transportes unter der Lei-tung der SS-Leute, die unterwegs immer zahlreicher geworden waren, auf eine große Wiese ein", heißt es in dem Bericht weiter, „Es regnete stärker und stärker. Was jetzt geschah, kann ich nicht mehr genau be-richten, da wir Stunden der größten Panik und Ungewißheit erlebten. Die SS begann plötzlich zu schießen und zu brüllen: Schaut, daß ihr weiterkommt! Vorwärts! Wer innerhalb einer Stunde im Umkreis von 5 km angetroffen wird, wird erschossen, ebenso der, der es unternehmen sollte, nach Nisko zurückzugehen! Geht hinüber zu euren roten Brü-dern!"

Ähnlich verfuhr man mit den folgenden Transporten aus Kattowitz und erneut aus Wien. Ende Oktober 1939 mußte das Projekt Nisko vom SD-Hauptamt allerdings abgebrochen werden, dennoch versuchte Eich-mann am ursprünglichen Plan festzuhalten, jeden Dienstag und Don-nerstag laufend Transporte von je tausend Juden aus Wien in den Osten zusammenzustellen, „um", wie er umsichtig formulierte, „das Prestige der hiesigen Staatspolizei zu wahren".

Hans Safrian zufolge mußten die weitreichenden Deportationspläne vorerst an einem logistischen Problem scheitern, noch verfügte die Wehrmacht, die eben ihre Truppen Richtung Westen verschob, über ab-solute Priorität, sodaß für die Ostdeportationen nicht genügend rollen-des Material vorhanden war. Trotz des raschen Abbruchs waren aber auch diese ersten Deportationen aus Wien, befand Erika Weinzierl, „ähnlich wie die Einrichtung der Zentralstelle für jüdische Auswande-rung 1938 − Experimente von exemplarischer Bedeutung". Man hatte aus dem Wiener Modell gelernt, Umfang und Rhythmus der Transporte, die dann ab Anfang 1941 vom Aspangbahnhof regelmäßig Dienstag und Donnerstag abgingen, sowie die Beauftragung der Kultusgemeinde ent-sprachen exakt der ersten Deportation vom Oktober 1939. Damit hat-ten Eichmann und seine Männer erneut Aufmerksamkeit und Anerken-nung bei den Zentralstellen in Berlin gefunden, wo „Absiedelungen" nunmehr als eine Form der „Endlösung" ins Auge gefaßt wurden. Wenige Wochen nach dem ersten Nisko-Transport wird Adolf Eichmann in Berlin zum Leiter des Reichssicherheitshauptamt-Referates IV B 4 bestellt, das sich nun mit dem „Gegner Judentum" und schließlich mit der „Endlösung" beschäftigte.

Im Oktober 1939 feierte neben den ersten Judendeportationen auch das „Wunschkonzert für die Wehrmacht" seine Premiere und sollte laut Propagandaminister Joseph Goebbels während des Krieges ganz „auf Heiterkeit, Entspannung und Unterhaltung" ausgerichtet sein. „Die Wunschkonzerte, die der deutsche Rundfunk veranstaltet, sind zu einem Erfolg geworden, den in diesem Umfang wohl niemand vorausgesehen hat", befand bereits am 13. Dezember 1939 die „Wiener Illustrierte". Die unterhaltsame Inszenierung des Krieges mittels Hörerwünschen wird nunmehr auf den Ätherwellen unermüdlich betrieben und soll eine enge Verbundenheit zwischen Heimat und Front ermöglichen, wobei auch das „ostmärkische" Repertoire, Wiener Humor und Wiener Note, nicht zu kurz kommen. „‚Heute ist Wunschkonzert' – nicht nur die Männer draußen sammeln sich um die Lautsprecher – das Wehrmachts-Wunschkonzert ist vielmehr zu einer Brücke zur Heimat – und zur Welt geworden", stellte der Illustriertenbericht weiter fest, und „vielgestaltig sind die Wünsche; das sind vor allem immer wieder die Grüße in die Heimat, verbunden mit dem Wunsch nach einem Marschlied oder aber auch nach einem sentimentalen, sehnsüchtigen Lied, nach einem Heimatlied – aber auch nach einem vertrauten Laut; so wünschte sich die Polizei draußen, daß ihre Kameraden in der Heimat das Polizeisignal ertönen lassen sollten – auch dieser Wunsch wurde erfüllt. Und die Heimat? Sie antwortet vor allem mit Geburtsanzeigen, mit der Ankündigung von Stammhaltern und gesunden Zwillingen. Sie antwortet aber auch mit zahlreichen Spenden für die Männer draußen und für die ‚Wunschkonzert-Kinder'. So wurde das Wunschkonzert der Wehrmacht zum schönsten Bekenntnis der Verbundenheit des ganzen Volkes und der Rundfunk – zum Träger großer Freude."

Die heimwehsüchtigen Kameraden der Wiener Polizei draußen in Polen, die im grauen Alltag den Wunsch nach vertrautem Polizeisignal verspürten, waren übrigens jene gewesen, die den ersten Transport Wiener Juden am 20. Oktober 1939 vom Aspangbahnhof bis zur deutsch-sowjetischen „Interessengrenze" am San überwacht hatten.

Den Wienern eine Hetz wert

Tierhetztheater in der Vorstadt
3, Hetzgasse 2

„„In dem in der Vorstadt unter den Weißgaerbern erbaueten wohleinge-
richteten Hetzamphitheater werden in den Kämpfen der Thiere, die
sich selbst überlassene Natur, die verschiedenen Arten des Anfalles, der
Gegenwehre, der Geschicklichkeit und Kühnheit verschiedener Thiere,
durch alle Sonn- und Feyertage, im Winter ausgenommen, von einer
Menge Zuseher aus allen Staenden mit Vergnügen und Beyfalle angese-
hen", heißt es in der „Neuesten Beschreibung aller Merkwürdigkeiten
Wiens" aus dem Jahre 1779.

Der Josephiner Johann Pezzl beschreibt in seiner zwischen 1786 und
1790 in sechs Heften erschienenen „Skizze von Wien" die Tierhetze bereits mit aufklärerischem Blick: „Wollte ich die Hetze entschuldigen", so
beginnt er, „so sollte es mir vielleicht nicht an Gründen und Beispielen
fehlen. Aber ich will es nicht tun, denn sie ist und bleibt ein wildes, bar-
barisches, einer gesitteten Nation unwürdiges Schauspiel."

Und dieses unterliegt einer werbewirksamen wie aufwendigen Präsentation, die Pezzl voll Abscheu folgendermaßen darstellt: „Am
Samstag reitet ein Mann in eleganter Jagdkleidung, mit dem Hirschfän-
ger an der Seite, durch die Stadt und alle Vorstädte. Zwei bürgerliche
Trommelschläger klempern vor dem Pferde her und hinten folgen drei
bis vier Kerle, ganz im gelben Leder gekleidet, mit der Miene huroni-
scher Skalpierer und teilen links und rechts Zettel aus, die so voll des
albernsten Unsinns stecken, als wären sie im Narrenturm geschrieben
worden.

Sonntag am frühesten Morgen wird auf den in der Mitte des Hetzam-
phitheaters stehenden Steigbaum eine schwarz-gelbe Flagge aufgesteckt
und an die Ecken aller Gassen die nämlichen Tollhäuslerzettel geklebt.
Die gelben Skalpierer laufen auf allen Straßen herum und hören in ihrer Morduniform in den Kirchen die heilige Messe. Nachmittags um
zwei Uhr zieht die Wache an das Hetzhaus und ein Schwarm Tambours
und Pfeifer von den garnisonierenden Regimentern lagert sich auf den
Balkon des Amphitheaters, wo er um drei Uhr das Getöse der türkischen
Musik anhebt. Nach drei Uhr traben schon dichte Haufen Neugieriger
zum Stubentor, über die Mautbrücke und zum Theresientor hinaus. Ih-

nen folgen eine Stunde später viele Fiaker, teils mit vielköpfigen schweren Bürgerfamilien, teils mit zärtlichen Hausknechten und Handwerksburschen nebst ihren Schönen beladen. Noch eine halbe Stunde später fliegt manches vergoldete Pirutsch, ein paar halb- oder ganzadelige Geschöpfe wiegend, zum tierischen Kampfplatz."

„Sobald man über die Fortifikation hinaus ist", berichtet Pezzl weiter, „hört man die kriegerische Musik. Wenn man auf etwa dreihundert Schritte sich genaht hat, wird man durch ein wütendes Gebell von hundert grimmigen Hunden erschüttert und betäubt. Befindet man sich am Eintritte des Hetzhauses, so wälzt sich eine Gestankwolke der Nase entgegen, so scheußlich wie sie Pater Cochem seiner Hölle gibt. Man tritt durch enge schlechte Treppen in den hölzernen Zirkus. Er strotzt von unten bis oben von einigen tausend Dilettanten jedes Geschlechts, Alters, Standes und Ranges. Man sieht in den Logen Grafen und Gräfinnen, auf den ersten Galerien Kammerherren, Ritter, Räte, Negozianten, Kaufleute, Offiziere, Gardisten, Stallmeister, Kammerdiener usw. mit Frauen, Töchtern, Liebhaberinnen, jungen Witwen, Kammerjungfern vermischt, im zweiten Stock Dikastecianten, Mönche, Bürger, Friseure, Studenten, Ladendiener, Kutscher, Lakaien, Stubenmädchen, Köchinnen, Putzmacherinnen, Fleischhackersweiber mit ihren Kindern usw., im dritten Stock alles Krethi und Plethi, welches nicht mehr als zehn Kreuzer zu bezahlen vermag."

Seine scharfe Kritik gilt auch den sogenannten „Hetzzetteln":

Eine scharfe Hetze, eine blutige Hetze, eine sehr blutige Hetze, eine sehr scharfe kämpfende Hetze, eine Hetze auf Mord und Tod, ein starker herrlicher Tierkampf, eine schöne Osterhetze usw. Dies ist die gemeine Phraseologie. Zuweilen versteigt sich aber der Herold gar ins figürliche: Der in den vier Elementen kämpfende Bär. – Die Donnerkeile Jupiters. – Der Esel in der Bataille. – Das Maibukett des Raufbären. – Die Schlittenfahrt im Sommer. – Gute Nacht, Schweizer! … Ähnliche Sottisen hat die k. k. Hetzpachtung in grobem Vorrat, um damit ihrem Kannibalenspiel einen vermeintlichen Schwung zu geben.

Durch diesen Knittelwitz gereizt, harren die Zuseher auf den Schmaus, der ihrer Neugierde gegeben werden soll … Es öffnet sich ein Tor. Der nun auch im gelben Leder gekleidete Hetzmeister springt auf den Kampfplatz, tut mit der Hetzpeitsche einen Klatsch und augenblicklich schweigt Musik und Lärm. Alles ist in stiller Erwartung. Noch ein Peitschenknall! Ein wilder Ochs stoßt ein anderes Tor auf; der Hetzmeister retiriert sich.

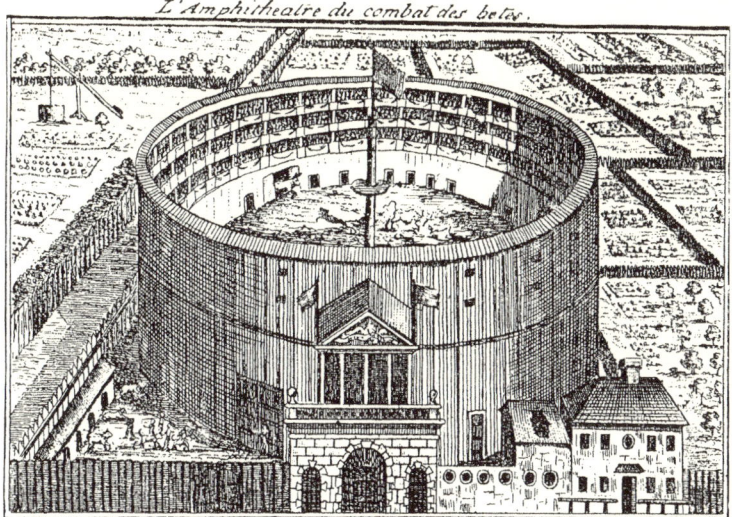

Das k. k. priv. Hetz-Amphitheater unter den Weißgärbern, unbezeichneter Stich aus dem Jahre 1792

Man läßt anfangs einige Lettfeigen von Hunden los, um das Tier bloß zu necken und hitziger zu machen; endlich kommen ein paar Veteranen des Hundezwingers; der Ochs hält ihnen die Hörner dicht am Boden entgegen, aber eben dadurch gibt er auch seine Ohren preis. Sie packen ihn an beiden Seiten bei diesen Extremitäten und halten ihn stockstill. Im Augenblick dieser Heldentat fallen Pauken und Trompeten ein; ein Hussa des Pöbels, das Stampfen und Händeklatschen der Herren Hetzliebhaber accompagniert dazu und auf einen Wink des Meisters führen die tapferen Hunde den überwundenen Ochsen vom Platz.

Der nämliche Auftritt wiederholt sich mit einigen Bären, Hirschen, Wölfen, Wildschweinen. Es ist gegenwärtig auch ein Löwe, eine Löwin, eine Hyäne, ein Leopard unter der Truppe, sie scheinen aber allemal etwas mit Opium betäubt zu sein, denn ihre Tapferkeit ist eben nicht die größte. Den Beschluß macht gewöhnlich ein Bär, der trotz des ihn umgebenden Feuerwerks seinen Raub holt und verzehrt.

So endigt dieses rohe Schauspiel, das den Fleischern, Lakaien, Kanzlisten, Hausknechten usw. auf drei, vier Tage lang an den Tafeln der Trakteurs und in den Bierhäusern Stoff zu Lobreden über den Mut der Ochsen, Bären und Hunde gibt.

Um sich von der tollhäuslerischen Rhetorik der Hetzzettel zu überzeugen, nehme man den ersten besten zur Hand. Aber freilich, über eine solche Ware gehört ein solches Schild.

Ich weiß, daß ein großer Haufe großer Kinder laut weinen würde, wenn man ihnen das liebe Püppchen Hetze ganz nähme. Aber zwei Punkte zeige ich der Polizei ganz ernstlich zum Verbieten an, weil sie doch noch immer darüber wegsieht.

Man lasse keinen Vollstier mehr hetzen. Es geschieht dabei gewöhnlich ein Auftritt, der die Neugierde zusehender Kinder gefährlich reizen und jedem erwachsenen Paar gesitteter Leute das Blut ins Gesicht treiben muß. Es ist unbegreiflich, wie ein Frauenzimmer von Erziehung – Weib oder Mädchen – während dieses Auftrittes zusehen könne.

Man lasse von Wölfen und Bären nie andere Tiere auf dem offenem Hetzplatz zerreißen und auffressen. Ein solcher schon an sich selbst äußerst ekelhafter Anblick stumpft das Gefühl der Zuseher gänzlich ab und stimmt ihren Charakter zu grausamen Empfindungen.

Die ersten Tierhetzen in Wien dürften spanischer Herkunft gewesen sein. Nachdem schon in früheren Jahrhunderten den Wienern blutige Tierkämpfe vorgeführt worden waren, erfolgte 1735 die Verleihung eines Privilegiums an Anton Bibienna und Anton Corradin zur Errichtung eines Hetztheaters. 1710 findet sich bereits auf der „Haide" in der Leopoldstadt ein Hetztheater. 1735–1743 bestand eines auf der Landstraße. Im Jahre 1755 erhielt Karl Defraine ein Privileg auf ein derartiges Theater, das unter den Weißgerbern erbaut wurde und lange Jahre im Wiener Volksleben eine Rolle spielen sollte. Defraines großes hölzernes Amphitheater bei der heutigen Hetzgasse, dessen innerer Raum $22^1/_2$ Klafter im Durchschnitt maß, war so gebaut, daß im Parterre die Türen der Käfige mündeten, darüber erhoben sich drei Stockwerke zu 100 Zuschauerplätzen.

1766 wurde das Hetzprivileg auf 12 Jahre erneuert. Bald darauf starb jedoch Defraine, und am 12. Februar 1768 erhielt d'Afflissio das Privileg, der das Theater bis 1770 innehatte. Nach ihm erwarb die kaiserl. Theaterdirektion das Hetztheater und verpachtete es. Von 1782 an bis 1794 erscheint ein „Andr. Ulram, Wundarzt bei der ungar. Leibgarde" als Pächter, von 1794 bis 1796 Johann und Anton Duschl.

Als am 1. September 1796 das aus Holz gebaute Theater abbrannte, erlaubte Kaiser Franz den Aufbau nicht mehr, obschon Ulram und andere von sich aus einen Steinbau anboten. Das war das Ende aller Tierhetzen in Wien, über deren Beliebtheit eine große Menge an Literatur vorliegt. Friedrich Anton von Schönholz bemerkt in seinen „Traditionen zur Charakteristik Österreichs", der Volksglaube berichtete, Kaiser Joseph II. habe die Hetze „anstecken" lassen. Jedoch bestand sie noch bis in die Regierungszeit Kaiser Franz I. hinein, der sich jedoch ebenfalls kritisch über diese Institution geäußert hatte. „Neu erbaut soll die Hetze nicht mehr werden", entscheid er nach dem Brand, „sie bot immer für mich ein Schauspiel, das mich anwiderte und von dem ich nie begriff, wie meine Wiener es mit Vergnügen sehen konnten." Die letzten Reste des einstigen Hetztheaters verschwanden erst 1847, beim Bau des Hauptzollamtes. 1903 wurde anstelle des Theaters die Post- und Telegraphendirektion errichtet, in der der Dichter Josef Weinheber dann jahrelang lustlos den Dienst versah und dort auch seine künftige Frau kennenlernte.

Die Hetze wurde übrigens hauptsächlich vom Frühjahr bis zum Herbst an Sonn- und Feiertagen abgehalten, da das drei Stock hohe, aus Holz gebaute Gebäude kein Dach hatte, jedoch fanden auch an schönen Wintertagen zuweilen Vorstellungen statt. Bekannte Hetzmeister waren Johann Georg Beck, Hödel, Stadelmann und Frank, der 1768 von einem Bären zerrissen wurde. Die Hetzzettel, die oftmals sehr blutrünstig verfaßt waren und damit Pezzls obige Kritik hervorgerufen hatten, verzeichneten unter anderem die bekannten Wiener Schriftsteller Johann Rautenstrauch und Joachim Perinet als Autoren.

„Im k. k. priv. Hetz-Amphitheater unter den Weißgärbern wird Montag, den 6. May 1796 die k. k. neue Thier-Hetzpachtung vereinbart mit Herrn Johann Kolter englischer Kunstbereiter dreyfache große und merkwürdige Spectakel abhalten lassen, und zwar um ihre Uneigennützigkeit zu zeigen, ohne mindester Erhöhung der Preise", heißt es in einer solchen Werbeschrift, die dem Publikum uneigennützig verspricht: „Hochschätzbarster hoher Adel! verehrungswürdigstes Publikum! Die Abhaltung dieser dreyfachen so großen Spectakel, soll ein Beweis und eine Rechtfertigung für die k. k. neue Thier-Hetzpachtung seyn, daß nicht Eigennutz ihr Endzweck, sondern Sie bloß ihr einziges Ziel dahin führet, Sie Wertheste und Überausschätzbarste! nicht nur angenehm zu unterhalten, und durch manche Vorstellungen, wenn sie auch mit vielen größeren Unkosten verbunden sind, zu überraschen, sondern der Pachtung heißester Wunsch, rastloses Bestreben, größtes Glück, einzige bloße Absicht, besteht nur in dem Bewußtseyn, bis nun, Ihrer Güte, Ihres Beyfalls überzeugt gewesen zu seyn, diese, ja auch im mindesten nicht zu verscherzen, oder gar zu verlieren, sey der Pachtung einziges ferneres Bestreben, verbunden mit ihren bekannten tätigen Eifer, desselben immer würdiger, immer verdienstvoller zu werden."

Die solcherart angekündigte Veranstaltung begann um halb fünf Uhr nachmittags, bot eine doppelte Wolfsjagd mit mehreren Hunden, einen

Bären-, Stier- und Luchskampf und endete mit der Auseinandersetzung zwischen ungepanzerten Hunden und Menschen mit einem „außerordentlich großen Wildschwein", das von dem „menschenfreundlichsten, durchlauchigsten, regierenden Fürsten Aloys von Liechtenstein (Plenissimo Titulo) an die k. k. Thier-Hetzpachtung frey und unentgeldlich" überreicht worden war.

„Endlich hab ich auch einmahl ein Hetz gsehen: das ist was schoens, Herr Vetter! und das verdient schon allein, daß einer auf Wien reist", schreibt Josef Richter in seinen „Eipeldauer Briefen" 1794, um zu schließen: „Der Wiener Herr Vetter hat mir erzählt, daß schon recht brave Herrn wider d' Hez geschriebn habn weil's so ein wildes und grausams Spektakel waer, und weil's das Gemüth hart macht; aber das kann ich nicht glauben; denn es würden ja nicht so viel geistliche Herrn in d'Hez gehn, und noch dazu ihre Studenten hinein führen; d'Frauenzimmer haben ja auch weiche Herzen, und doch ist's Hezhaus auch voll Frauenzimmer."

Ein Kanon W. A. Mozarts nennt sich „Gemma in Proda, gemma ind Hetz …" und verweist damit auf deren Beliebtheit, und am Brillantengrund im heutigen siebenten Bezirk hatten die Söhne der Textilmanufakturenbesitzer ihre Hetz daran, daß sie Menschen mit Hunden vor sich hertrieben. Der „Übergang von der Tier- zur Menschenhetze", schreibt darüber der Schriftsteller Siegfried Weyr, bestand „in der Aufzucht echt bayerischer, auf den Mann dressierter Fanghunde, die auf einen Zungenschnalzer einen armen Teufel, einen Hausierer oder Rastelbinder, angingen, ihn am Kragen packten und zu Boden schleuderten, wofür der tödlich Erschreckte einen Silberzwanziger bekam …"
Auch andere Belustigungen werden von ihm genannt. So zwang einer aus der Jeunesse dorée jener Jahre „einen mühselig daherhumpelnden kranken Bettler, eine Zehnguldennote zu verschlucken, und schenkte ihm dann fünf Gulden. Einigen armen Teufeln ließ er den Bart auf einer Seite abnehmen und Lehrjungen den Kopf zur Hälfte kahl scheren."
Geblieben ist der Ausdruck „Hetz" im Wienerischen für ein ordentliches Vergnügen. „A Hetz muß sein", meint auch der Chronist der Wiener Geselligkeit Friedrich Schlögl und kontatiert: „Eine Hetze! Das Ideal irdischer Glückseligkeit nach dem Geschmacke des eingefleischten Wieners! Für eine gelungene ‚Hetze', eine lustige ‚Remasuri', einen Schabernack, den er Diesem oder Jenem spielen kann, würde er sein Theuerstes opfern."

Verspätete Gedächtnisstiftung

Mozart am St. Marxer Friedhof
3, Leberstraße 6–8

Hugo von Hofmannsthal, zu Lebzeiten den ästhetischen Lebens-
formen Wiens der Rokoko- und Barockzeit heftig zugetan, hätte sich
vermutlich einen anderen Straßenzug gewünscht als jenen, der ihm
schließlich vom Wiener Magistrat im dritten Bezirk ehrenhalber zuteil
wurde. Unweit von hier, neben Schnellbahntrasse und unter der Stadtau-
tobahnbrücke, nahe dem ausfransenden Saum des östlichen Stadtrandes
mit seinen aufstrebenden Gebrauchtwagenhändlern, weltabgewandten
Gemeindebauten, geschlossenen Gasthäusern und gründerzeitlichen In-
dustrieruinen, liegt der mit roten Backsteinmauern umschlossene, mit alten Kastanienbäumen und Fliederbüschen bestandene Ort des Todes und
der Vergänglichkeit und müht sich redlich, die ihn umgebenden Zeichen
der Moderne zu ignorieren. Hier gilt es noch immer, der Stimmung der
damaligen Zeit gemäß, die Natur als Zufluchtsstätte zu betrachten und ro-
mantisch zu verklären. Die Mentalität und Gesellschaft des Biedermeiers,
vor allem dessen dunkle Seite, wird an dieser Stätte wieder lebendig,
wenn auch lediglich metaphorisch.

Der Friedhof von St. Marx, 1783, nach Auflösung der Grabstätten
innerhalb des Linienwalls und gemäß den „Directivregeln zur Errichtung einiger Freythöfe außer den Linien", errichtet, blieb als einziger der
fünf damals von Joseph II. geforderten „communalen Leichenhöfe"
erhalten. Bis zur Eröffnung des Zentralfriedhofes 1784 erfüllte der von
St. Marx klaglos seine Funktion als letzte Ruhestätte vieler Persönlichkeiten des Vormärzes. Den Bemühungen des Lokalhistorikers Hans
Pemmer ist es zu verdanken, daß er im Jahre 1937 in eine Parkland-
schaft umgewandelt wurde und seinen Charakter eines Biedermeier-
friedhofes beibehalten konnte.

Das Hofdekret vom 23. August 1784 brachte auch für die neue Grabstätte von St. Marx eine Reihe von Vorschriften über den Vorgang der
Beerdigung mit sich. So ist ab nun die vollständig nackte Leiche in einen leinernen Sack einzunähen und wird in einer Truhe zu Grabe gebracht. Dort wird sie aus der Truhe herausgenommen, in die sechs
Schuh tiefe und vier Schuh breite Grube versenkt, wozu Särge mit auf-
klappbaren Boden benützt werden, wie man sie heute noch etwa im

Wiener Bestattungsmuseum bestaunen kann. Danach wird der Tote mit ungelöschtem Kalk bedeckt und die Grube geschlossen. Die Pfarre hatte dafür mehrere dieser zweckmäßigen Gerätschaften von verschiedener Größe bereitzustellen, die unentgeltlich ausgeliehen werden konnten. Gegen diese radikale Abänderung des Begräbniskultes im Sinne einer planmäßigen Rationalisierung des Todes durch den Aufklärer Joseph II. erhob sich nun ein wütender Proteststurm. Das Hofdekret vom 20. Jänner 1785 gibt auch resigniert zu, daß „die hierüber vorgefaßten Meinungen so stark und allgemein seien, daß sie die Gemüther vieler dero Unterthanen beunruhigen". „Da ich sehe und täglich erfahre", klagte der Kaiser darin, „daß die Begriffe der Lebendigen leider! noch so materiel sind, daß sie einen unendlichen Preis darauf setzen, daß ihre Körper nach dem Tode langsamer faulen und länger ein stinkendes Aas bleiben: so ist mir wenig daran gelegen, wie sich die Leute wollen begraben lassen." Es wird also, wie es in der aufklärerischen Ironie des Kaisers heißt, „zu obgedachter Beerdigungsart kein Mensch gezwungen, sondern einen jeden, was er für seinen todten Körper im Voraus für das Angenehmste hält, belassen".

Die seltsame Dialektik von gemeinsamem Glauben und Einzelbestattung, kollektiver Mentalität und individueller Grabstätte hat unterdessen bei vielen, die es sich leisten konnten, zum imaginären und einzigartig gestalteten Grabmuseum geführt, dessen soziale Botschaft zwei Arten des Nachlebens im Himmel wie auf Erden beinhaltete: lobpreisende Epitaphe der eigenen Persönlichkeit wie anonyme Massengräber für den Rest. Beide sind sie als Zeichen jener Epoche zahlreich auf dem St. Marxer Friedhof zu finden.

Auf dieser Grabstätte hat, wie Hans Pemmer in seinem Aufsatz beschreibt, der später zu einer Broschüre erweitert wurde und lange Jahre beim Totengräber gegen Trinkgeld erhältlich war, der inszenierte Überschwang des Barocken nicht stattgefunden, vielmehr war eine Rückkehr zur klassizistischen Einfachheit sowie später zu Formen der Romantik mit ihren unverzichtbaren neugotischen Spitzbögen zu beobachten. Ursprüngliches Vorbild der Grabgestaltung war neben dem römischen Grabaltar vor allem die griechische Stele, eine auf dem Grabe senkrecht stehende Steinplatte, und diese antikisierenden Grabstile wieder sind mit vielfältigen Symbolen ausgestattet: steinerne Schlangen mit dem Pfeil als Zeichen der Ewigkeit, Lichtsäulen, Schmetterlinge, Blumen- und Blattkränze mit Bändern, Palmzweigen und Sturzfackeln. Trauernde, an Urnen geschmiegte Figuren und Engel an abgebrochene Säulen gelehnt, geben Zeugnis ab von der Entwicklung des Grabes vom Empirestil zum Historismus hin, wobei die überwiegende Mehrheit der Grabsteinsymbolik weiterhin von der Schlichtheit des Biedermeiers beeinflußt bleibt.

„Unter den 6.000 Grabsteinen finden sich Hunderte, die Namen von Künstlern, Wissenschaftlern und sonstigen Persönlichkeiten tragen, Grabmäler, die dem Kundigen von Wiens reicher Vergangenheit, von erhebenden und traurigen Schicksalen erzählen", schreibt Hans Pemmer in seinen St. Marxer Friedhofsbuch weiter, auch wenn sich viele von den einstigen Bewohnern im Zuge der Aufwertung der neuen Begräbnisstätte in Simmering bald als Exhumierte in glanzvoll ausgestatteten historistischen Ehrengräbern des Zentralfriedhofes wiederfanden.

Zur Biedermeiergesellschaft zählten neben den zahlreichen Militärs, die hier ihre letzte Ruhe fanden, die frühen Millionäre, Industrielle, wie der Metallschraubenfabrikant Brevillier, der Lampenerzeuger Ditmar, der Bugholzmöbelhersteller Thonet oder der Glaserzeuger Lobmeyr; die romanisierte Gruftkapelle jener Familie Drasche, die ganz Neu-Wien mit ihren Ziegeln belieferte, wurde allerdings abgerissen, als sich an der Nordecke des Friedhofes als spätes Zeichen irdischer Gerechtigkeit die Autobahnbetonpfeiler des neuesten Wien breitmachten. Man entdeckt die Grabstätten der Architekten Kornhäusel und Nobile, die des Dombaumeisters Ernst mit seiner eigenartigen Rundbogennische, die der Maler Daffinger und Fendi, des Komponisten Josef Strauß, der des gefeierten Johanns Bruder war, von Beethovens Lehrer Albrechtsberger und von Johann Gänsbacher sowie der Literaten Feuchtersleben und Andrian-Werburg. Die Gebeine des Bildhauers Raffael Donner waren bereits nach Auflassung des Nikolaifriedhofes auf der Landstraße mit Hunderten anderen hierhergelangt. Raimunds erste Darstellerin der „Jugend", Therese Krones, wurde an dieser Stelle ebenso bestattet wie der berühmte Komiker Anton Hasenhut oder der Komponist Anton Diabelli. Eine schlichte Grabplatte erinnert an die Weltreisende Ida Pfeiffer, und ein vom Kulturamt 1947 errichteter Gedenkstein weist auf den „k. k. Kunst- und Schulbereiter" Christoph de Bach hin, dessen Zirkusgebäude im Prater von Kornhäusel errichtet worden war. Unweit von ihm liegt jener Basilio Calafati, der 1840 im Prater sein Eisenbahnkarussell eröffnete, in dessen Mitte sich die Figur des berühmten Chinesen befand. Staatsmann Philipp Graf Cobenzl wurde ebenso auf dem St. Marxer Friedhof bestattet, wie vorübergehend der serbische Fürst Alexander Karageorgewitsch und der griechische Freiheitsheld Fürst Alexander Ypsilanti. Zwischen den beiden Fürstengräbern breitet sich die Abteilung

der nicht-unierten Griechen aus, unter ihren zahlreichen, zumeist zwei-
sprachigen Grabmonumenten erblickt man etwa das des Präsidenten der
Akademie der Wissenschaften, Theodor Georg Karajan, und daneben das
des serbischen Sprachgelehrten Wuk Stephanowitsch Karadschitsch.
Damit wäre allerdings unsere josephinische und biedermeierliche To-
tenwelt nicht vollständig. Gedacht werden muß auch all derer, die sich
noch am Grabstein bescheiden als „k. k. Obersthofmeisteramt-Expeditor
und Ceremonien-Protokollführer, dann königlich böhmischer Herold"
titulieren ließen, oder aus kaum verhehltem Bürgerstolz, dessen letzter
Besitz die Ehre ist, sich als „Schmalzfabrikant aus Hütteldorf", „bürgerlicher Vorstadttandler" oder „jubilierter Kassier der k. k. Hauptkassen"
beerdigen ließen. Josef Summer, „gewes. Germverschleißer", liegt hier begraben wie Johann Franta, „bürgl. Kanalräumer", einige „bürgl. Dachdecker", „bürgl. Hopfeneinkäufer" sowie „bürgl. Kaffee- und Gasthaus-
besitzer" sind vertreten, und auch die „bürgl. Wirtschaftsbesitzers-Gattin"
fehlt nicht in mehrfacher Ausführung. Die einstige „bürgl. Kaffeehaus-In-
haberstochter" zehrt immer noch vom Ansehen und Ruf des Vaters, nicht
zu vergessen alle jene zahlreich vertretenen Ehegefährtinnen, die nach
wie vor vom Titel des einst Angetrauten leben. „Immer, wenn ich das hör:
Frau Kanzleiobersekretär – dann muß ich an sein Grab denken", sagt
Valerie zu Alfred in Ödön von Horváths „Geschichten aus dem Wiener
Wald". Wenn er morgen beim Pferderennen gewinnt, verspricht Alfred,
„dann lassen wir sein Grab mal gründlich herrichten". Stets „Unvergeß-
lich" bleiben auf den Gräbern zu St. Marx die „teure Gattin", der „gü-
tigste Vater", die „unschuldigen Kinder", und immer wieder stoßen wir
auf jene, die sich schlicht „Bürger und Hausbesitzer" nennen.

Doch die wenigen Fremden, die an diesem Sonntag bei frühsommerli-
chem Wetter, weitab von jeglicher touristischer Attraktion (von einem
geöffneten Gasthaus ganz zu schweigen), zielstrebig auf den Friedhofs-
wegen umherwandern, sind lediglich wegen des einen Toten hergekom-
men, von dem man mit letzter Sicherheit bis heute nicht sagen kann, wo
er denn eigentlich hier begraben liegt.
    Über Wolfgang Amadeus Mozarts letzte Stunden hat seine Schwäge-
rin Sophie Haibl berichtet. Demnach habe sich sein Befinden Anfang
Dezember 1791 deutlich verschlechtert. Er fühlte sein Ende nahen und
meinte, als man ihn zu beschwichtigen versuchte, er habe ja schon den
Totengeschmack auf der Zunge. Constanze Mozart ließ einen Geistlichen
holen, der sich jedoch erst lange weigerte, die Sterbesakramente zu er-
teilen, da der Komponist unwirsch auf das Erscheinen des Priesters rea-

Einladung zur Melancholie: Mozarts mutmaßliche Grabstätte am Friedhof von St. Marx

giert hatte. Man suchte den Arzt, fand ihn im Theater, doch wollte dieser das Ende des Stücks abwarten. Der Kranke fiel nach Eintreffen des Mediziners in Bewußtlosigkeit, aus der er nicht mehr erwachte.

Am 5. Dezember 1791, in den Morgenstunden, ist er dann, fünfunddreißig Jahre alt, im sogenannten kleinen Kayserhaus in der innerstädtischen Rauhensteingasse 8 gestorben. Am darauffolgenden Tag fand seine Bestattung auf dem Friedhof von St. Marx statt. Constanze wohnte dem Begräbnis nicht bei, weil sie, wie sie sich später zu rechtfertigen versuchte, vor Schmerzen krank geworden sei und obendrein stenger Winter geherrscht habe. Daß es geregnet und geschneit hätte, ja ein fürchterlicher Schneesturm losgebrochen sei, wie es die Überlieferung glaubhaft machen möchte, stimmt freilich nicht; am 6. Dezember 1791 fiel den amtlichen Berichten zufolge kein Niederschlag und es herrschte Windstille.

Auf Veranlassung des Komponisten und Hofbibliotheks-Präfekten Gottfried van Swieten wurde ein Begräbnis dritter Klasse vereinbart. Mozarts sterbliche Überreste kamen somit in ein „Allgemeines einfaches Grab", ein josephinisches Schachtgrab, das bis zu zwanzig Leichen aufnahm und an dem kein Eigentumsrecht bestand, sodaß es nach Ablauf von zehn Jahren wiederbelegt werden konnte. Was die Kennzeichnung des Grabes anlangte, verließ sich Constanze ganz aufs Pfarramt, „ich war daher der Meinung, die Pfarre, wo die Einsegnung stattfindet, besorge auch selbst die Kreuze", erklärte sie noch 1832. Erst als 1799 Wielands „Neuer Teutscher Merkur" den Brief eines englischen Reisenden, der vergeblich die Grabstelle gesucht hatte, vorwurfsvoll zitierte, wird die Frage nach Mozarts Grab wieder aktuell, und als 1808 in den „Vaterländischen Blättern für den österreichischen Kaiserstaat" der Vorwurf wiederholt wird, bequemte sich Constanze Mozart, siebzehn Jahre nach dem Tod des tiefbetrauerten Ehemannes, zu einem ersten Besuch des Friedhofes. Gemeinsam mit dem sächsischen Legationsrat Georg August von Griesinger, der darüber Franz Gräffer berichtet, „daß die Gräber von dem gedachten Jahre bereits wieder umgegraben worden wären, und daß man die zum Vorschein kommenden Gebeine nicht aufzuhäufen, sondern wieder in die Erde einzuscharren pflege". Auch erinnerte er sich bei dieser Gelegenheit an eine Äußerung der Witwe, daß, wenn es der Brauch wäre, die Gebeine der verwesten Leichname aufzustellen, „sie den Schädel ihres Mannes aus Tausenden wiedererkennen würde". Aus einem anderen Bericht Griesingers erfahren wir: „Mozarts Hülle wurde auf dem Todtenacker vor der St. Marxer-Linie begraben, aber die Stelle ist, leider! nicht anzugeben. Mozart starb am 5. Dec. 1791, und die Leichnahme wurden damahls nach der Angabe des Todtengräbers in der dritten und vierten Reihe vom Kreuze an gerechnet, welches auf dem St. Marxer Kirchhofe stehet, begraben. Der Fleck, auf welchem Mozarts Körper verwest ist, kann jetzt nach siebzehn Jahren nicht mehr bestimmt werden, weil die Gräber periodisch umgegraben werden." Constanze regte später an, daß die Wiener, sollten sie Mozart gedenken wollen, dies durch ein Denkmal irgendwo auf dem Friedhof tun könnten. Es ist nicht auszuschließen, daß ihr Wunsch in Erfüllung ging.

Ein neuerlicher Versuch, die Grabstätte ausfindig zu machen, wurde 1829 unternommen. 1847, im Jahr des Abbruchs von Mozarts Sterbehaus, wird die Grabesfrage erneut aktuell. Im Jahr 1855 ordnete Wiens Bürgermeister Johann Kaspar Seiller eine magistratische Untersuchung an, um die Grabstätte Mozarts endgültig festzustellen. Als Informant hatte sich zuvor der Totengräber Johann Radschopf angeboten, der erklärte, daß er einst von der Witwe eines Musikus einen von ihrem Mann stammenden Zettel übergeben bekommen habe, wonach sich Mozarts Grab „auf der linken Seite des Eingangs vom Kreuze an gezählt in der sechsten Gräberreihe befinde, und dasselbe das achte Grab sei". Den Zettel hätte er damals zum Musikverein getragen, sei jedoch dort nicht besonders entgegenkommend behandelt worden. Die bevorstehenden Centenarfeiern von 1856 wieder hatten zahlreiche Mozart-Verehrer veranlaßt, jene amtliche Untersuchung beim Bürgermeister zu beantragen, vom Wunsch getragen, Mozart, und damit sich selbst, ein Denkmal an der Grabstelle zu setzen.

Dort, an der noch immer nicht näher bekannten Stelle, wurde vier Jahre später ein vom Bildhauer Hans Gasser geschaffenes Denkmal errichtet. Als man dieses jedoch auf den Zentralfriedhof überführte, wo es seither als Kenotaph, als leeres Grabmal zur Erinnerung an einen Toten, der an anderer Stelle begraben ist, inmitten der Musikerabteilung steht, wäre Mozarts vermutetes Schachtgrab erneut in Vergessenheit geraten. Hätte nicht ein Friedhofswärter für ein Denkmal gesorgt, das, zusammengefügt aus umliegenden biedermeierlichen Grabsteinteilen, einen trauernden Genius mit Sturzfackel neben einer abgebrochenen Säule darstellt und sich noch heute, von einem Blumenbeet umgeben, an der vermuteten Stelle befindet.

Irgendwo auf dieser kleinen Lichtung, inmitten des angenommenen Schachtgräberfeldes, liegt er wohl tatsächlich begraben, eingeholt und umringt von all jenen bürgl. Hausherren und Wohnungsinhabern, vor denen er sich sein kurzes Leben lang wegen unbezahlter Mietzinsrechnungen auf ständiger Flucht befunden hatte.

Physiognomische Grimassen

Das Rätsel F. X. Messerschmidt
3, Ungargasse 5

N achdem er an der Akademie eine Anstellung erhalten hatte, erwarb Franz Xaver Messerschmidt ein Haus in der damaligen Vorstadt Landstraße, in der Ungargasse 5, in dessen hinteren Räumen er auch ein Atelier einrichtete. Hier wird Ludwig van Beethoven 1823 auf 1824 seine 9. Symphonie vollenden, 41 Jahre nach dem Tod des Bildhauers, dessen rätselhafte Werke unterdessen verstreut in verschiedenen Sammlungen aufbewahrt werden und noch immer viele Fragen aufwerfen.

Kurz nach dem Einzug in die Ungargasse hatten sich bei Messerschmidt seelische Störungen bemerkbar gemacht, ab dieser Zeit und bis zu seinem Tod 1783 soll er in Wien und dann in München und Preßburg vor allem an seinen berühmt gewordenen insgesamt 49 erhaltenen Charakterköpfen gearbeitet haben, die mit ihren grotesk verzerrten Gesichtszügen bereits manche seiner Zeitgenossen tief beunruhigt hatten. Wir wissen wenig über Leben und Wirken dieses eigenbrötlerischen Künstlers, zudem hatte Messerschmidts Außenseiternatur vor allem in späteren Jahren die Anerkennung seiner Werke selbst oftmals verhindert. Bekannt ist allerdings, daß er nach Ausbruch seiner Krankheit die Stellung an der Akademie und die Aufträge des Hofes verliert, was seinen Sonderlingsstatus durchaus erklären könnte. „Ich glaube aber nicht, daß der Mann im Gehirn schon wieder vollkommen geheilt sey", schreibt Fürst Kaunitz an Maria Theresia. Eine „zweydeutige Gesundheit" als „Folge des Elendes", nennt der Berater der Kaiserin in seinem Schreiben den Zustand Messerschmidts und rät ab, „einen Mann für die Akademische Jugend zum Lehrer vorzuschlagen, der von derselben bey jeder Veranlaßung den Vorwurf eines einmal verrückten, und noch nicht ganz heitern Kopfes zu leiden hätte".

Den „Hogarth der Plastik" hat ihn Franz Gräffer tituliert und war über seine Charakterköpfe voll des Lobes. Nach Angaben des Chronisten sollen sie nach dem Tod ihres Schöpfers mehrfach verpfändet worden und in den Besitz des Großhändlers Joël Baruch gelangt sein. 1793 findet eine erste Ausstellung der Kopfserie im Bürgerspital statt, wo diese auch eine erste Zuordnung und Benennung erhält. Anläßlich der Ausstellung ersucht ein Aufruf in der „Wiener Zeitung" etwas ratlos:

148

„Wenn Kenner in der Gesichtsbildung vorstehende Büsten erforschen, welche die dargestellten Leidenschaften noch vollständiger erhellen und aufklären, und ihre begründeten Bemerkungen postfrey schriftlich einschicken, so werden sie den Eigentümer dieser Sammlung zu vielem Dank verpflichten …" 1812 werden nach Barbara Bücherls Bericht in der Schaubühne des Baron Dubsky Wachsabgüsse der Köpfe, bemalt und als „sprechende Bilder" im Prater gegen Eintrittsgeld präsentiert.

„Die herumschlendernden Praterleute gingen hin", schreibt Gräffer über diese Darbietung, „zahlten ihre paar Kreuzer, und schauten selber gähnend an den Gähner, den Nieser, den Speienden, den Schafskopf, den zornigen Zigeuner, den Erhängten, den Verstopften, den Erzbösewicht (nicht bloß Bösewicht aus Erz), den Schalksnarren, und derlei drastische Naturen und Expressionen; an den übrigen lag ihnen wohl nicht viel."

Der Besitzer des „Allgemeinen Anfrage und Auskunftsbureaus", Joseph Jüttner, hatte sich schließlich der Büsten erbarmt, sie erworben und 1835 im Saal zur Mehlgrube öffentlich ausgestellt. Die meisten der erhalten gebliebenen Charakterköpfe befinden sich heute in der Slowakischen Nationalgalerie.

Die Interpretation von Messerschmidts „physiognomischen Studien" hält bis heute an und wurde auch von den Schriften des Psychoanalytikers Ernst Kris mitbestimmt. Man kann sie als medizinisch-anatomische Studien ebenso auffassen wie als solche der Mimik, der Leidenschaften, des Charakters, der Karikatur, wie etwa Gräffers Vergleich andeutet, oder im Sinne der damals neuen Lehre der Physiognomik des Schweizers Johann Caspar Lavater. „Wenn man sich ein wenig umsieht", reagierte auf letzteren bissig Georg Christoph Lichtenberg, „so wird man finden, es fehlt dem Physiognomen in dieser Art zu schließen nicht an Gesellschaft, die ihm auf alle Art Ehre macht."

Tatsächlich stellen Messerschmidts Grimassen zur Endzeit des barocken Portraits ein neues Bild vom Menschen dar, wenn auch kein erbauliches. „Man hat auch den Eindruck", bemerkt Barbara Bücherl, „ein Spötter und Verhöhner schneidet hier einem unsichtbaren Publikum Grimassen und Fratzen, karikiert das Verhalten der Menschen und ihre Konventionen. Betrachtet man seine Situation – die Stellungs- und Auftragslosigkeit und die Verfemung nach seiner Krankheit –, so hatte er wohl allen Grund dazu. Sein eigenes spöttisches Gemüt könnte so das Fundament des grotesk-komischen Charakters sein, der diese Kopfserie auszeichnet."

„In den Köpfen spielen Dämonen", bemerkte Nikolaus Lenau einmal zu den Darstellungen des Franz Xaver Messerschmidt, „es muß etwas in diesem Bildhauer gewesen sein, das ihn leicht zum Narren hätte werden lassen, glücklicherweise lagerte es sich als Kunst in ihm ab." Messerschmidt, der sich mit seinen „metaphysischen Grimassen" möglicherweise selbst heilen konnte, starb, nach allem, was wir von ihm wissen, bei vollem Bewußtsein, Lenau im trüben Dunkel am Ende einer langjährigen, verzehrenden Geisteskrankheit.

Kopfjägerei in Wien

Franz Joseph Galls „Schedellehre" und ihre Folgen
3, Ungargasse 71

„G**all, der Schädellehrer war** stark gebaut, knochig, mehr groß als klein. Eine Glatze hatte er immer. Sein Gang war langsam, die Arme schlendernd. Das Haupt sehr stark vorgebogen; der Blick abwärts; ewig sinnend, denkend", beschreibt ihn Franz Gräffer. Mit seiner „massiv gebauten Frau" lebte er in einem kleinen Haus in der Ungargasse, das ihm, wie aus dem Briefwechsel hervorgeht, „sehr am Herzen" lag. Auf „Rennweg Nr. 313", schreibt Gräffer irrtümlich, sei das Haus gelegen, doch handelt es sich nach Karl Ziak um jenes in der Ungargasse 71. Das sogenannte

„Eine Glatze hatte er immer":
Franz Joseph Gall, der Entdecker der
Phrenologie

Kamperhaus mit dem Hausschild „Maria Zuflucht" mußte schließlich 1886 dem dreitraktigen Habsburgerhof weichen.

Weniger als seinem Haus zugetan war Gall allerdings jener Katharina Gall, geborene Heißler, die er als Student in Straßburg geheiratet hatte. Noch 1819 schreibt er aus Paris über sie, die in Wien zurückgeblieben war, daß sie unwirtschaftlich wäre, einen habsüchtigen Charakter hätte, und „alle Tage wurden meine Beinkleider von ihr geplündert … ich weiß und fühle es noch, wie sehr mir das Weib das Leben verbittert hatte". Eine psychologische Charakteristik aus berufenem Munde.

Der 1758 geborene, später berühmte Arzt Franz Joseph Gall, Begründer der Phrenologie, hatte versucht, mit Schädelmessungen seelische Vorgänge in bestimmten Teilen des Gehirns zu lokalisieren. In seinem Haus in der Ungargasse wie auch im Narrenturm, in Gefängnissen und Schulen ließ er sich Menschen mit besonderen Eigenschaften vorführen, schildert Wolfgang Krauss. Für ungezwungene Stimmung seiner

Probanden sorgte er in der Ungargasse oft, indem er Wein und Bier verteilen ließ.

Viel verehrt und angefeindet, verließ er nach 1803 Wien. „Doktor Gall hat eben einen Kabinettsbefehl erhalten, sich es nicht mehr beigehen zu lassen, den Leuten gleich am Schädel anzusehen, was sie darin haben. Die Ursache soll sein, weil diese Wissenschaft auf Materialismus führe …“, notiert Johann Gottfried Seume in seiner Reisebeschreibung „Spaziergang nach Syrakus“ im Jahre 1802. Das Vorlesungsverbot des Kaisers Franz enthielt zudem folgende Zeilen: „Da ich über diese Kopflehre, von welcher mit Enthusiasmus gesprochen wird, vielleicht manche ihren eigenen Kopf verlieren dürften, mithin gegen Moral und Religion zu streiten scheint, so werden Sie diese Vorlesungen allsogleich verbieten lassen.“ In Paris fand er ab 1807 dann gebührende Anerkennung, und als er 1828 dort stirbt, wird seine umfangreiche Sammlung dem Musée de l'Homme einverleibt. Seine Wiener Sammlung gelangte über Vermittlung von Galls und Schillers Jugendfreund Andreas Streicher 1825 in den Besitz des Badner Arztes und Naturforschers Anton Rollett und ist heute im Archiv der Stadtgemeinde zu besichtigen. Gall bestand übrigens darauf, daß nach seinem Tode sein Schädel in die Sammlung aufgenommen werde. Sein Wunsch ging in Erfüllung.

Die Gallsche Schädellehre war bald Gegenstand heftiger Auseinandersetzungen unter den gelehrten Zeitgenossen geworden. Hegel beschäftigt sich in seiner „Phänomenologie des Geistes“, erschienen 1807, mit der Gallschen Phrenologie, und auch Friedrich Albert Langes „Geschichte des Materialismus“ widmet noch 1866 Gall zahlreiche Seiten. Seine Lehre gelangte schließlich nach England, wo sie unter Darwin-Schülern ebenfalls heftig diskutiert wurde.

Uns beschäftigt allerdings die Rezeption der Schädellehre in Wien, wo sie bald, wen wundert's, wundersame Blüten trieb und die Worte des Kaisers zu bestätigen schienen. Daß dabei „manche ihren Kopf verlieren dürften“, erwies sich bald als nur allzu wahr. Diese „Schedelsammlung“ war Ausgangspunkt zahlreicher, nicht ganz unbegründeter Gerüchte und Befürchtungen. Tatsächlich war seit 1796 die „Kopfjägerei“ in Wien ausgebrochen, und ein Zeitgenosse klagt: „… nun ist kein merkwürdiger Kopf, auch in der Toten-Ruhe, vorm Ausgraben mehr sicher, und so mancher Lebende muß sich abformen lassen, um dies Museum jetzt schon vermehren zu helfen.“ Ein anderer berichtet 1802: „Ein jeder ist in Wien besorgt und in großer Angst, daß sein Kopf in Galls Sammlung kommen könnte.“

Als Beethoven und Schubert vom aufgelassenen Währinger Orts-

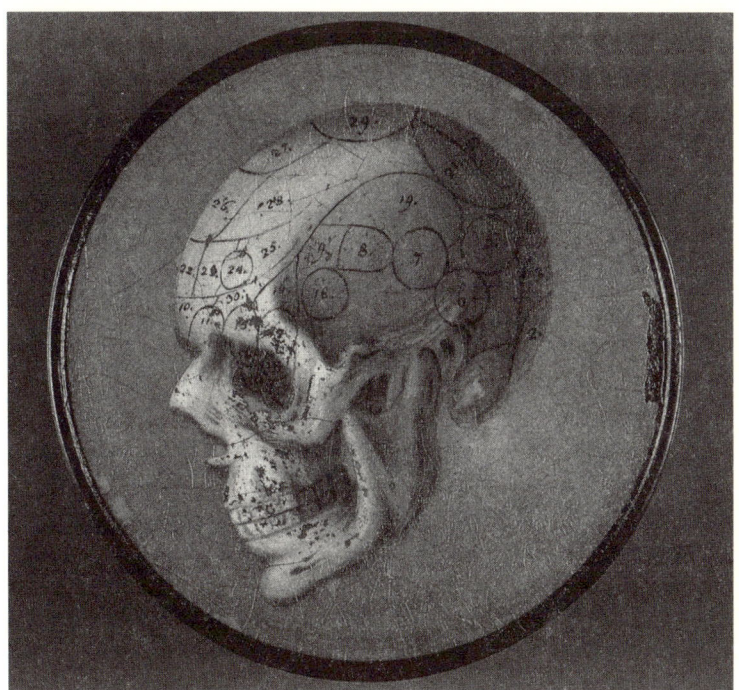

Galls System: Die Lokalisierung seelischer Vorgänge in bestimmten Teilen des Gehirns

friedhof auf den Zentralfriedhof überführt wurden, entdeckte man bei der Exhumierung, daß Beethovens Kopf von dem Prosektor Dr. Wagner zersägt worden war, während man beim romantischen Schubert noch Reste eines künstlichen Blumenkranzes im Haar fand. Der vom berühmten Anatomen Joseph Hyrtl identifizierte Schädel Mozarts befindet sich heute im Besitz des Salzburger Mozarteums, und auch Haydns Haupt entging nicht dem Sammeleifer der großen Schar patriotischer Phrenologen.

Am 4. Juni 1809, drei Tage nach dem Begräbnis, entwendeten der Leiter des k. k. Provinzialstrafhauses und spätere Erfinder eines „Rettungs-Weckers" für Scheintote, Johann Nepomuk Peter, und der Sekretär Josef Karl Rosenbaum in Begleitung zweier Magistratsbeamter und des Totengräbers nächtens den Schädel Haydns vom Hundsturmer Friedhof, dem nachmaligen Haydn-Park, damit nicht bei einer Grabauflösung, wie sie später angaben, „Halbmenschen, Afterphilosophen oder lose Buben damit Gespött trieben". Peter und Rosenbaum waren emsige Anhänger der Gallschen Schädellehre, und letzterer wollte die nationale Reliquie in einem Mausoleum in seinem Garten aufstellen. Als sich bei der Graböffnung 1820 im Zuge der geplanten Überführung der Leiche Haydns nach Eisenstadt das Fehlen des Kopfes des Komponisten unliebsam bemerkbar machte, sandte Rosenbaum aus seiner offenbar umfangreichen Sammlung zuerst einen Jünglingskopf, den er dann hastig durch einen altersmäßig passenden ersetzte. 1852 gelangte der Kopf Haydns nach einigen Irrwegen in den Besitz des Anatomen Rokitansky und durch dessen Erben 1895 zur „unwiderruflichen und immerwährenden Aufbewahrung" an die Gesellschaft der Musikfreunde, die sich dann lange weigerte, den Schädel dem Mausoleum in der Eisenstädter Bergkirche zur Verfügung zu stellen. Erst am 5. Juni 1954, hundertfünfundvierzig Jahre und einen Tag nach dem Begräbnis des Komponisten, erfolgte schließlich die Überführung des Kopfes nach Eisenstadt, wo er unter den Klängen der Kaiserhymne mit den übrigen sterblichen Überresten endlich vereinigt wurde.

Bald nach Raimunds Begräbnis verbreitete sich die Kunde, daß zwar sein Leichnam, aber nicht sein Schädel beigesetzt worden sei. Ein Schicksal, das der Volksdichter bekanntlich mit dem Schöpfer der Volkshymne gemein hatte. Die Sache erregte großes Aufsehen, man erzählte, daß der behandelnde k. k. Landgerichtsarzt Anton Rollett aus Baden, der amtlich die Leiche am 6. September 1836 obduzierte, sich die Schädeldecke für sein phrenologisches Museum angeeignet hatte. Rollett, der Erbe der Gallschen Wiener Schädelsammlung, formte Raimunds Kopf in Gips ab und befand: „das Organ der Einbildung, der Nachahmung, der Vergleichung, der Ursächlichkeit, Liebe zu Ereignissen, Beständigkeit, Billigung und Hoffnung mehr oder weniger entwickelt. Es war daraus zu sehen, daß Raimund ein geborener Dichter und Schauspieler war." Die Eingeweide wieder ergaben ein normales Bild mit Ausnahme einer unnatürlich vergrößerten Leber und einer kleinen Milz, beide machte Rollett in seinem Obduktionsbefund dafür verantwortlich, daß durch sie Raimunds „Anlage zur Melancholie bei seiner so mächtigen Gemütsbewegung und Einwirkung leicht Verrücktheit hervorbringen konnte", woraus er schloß, „daß sich der unglückliche Herr Ferdinand Raimund in einem Anfalle von Verrücktheit erschossen habe". Als sich Rollett interessiert dem Schädel zuwendet, bemerkt er, daß der Schuß die beiden Oberkieferbeine, das Pflugscharbein und die Nasenmuscheln sowie einen großen Teil des Sieb- und Keilbeins zertrümmert hat. Was Rollett nicht in seinem Obduktionsbericht vermerkt: Anschließend sägt er dem bereits verwesten Leichnam die Schädeldecke ab, um sie seiner reichhaltigen Sammlung beizufügen.

Während Raimunds Körper in der Totenkammer von Pottenstein liegt, Rollett seine Spesenrechnung für Visiten, Obduktion und Fahrtkosten fertigstellt und man Sägespäne und Chlorkalk mehrmals täglich über die Leiche streut, beginnt nunmehr ein von allen Seiten hitzig geführter Kampf um des Dichters Cranium.

Nach Ludwig August Frankls Erinnerungen wurde am 13. September 1836 August Rollett von der Behörde aufgefordert, den Schädel abzuliefern, soll diesen jedoch mit wahrem Sammlergeist, ebenso wie zuvor Kollege Rosenbaum, durch einen anderen ersetzt haben. Bereits am 8. September, also am Tag des Begräbnisses, kommen dann zwei Herren, Ignaz Wagner, Bruder der mit Raimund befreundeten Antonia Wagner, sowie ein als Doktor Schilling vorgestellter Mann, zu ihm und fordern recht grob, bei Androhung einer Klage, die Rückgabe der Schädeldecke. Auch wiederholte Aufforderung des k. k. Kreisamtes durch „nöthigenfalls sogar zwangsweise(n) Verhaltung des Anton Rollett, zur Rückstellung des fraglichen Objectes klaglos zu stellen und sich binnen drei Tagen hierüber auszuweisen" helfen da wenig. Rollett zerbricht sich darüber nicht lange den Kopf, am 19. September nimmt nun seinerseits der bürgerliche Wundarzt und eifrige phrenologische Sammler Anton Rollett Stellung, da er die gegebene Klage „verleumderisch, falsch und höchst beleidigend" befindet, und gibt anschließend seine Version zu Protokoll.

Auf „die amtliche Aufforderung des Herrn Landesgerichts-Verwalters fuhr ich mit ihm zur Obduction, welche ich persönlich mit meinen eigenen Instrumenten an dem Selbstmörder Ferdinand Raimund landesgerichtlich machte, die Notaten dictirte und den Obductionsbericht schrieb, dann selben dem Landgerichte einreichte. Auch ist es nicht wahr, daß ich mir das Schädelgewölbe heimlicher Weise zueignete, wie der verleumderische Kläger sich ausdrückt, sondern nach gepflogener Section nahm ich die abgeschnittene Schädeldecke (aus den drei oberen Schädelknochen bestehend), reinigte selbe, legte sie auf den Tisch, ersuchte Herrn Wirth um ein Packpapier, machte sie ein mit dem Bedeuten, selbe mit mir zu nehmen, weil selbe rücksichtlich der Verletzung und anderer pathologischer und phrenologischer Erscheinungen von vielem Interesse waren – daher ich selbe zur genauen Beschreibung des Obductionsberichtes und für meine Präparatensammlung mitnahm, welches ich nicht heimlich, sondern vollkommen öffentlich that, wie selbst das vom Kläger beigelegte Zeugniß vom Wundarzte Kaibel und vom Krankenwärter beweiset. Alle bei der Section noch Anwesenden haben es sehen und hören können. Es ist mir um so weniger eingefallen, so etwas heimlich zu thun, da ich durch 36 Jahre, als ich landgerichtliches Beschauen und Obductionen verrichtete, immerhin alle vollkommenen wissenschaftlich interessanten, abnormen oder pathologischen Gebilde ohne allen Anstand zur Aufbewahrung mit mir nahm; umsoweniger könnte mir eingefallen sein, in diesem Falle eines landgerichtlich obducirten Selbstmörders als Obductionsarzt den geringsten Anstand zu finden, um dieses für meine Präparatensammlung interessante pathologisch-phrenologische Knochenstück nicht mitzunehmen. Da ich auch keine Verordnung kenne, welche dieses dem Obductionsarzte verbietet (im Gegentheile ich im allgemeinen Krankenhause zu Wien nie gehört, daß die Angehörigen der Verstorbenen, von deren Leichen Präparate genommen werden, um Erlaubniß dazu gefragt werden), um so viel weniger war bei diesem Selbstmörder Jemand darum zu fragen, da weder Gattin, Eltern, Kinder, Brüder oder Schwestern, noch ein anderer bekannter Erbe wissentlich da war, alle Anwesenden waren für mich und das Landgericht Fremde, die Meisten mir unbekannte Leute. Daß ich denen in der Klage beschriebenen zwei Herren, dem Doctoranden (nicht Doctor) Schilling und Herrn Ignaz Wagner, die mir Beide fremd und unbekannt waren, auf ihr mündliches, sehr grobes und beleidigendes Auffordern am 8. Morgens die Knochendecke nicht gab, war natürlich, weil ich erstens laut erst bemerkten Angaben Recht zu haben glaubte, diese zu behalten, und zweitens mir unbekannten, besonders groben und lügenhaften Leuten nie aus Gefälligkeit etwas geben werde."

Rollett beruft sich auf das Gewohnheitsrecht, wird aber der Sache dann bald überdrüssig. Er stellt Raimunds Schädeldecke dem k. k. Kreisamt zur Verfügung, das seinerseits wieder beschließt, die umstrittene Schädeldecke dem Pathologischen Museum des Allgemeinen Krankenhauses in Wien zu überlassen, was wieder dem Badener Wundarzt, der zuvor vom umstrittenen Objekt einen „reinen Gypsabguß" genommen hatte, wenig zustatten kommt. Noch einmal weist er am 17. Oktober 1836 in seinem Schreiben an das k. k. Kreisamt Viertel unter dem Wienerwald auf die ungesetzliche Entscheidung wie auch auf die Bedeutung seiner Sammlung hin und sieht die Schädeldecke des Dichters auch nicht recht im Pathologischen Museum beheimatet: „Da das allgemeine Krankenhaus nur ein rein pathologisches Museum besitzt, so ist selbe für diese Sammlung unter allem Werth, und ich würde es nie wagen, etwas für diese Sammlung so wenig Werthvolles hinzugeben. Allein für mich, da ich eine bedeutende phrenologische Sammlung besitze, ist diese Schädeldecke von hohem Werthe, ohngefähr wie ein Thaler dem Kaufmann und ein Bracteat dem Numismatiker. Nun habe ich diese interessante Schädeldecke für mein Museum getreu abgegossen und sende selbe gezwungen im Originale dem löblichen Kreisamte mit der Bitte ein, wenn, wie ich es ganz gewiß glaube, die Direction des allgemeinen Krankenhauses diese fragliche Schädeldecke nicht werth findet, in ihr Museum aufzunehmen, mir selbe als mein Eigenthum für meine phrenologische Sammlung wieder gütigst zurück zu geben."

Die Schädeldecke wurde jedoch, wie vom Kreisamt beabsichtigt, keinem öffentlichen Institut übergeben. Antonia Wagner, Raimunds alleinige Erbin, behielt die ihr heilige Reliquie ebenso wie den verborgenen Nachlaß des Dichters, und in fortgesetzter Sorge, beide könnten ihr abgefordert werden oder verlorengehen, barg sie die Schädeldecke nach Aussage Ludwig August Frankls im Strohsack ihres Bettes. Sie selbst überlebt Ferdinand Raimund um 43 Jahre und findet, getrennt von ihrem Geliebten, auf dem Zentralfriedhof ihre letzte Ruhestätte. Nach ihrem Ableben bemühen sich die Raimundforscher Karl Glossy und August Sauer bei den Schwestern Antonia Wagners um den Nachlaß des Dichters und müssen dabei erfahren, daß ein großer Teil von diesem als Altpapier verkauft, beziehungsweise verbrannt worden war. Einzelne Papiere des Dichters, in denen Wurst eingewickelt war, konnten für die Nachwelt gerettet werden.

Einige Briefe, deren Wert nunmehr von der Verwandtschaft entdeckt wurde, kauft Karl Glossy und erwirbt ebenso Raimunds Schädeldecke, die er seiner Tochter, der Burgschauspielerin Blanka Glossy, hinterläßt, die sie wieder ihrem Gatten, dem Laryngologen Dr. Schwarz, vererbt, dessen zweite Frau schließlich im Jänner 1969 Raimunds unbestatteten Überrest dem Historischen Museum der Stadt Wien überläßt. Die lange verzögerte Vereinigung von Raimunds Körper mit seiner Hirnschale findet dann am 6. September 1969 in einer von der Raimund-Gesellschaft veranstalteten Feier unter den Klängen von „Brüderlein fein" statt.

Rollettmuseum Baden, Stadtarchiv, Weikersdorfer Platz 1, täglich, außer Dienstag, von 15.00 bis 18.00 Uhr, Führungen sind auch außerhalb der Öffnungszeiten möglich, Voranmeldung unter Tel. 02252 / 48 255.

Vierter Bezirk

Begräbnis nach Klassen

Das Wiener Bestattungsmuseum
4, Goldeggasse 19

Die am 14. Juni 1967 in passender Umgebung der „Wiener Stadt-werke-Bestattung Wien" eröffnete „Sammlung historischer Bestattungsgegenstände" wird gerne besucht, erfaßt sie doch alle wesentlichen Ereignisse in der Geschichte des Friedhofs- und Bestattungswesens der Stadt in Bildern, Dokumenten und zahlreichen Kult- und Brauchtumsobjekten und gestattet so einen wählerischen Blick ins Buch des Lebens. Die Sammlung wird laufend durch Ankäufe und Schenkungen erweitert, bemerkt der empfehlenswerte „Führer durch die Sammlung", und sie umfaßt auch ein Archiv mit Bibliothek, in der sich derzeit immerhin 2.550 Publikationen über den Tod in Wien befinden.

Seit der Tod in Wien im 19. Jahrhundert gutbürgerlich geworden war, hatte man sich viele jener Inszenierungsformen aus dem höfischen Bereich geliehen, die in der Barockzeit lediglich der Dynastie und dessen Anhang vorbehalten gewesen waren. Der gemietete Trauerportier steht nunmehr in spanischer Gala vor dem Haus des wohlhabenden Verstorbenen, wo dieser zur öffentlichen Schaustellung in seiner Wohnung aufgebahrt liegt, und ein streng reglementiertes Trauerprotokoll beaufsichtigt danach den pompösen Leichenzug und die aufsehenerregende Bestattung.

Das Trauerlivree des Konduktpersonals, der Fackel- und Leichenträger, bestehend aus Zweispitz, Schnallenschuhen, schwarzen Strümpfen und künstlichen Waden, waren Bestandteile der spanische Uniform, und auch die schwarze Farbe der vielfach nach Rang und Verwandtschaftsverhältnis abgestuften Trauerkleidung war einstens über die habsburgische Verwandtschaft hierher gelangt. Ein wenig spanisch kommt uns heute Lebenden aber auch der ausgeprägte Geschäftssinn vor, mit dem dies alles in den Gründerzeitjahren und darüber hinaus betrieben wurde. Mit seiner „vita activa" sorgte der Bestattungsunternehmer in liberaler Logik stets dafür, daß aus der „vita contemplativa" ein reger Handel erwuchs. So kann man im Bestattungsmuseum auf einem Hausanschlagszettel beispielsweise lesen, die „Herren Hausbesorger und Portiers" des dritten Bezirkes werden ersucht, „eintretende Todesfälle sofort in dieser Filial-Anmeldungs-Kanzlei anzuzeigen. – Sobald die Unternehmung über eine solche Anzeige die Bestellung auf das Leichenbegängnis erhält, so zahlt dieselbe durch den Unterfertigten" je nach Bestattungs-Klassen von der I. bis zur VI. zwischen fl. 25,– und fl. 1,25 „an den Anmelder baar aus".

Die „Entreprise des pompes funèbres" und die „Concordia" waren in der Spätgründerzeit die ersten privatwirtschaftlich organisierten Bestattungsunternehmen gewesen, die in ihren „Prachtklassen" dem teuren Toten vom schwarz ausgeschlagenen Paradesaal mit Baldachinen bis zum silbernen Engel samt zahlreichen Kandelabern alles zu bieten hatten, was das Herz begehrte, während in der „VI. Classe" die Aufbahrung ein wenig schlichter unter dem Haustor stattfinden mußte. Und durch die unterschiedliche Zahl der Kerzenleuchter erhellt sich auch die Anordnung der jeweiligen Aufbahrungskategorie, von der „Pracht-Classe" über die „I. Classe" abwärts. „Conducte mit oder ohne Aufbahrung", in der „Super I. Classe" oder gar der „Pracht-Classe complet", beinhalteten unter anderem ein „Pracht-Leichenbegängniss" samt Kondukt mit Fahnenreitern, Vorreitern mit Laternen, Zeremoniären, mehreren Pferden mit Kopfschmuck, einigen Stallmeistern in spanischer Tracht, Fakkeln- und Leichenträgern als Spitzenangebot und blieben zumeist lediglich den erfolgreichsten unter den Börsenspekulanten vorbehalten. Dem Volk verblieben Erinnerungen an derartig aufwendige Leichenkondukte lediglich in Gestalt von Mandelbögen, die sich zum Ausschneiden oder Bemalen eigneten und in Wien, wie sonst nirgendwo auf der Welt, in immer wieder neuer Vielfalt produziert wurden.

Wie überhaupt die in vielen Formen gepflogene Erinnerungskultur im Bestattungsmuseum ihre deutlichen Spuren hinterlassen hat. Während der Tod am Hof öffentlich kundgetan wurde, war es in der Barockzeit noch üblich, das Ableben des Bürgers durch einen „Leichenbitter" bekanntzugeben. Gedruckte Todesanzeigen finden sich erstmals im 17. Jahrhundert, und mit ihnen entstehen Andachts- und Sterbebilder, die dem Memento mori und dem Gedächtnis an den Verstorbenen gleichermaßen dienlich waren. Zimmerkenotaphe, Totenmasken, Traueralben und aus menschlichen Haaren geflochtene Gedenkbilder sind Erinnerungsformen der Romantik, während das Photographieren von oftmals geschminkten Leichen oder die durch Einzeichnung der Augen im Atelier des Künstlers garantiert „lebensechten" Porträts ein makabres Produkt des technikgläubigen 19. Jahrhunderts darstellt. Diese realistischen Totenbilder entwickelten sich bald zu einer Modeseuche, sodaß mit der Verordnung des Ministeriums des Inneren vom 14. März 1891, „betreffend Maßnahmen gegen eine Weiterverbreitung anstekkender Krankheiten durch das Photographieren von Leichen" das „Überbringen" derselben in ein Atelier ebenso verboten wird wie das Abbilden „von Leichen an Infektionskrankheiten Verstorbener durch Personen, welche das Gewerbe der Photographie betreiben". Die Verordnung trat mit 1. April 1891 in Kraft, dennoch sollte man hinter der Entscheidung keinen losen Scherz des Ministeriums vermuten. Noch im Herbst 1898 breitete sich, wie das „Interessante Blatt" meldete, die Furcht vor der Pestseuche in Wien

aus, nachdem von einer wissenschaftlichen Expedition Pestmaterial aus Indien ins Pathologisch-anatomischen Institut gelangt war, das durch Unachtsamkeit zum Lungenpesttod von drei Menschen führte und wodurch die ganze Stadt in Panik geriet.

Der Tod im bürgerlichen Zeitalter wurde zwar gezähmt, separiert und ausgebürgert, seine Präsentation erfolgte jedoch in der Öffentlichkeit. Doch da er keine eigene Geschichte hatte, verfügte der Bürger des späten 19. Jahrhunderts auch über keinerlei traditionelle Symbole, die er in Stein verewigen konnte. Hier sprang dann der von oben geborgte Mythos ein, und der Prestigewert des Begräbnisses begann, wie im wirklichen Leben, mit seinem zur Schau gestellten demonstrativen Konsum den reinen Gebrauchswert zu überflügeln. Die Erinnerung ans Dasein und das Nachleben im Himmel wie auf Erden war einzig durch die fein abgestuften „Aufbahrungs-Classen" geregelt. Eine Vorstellung, die dem Gründerzeit-Kapitalisten im Diesseits genügend vertraut war, wurde nunmehr ins Jenseitige verlagert, in der Hoffnung, daß erst beim Gericht am Ende der Zeiten das Kontobuch des eigenen Lebens geöffnet werde. Die geborgten Kostüme und Baustile des Historismus sollten die tieferliegende Unsicherheit und die nur schwach vollzogene Emanzipation der liberalen Gesellschaft verdecken helfen. Und dem tristen sentimentalen Makartbukett war ebenso eine eigentümliche Funktionslosigkeit eigen wie den eklektizistischen Ringstraßengebäuden oder der mit hohler Symbolik geschmückten Familiengruft, die noch über das Grab hinaus Leben und Sterben nach Klassen als einzig eigenständige kulturelle Errungenschaft dieser liberalen Gesellschaft zu feiern wußte.

Auch dafür finden sich im Wiener Bestattungsmuseum zahlreiche Zeugnisse.

Die Besichtigung der Sammlung ist bei freiem Eintritt, jedoch nur im Rahmen einer Führung, von Montag bis Freitag (ausgenommen Feiertage) von 12.00 bis 15.00 möglich. Eine telefonische Voranmeldung ist erforderlich (501 95 / 4227).

Surrealistische Maskenspiele?

Fritz von Herzmanovsky-Orlandos ariosophische Phantasmagorien
4, Schwindgasse 12

Als liebenswerter, ins kakanische Rosennetz literarisch und graphisch verstrickter Schöpfer grotesk-surrealistischer Maskenspiele wird er oftmals dargestellt. Ausflüge in Rokokogärten und Biedermeierkabinette, die Flucht in ein irreales Tarockanien habe er angetreten, währenddessen er seine fruchtbarste Schaffensperiode eben in jenem Moment der historischen Zäsur erreicht habe, in dem das Habsburgerreich von der Weltgeschichte abgetreten sei, schreibt Peter Weiermayr in seinem Ausstellungskatalog 1984. Und diese in Wort und Schrift dargebotene Welt der pensionierten Hofzwerge, diensthabenden Palastdamen, k. k. Oberstküchenmeister, k. u. k. Konfusionsräte, vornehmen Lüstlinge, schwerfälligen Damenfreunde und weichherzigen Mörder „wird zu einem Pandämonium schalkhaft kichernder Sinnlosigkeit, in der alles, was sich ereignet, nur scheinbar geschieht". Seine Zeichnungen „umschreiben jenes irreale, schwebende und zutiefst improvisierende Verhältnis zur Wirklichkeit, das den österreichischen Mythos entstehen ließ", befand Werner Hofmann bereits 1965.

Der Zeitpunkt der Neuausgabe bzw. Bearbeitung der unveröffentlichten Manuskripte Herzmanovsky-Orlandos, wie auch das Erscheinen der späteren Romane Heimito von Doderers, war günstig gewählt. Mit Unterzeichnung des Staatsvertrages und der Legitimierung eines neuentstehenden Nationalbewußtseins gab man sich, wie Paul Kruntorad hervorhob, „einem Taumel der unreflektierten Freude an der eigenen geschichtlichen Besonderheit hin", und in den Werken Doderers und Herzmanovsky-Orlandos glaubte man „die Präfiguration dieser Besonderheit zu erkennen".

Wenn die Allegorie in der Literatur einst auf eine moralische Figur verwiesen hat, urteilt Kruntorad weiter, „so emanzipiert sie sich bei Herzmanovsky-Orlando von der Moral und verweist nur noch auf sich selbst". Fritz Ritter von Herzmanovsky-Orlando wurde am 30. April 1877 im gutbürgerlichen elterlichen Haus in der Schwindgasse 12 als Sohn des Sektionschefs Emil von Herzmanovsky-Orlando geboren. Reich dekorierte Mietpalais im Stil der siebziger und achtziger Jahre des 19. Jahrhunderts sorgen hier noch heute für ein einheitliches Straßenbild. Die vornehme Gasse hinter der Karlskirche und dem Schwarzen-bergplatz wurde zumeist von gründerzeitlichen Großindustriellen auf ihrem Weg zur Feudalisierung ihres gesamten Lebensstils entdeckt. Auf Nummer 14 befand sich seit dem Geburtsjahr Fritz von Herzmanovsky-Orlandos der für die Kohlenhändler, Bergwerks- und Herrschaftsbesitzer David und Ludwig von Gutmann errichtete Palais samt Deckengemälde von Canon, auf Nummer 12, seinem Geburtshaus, lebte in jenen Jahren der Bankier Felix von Mises samt seinen Söhnen, dem Mathematiker und „Wiener-Kreis"-Mitarbeiters Richard und dem Begründer der in diese Umgebung passenden neoliberalen Theorie in der Nationalökonomie, Ludwig von Mises. Im 4. Stock des Hauses Nummer 3 komponierte in ärmlicheren Verhältnissen in den Jahren 1896 und 1897 der Tondichter Hugo Wolf seine Michelangelo-Lieder und arbeitete an seiner Oper „Corregidor". Der vom zeitweilig zornig aufloderndem Antisemitismus übermannte Wagner-Verehrer wird von hier aus 1897 in die private Nervenheilanstalt Doktor Wilhelm Svetlins, 3, Leonhardgasse 3–5, überstellt, wo er nach neuerlicher Einweisung am Faschingssonntag, den 22. Februar 1903 stirbt. Am Faschingsdienstag um 15 Uhr bewegte sich der Leichenzug von der Irrenanstalt zur Votivkirche. „Auf den dichtgedrängten Straßen", schreibt der Pianist und Biograph des Komponisten, Erik Werba, „säumten maskierte Harlekine und Spaßmacher, Columbinen mit Ballons, buntgeschmückte, vollbesetzte Pferdegespanne den Weg. Welch makabres Finale!"

In diesem Jahr 1903 schloß Nachbar Fritz von Herzmanovsky-Orlando, nach vorangegangenem Besuch des nahen Theresianums, sein Architekturstudium an der unweit entfernten Technischen Hochschule in Wien als Stadtbaumeister ab. Von seinen architektonischen Arbeiten ist lediglich ein Mietshaus im fünften Bezirk, Wehrgasse 22, bekannt und erhalten geblieben, das um 1910 gemeinsam mit Fritz Keller erbaut, in der Art des modisch gewordenen „Heimatstils" errichtet wurde. Danach folgten zahlreiche Restaurierungsarbeiten in Wien und den Bundesländern sowie für den Thronfolger Franz Ferdinand. 1911, nach seiner Verheiratung mit Maria Carmen Schulista, unternahm er zahlreiche Reisen nach Ägypten, Zypern, Griechenland, Holland, Italien, Korsika und England. 1916 beendete er seine Tätigkeit als Architekt und in der Zentralkommission für Denkmalpflege und übersiedelte 1917 aus gesundheitlichen Gründen nach Meran, wo es ihm das väterliche Erbe ermöglichte, seiner literarischen und künstlerischen Doppelbegabung nachzugehen und sein urologisches Leiden zu lindern. Hier auf dem sonnenbevorzugten Ort, der nach Bekunden seiner Frau Maria Carmen eine Sonderstellung in Europa auch dadurch einnimmt, da er „uralte geistige Strömungen und Kräfte" bewahrt habe, „die sich hier nicht einmal andeuten lassen", begann er nun kontinuitätsbewußt der grauen Vorzeit zugewandt, „das Verborgenste ans Licht zu ziehen". Zuvor bereits, in Wien ebenso wie auf Reisen, „scharten sich um ihn", wie seine Gattin posthum bezeugte, „die unwahrscheinlichsten Gestalten" und „abstrusesten Menschen", Künstler wie Oskar A. H. Schmitz, Gustav Meyrink, Alfred Kubin und andere, denen eine gemeinsame Neigung zur dunklen Mystik durchaus eigen war.

Auch der erste Herausgeber von Fritz von Herzmanovsky-Orlandos „Gesamtwerk", Friedrich Torberg, Hauptverantwortlicher für die Einreihung des Schriftstellers in den apostrophierten österreichischen Mythos, warnt in seinem Vorwort zum zweiten Band ausdrücklich davor, den „genialisch verkauzten Amateur" Herzmanovsky-Orlando zu verniedlichen. „Man lasse sich von seinen Clownerien, vom munteren Klingeln seiner Narrenkappe, von seinen grotesken Sprüngen nicht täuschen: der satirische Zugriff, den er damit camoufliert, ist alles eher als harmlos, und das skurrile Spiegelbild unsrer Wirklichkeit, das sich da aus den seltsamsten Reflexen und Verzerrungen zurechtformt, hat in seiner unentrinnbaren Folgerichtigkeit etwas höchst Unheimliches."

In der Tat. Näher an die tieferliegenden Absichten des Zeichners, Malers und Freundes des artverwandten Alfred Kubin als Torberg, der ja vieles im Werk im Sinne der Wahrung der österreichischen Besonderheit selbstlos wegließ, gelangt Maria-Carmen von Herzmanovsky-Orlando, wenn sie sich in ihrem Nachwort zu „Maskenspiel der Genien", sanft vom Herausgeber stilistisch geglättet, an die vielfältigen Interessen ihres 1954 verstorbenen Mannes erinnert: „Ungewöhnlich war allerdings die Persönlichkeit, deren es bedurfte, um alle diese verborgenen Kräfte zu erkennen und zu erfassen. Ungewöhnlich war die besondere Affinität, die ihn mit jenen verschütteten Gütern verband. Ungewöhnlich war seine Fähigkeit, diese Güter noch in ihren sonderbarsten und unwahrscheinlichsten Verkleidungen, in ihren modernen Verkörperungen von heute zu erkennen. Diese Fähigkeit eignete ihm mit einer manchmal fast beängstigenden Intensität." Und dies nicht nur in Südtirol, wohin das Ehepaar längst übersiedelt war, sondern auch bereits in Wien, „wo wir beide, nur auf Ortsnamensforschungen gestützt, wertvolle früh- und geistesgeschichtliche Erkenntnisse gewinnen konnten". Letztere waren es auch, die neben dem „Gaulschreck im Rosennetz" und des weniger bekannten „Kommandanten von Kalymnos" die einzigen Werke bleiben sollten, die zu Lebzeiten Fritz von Herzmanovsky-Orlandos publiziert wurden. Eine Weiterführung seiner literarischen Arbeiten beim 1911 gegründeten Artur Wolf-Verlag sei, wie der Verfasser des „Gaulschrecks" später berichtete, zudem daran gescheitert, daß der Verleger von einem scheuenden Pferd gestürzt und daran auch verstorben sei.

Zwei Jahre vor Veröffentlichung seines Romans erscheint 1926 in der „Ariosophischen Bibliothek. Bücherei für ariogermanische Selbsterkenntnis" als Heft 15 „Die ariosophische Kabbalistik von Name und Örtlichkeit. Theoretisch und praktisch erläutert von J. Lanz v. Liebenfels, Meister Amalarich und Meister Archibald". Dieser Adolf Josef Lanz, der den seltsam richtungweisenden „Orden des Neuen Tempels" um die Jahrhundertwende für blonde, blauäugige Männer gegründet hatte, war nach Wilfried Daim „Der Mann, der Hitler die Ideen gab". Der selbstnobilitierte ehemalige Zisterziensermönch war auch Herausgeber der Schriftenreihe „Ostara. Briefbücherei der Blonden und Mannesrechtler", die einen strikten Rassengedanken nebst Antisemitismus und Antifeminismus vertrat, in der Nachfolge des Mythologen Guido von List das Hakenkreuz zum urzeitlich-neuen Symbol des rassenreinen Lebens erklärte und von der Adolf Hitler in „Mein Kampf" schreiben sollte, er hätte dank der „Ostara"-Hefte in Wien „die ersten antisemitischen Broschüren seines Lebens" erworben.

Einen „meiner zwei lieben Freunde" erteilt im erwähnten Heft 15 der „Ariosophischen Bibliothek" nun Lanz von Liebenfels das Wort, um ihn an folgendem Beispiel „die wunderbare Methode der ariosophischen Kabbalistik demonstrieren zu lassen". Und dieser Meister Archibald war niemand anderer als Fritz von Herzmanovsky-Orlando selbst.

„Die Kabbalistik der Örtlichkeit", nennt dieser seinen Aufsatz, in dem er eingangs methodologisch ausführt: „Das Rüstzeug ariosophischen Wissens gibt dem Eingeweihten den Schlüssel – die Dinge des Lebens um uns – das Wesen der großen Kirche des Seins – zu entziffern und Symbol um Symbol dort zu schauen und zu lesen, wo der Laie nur Dinge ohne Bedeutung vermutet." Hätte man hierbei noch auf eine eigentümliche Rezeption der eben erschienenen „Philosophie der symbolischen Formen" Ernst Cassirers schließen können, belehrt einem der Text bald eines Besseren: „Der Zweck folgender Zeilen ist es, eine Deutung eines Teiles Wiens zu versuchen, dieser vieltausendjährigen Hauptstadt des ‚Landes der Waage', dieses der Ostara-Afrodite-Maria so heiligen Reiches." Der Einheimische merkt sogleich: es geht um Teile des vierten und sechsten Wiener Gemeindebezirkes, denn der „Ostara-Afrodite-Maria heilig ist der ‚Mariahilf' benannte Stadtteil, und ist es vielleicht kein Zufall, daß gerade er als der sechste Stadtbezirk festgelegt wurde. Denn ‚sechs' bedeutet ‚sexus' = Geschlecht, die Hauptader des Bezirkes, die Mariahilferstraße, ist der große Bazar der der Venus heiligen Dinge ..." Die dumpf klingende Bezeichnung des nahen Gumpendorfs wieder deutet selbstverständlich darauf hin, daß man die namensgebende „Gumpe, ein auf dem Trifos stehendes Kochgefäß, Vulva-Symbol, durch den Trifos noch bedeutender gemacht", als solche verstehen muß, zumal Gumpendorfs Wienufer, im Mittelalter nicht grundlos „Sauwinkel" genannt, „als die Bezeichnung eines dem Gotte Froh-Adonis heiligen Ortes" aufgedeckt wird, wodurch der Bezirk nun endgültig seiner kleinbürgerlichen Gemütlichkeit entkleidet ist. Dies gilt auch für die bislang langweilige Siebensterngasse, „die Straße der sieben Planeten der Ariosophie". Das Freihaus auf der Wieden wieder war „Sitz eines der größten Herren der arischen Menschheit und des Reiches Gottes überhaupt, des Grafen Ernst Rüdiger von Starhemberg, des Mannes, der den teuflischen Plan Ludwigs XIV., Ariogermanen zu vernichten, zum Scheitern brachte". Dieser „allerchristlichste König von Frankreich, recte Laib Mezzeles", wieder war niemand anderer als „der uneheliche Sohn des ‚Kardinals' Mezzarini aus der trientinischen Familie der Mezzarini ‚recte Mezeles' stammend, dieser Chef der satanistischen Loge, die stets in Paris ihren Sitz hatte". Darüber hätte man gerne Näheres erfahren, doch rasant fährt der Dichter in den Annalen der Göttin Klio fort und berichtet, ebendieser Kardinal hätte „schon 1679 durch seine Agenten die Pest in Wien einschleppen lassen, um die Zentralleitung des Deutschen Reiches durch Vernichtung der Hauptstadt schwer zu treffen". Doch „der darauf kommende Ariermord von 1683 war weit schlimmer", wußte Meister Archibald weiter zu berichten. „Diese Ausrottung erfolgte planmäßig genau so wie die Zerstörung der glänzenden rheinischen und schwäbischen Kultur durch denselben Ariermörder und Kulturschänder Ludwig XIV." Dies alles, so Herzmanovsky-Orlando nunmehr ins Grundsätzliche der geschichtlichen Gesetze eindringend, wo sich nach Ansicht so ziemlich aller Sektierer, alles mit allem paranoid verbindet, sei zu begreifen „als eine Episode in dem ewigen Kampf, den die Satanskirche der dunklen Tschandalen gegen das heldische Ariertum führt! Seit jeher und bis auf den heutigen Tag! So hängt alles Schicksalhafte, nach okkulten Gesetzen mit dieser Örtlichkeit zusammen!" Das Wort „Tschandalen" für „affenähnliche Menschen" hat wie selbstverständlich bereits zu Beginn des Jahrhunderts der Dichter und „Ostara"-Leser August Strindberg gebraucht und am Ende dieser Ära auch das Zentralorgan des in einem Neonaziprozeß verurteilten Gert

Honsik für Gastarbeiter in Wien verwendet. Sie gelten bei Lanz von Liebenfels als Vertreter einer minderwertigen Rasse mit tierischen Eigenschaften, der dazu einen biologisch und ethnologisch gefaßten Beschreibungs- und Klassifizierungsapparat eingeführt hatte, der in einer seltsamen Mischung aus anthropologischen und phrenologischen Versatzstücken niedere und höhere Entwicklungsstadien des Menschen anhand von Schädel-, Fußsohlen- oder Gesäßformen, mittels Augen-, Haut-, Haarfarbe und Nasenform vornahm und der ebenso wie das ariosophische Gebot, „möglichst früh" ein „braves Weib" zu ehelichen, beim jugendlichen Leser Adolf Hitler berechtigte Selbstzweifel ausgelöst haben mag.

Herzmanovsky-Orlando, der sich im Briefwechsel mit Kubin nicht immer ganz heldisch-arischer Worte bediente und einmal anmerkte, „Der Lanz-Liebenfels ist sehr interessant, ein bisserl meschugge – aber der Kern stimmt", führt uns nun in seiner „Kabbalistik der Örtlichkeit" fort zu einem weiteren raunenden, legendenumwobenen Ort: Der Naschmarkt (man bedenke: „market = der Markt, auch markat = ma-ar-kaat, die Ordnung des Zeugens, Könnens und Gebens") wieder bildet ein wahres „Forum Veneris. Im Volksmunde – und das ist sehr wichtig – heißt dieser Markt der ‚Aschenmarkt' auch ‚Oschenmarkt' ausgesprochen. Die Topographen meinen, daß diese Bezeichnung von der großen städtischen Mistgrube oder Aschengrube" herrührt, doch der ariosophisch Gebildete sieht tiefer, denn „wenn wir das Wort aber in der Entstehungsstufe seiner theonalen Bedeutung lesen, kommen wir zu: ‚Ask-enmarkt, Ask-markt'".

Vegetarismus, Lebensreform, Okkultismus, Rosenkreuzer, Pietisten, Kabbalisten, Theosophen und andere Sekten des Seelen-Booms hatten am Ende des 19. Jahrhunderts noch nichts von ihrer subversiven Kraft eingebüßt. Der spätere Anthroposoph Rudolf Steiner absolvierte soeben in Wien sein Ingenieurstudium, Gustav Meyrink wandte sich vom Bankgeschäft ab und wird zum Dichter des Übersinnlichen. Man kannte einander und korrespondierte zuweilen, so etwa Bertha Eckstein-Diener, die Verfasserin des unter dem literarischen Kampfnamen Sir Galahad erschienenen Werkes „Mütter und Amazonen", mit Gustav Meyrink, Oskar A. H. Schmitz oder mit dem ebenfalls am Matriarchats- und Androgynitätsmythos interessierten Fritz von Herzmanovsky-Orlando, wie stets den Gesetzen der göttlichen Weltmutter Aphrodite, Frey oder Yr oder dem Gebot artreiner Zeugung dicht auf der Spur. Daß sich um

Lanz von Liebenfels Bewunderer, Freunde, Neutempler und Jungleser wie der Weininger-Verehrer August Strindberg, der Generalstabschef der k. u. k. Armee durch Thronfolger Franz Ferdinands Gnaden, Blasius von Schemua, Admiralsstabschef Schwickert, der einflußreiche Publizist Reichsfreiherr Schweiger von Lerchenfeld, der Vater der Postsparkassenidee, Alexander von Peez, die bekannte Theosophin Madame Blavatsky, Lord Kitchener, der verhinderte Künstler Adolf Hitler, der Dichter Richard von Schaukal oder Gustaf Simons, der Erfinder des „Simonsbrotes", hierin zusammenfanden, mag ebenso mit zeitgemäßem Fortschrittszweifel, Materialismuskritik, Sozialistenhaß und Sehnsucht nach einem neu zu gründenden altgermanischen, heldenhaften Reich rund um einen „Gral rassenreinen Blutes" bewertet werden, im Vordergrund stand jedoch bei vielen derartigen Ideen eine von sozialer Abstiegsfurcht begleitete zunehmende Radikalisierung des deutschnationalen Bürgertums inmitten ausgebrochener Nationalitätenkämpfe in der Donaumonarchie insgesamt.

Nach Zusammenbruch des Habsburgerreiches und der Auflassung des vorderen Teiles jenes Nasch- oder Asken-marktes beim Karlsplatz lesen sich diesbezügliche Überlegungen beim Architekten und Künstler Herzmanovsky-Orlando folgendermaßen: „Es kam die Zeit, wo man den Naschmarkt kassierte, verblendet vom Fortschritt. Um diese Zeit beginnt auch der Abstieg des Ostarareiches. Der Platz ist wie mit einem Fluch belastet, öd und leer steht er da, ein Verkehrshindernis unangenehmer Art, ein Stück Ödland mitten im Herzen der Weltstadt, die Wien trotz aller Idioten, die an ihm herumexperimentieren, immer bleiben wird. Wenn sich auch heute eine Horde von Affen in seine Verwaltungsgebäude eingenistet haben und ihr blödsinniges Spiel mit Aufmärschen von arbeitsscheuem Gesindel treiben, die Venusstadt wird auch dieses Geschmeiß verdauen, und eines Tages werden dann auch die dachlosen Häuserruinen verschwinden, die sich heute zwei Minuten weiter von der Opernkreuzung in der Mühlbachgasse befinden, als Wahrzeichen der ‚Freiheit' der – Sozialkannibalen!"

Daß diese Anschauung keine bloße spontane Eingebung, sondern eine auch werkimmanent interessante geistige Konstante im Leben des Fritz von Herzmanovsky-Orlando blieb, zeigt sein Aufsatz in der „Zeitschrift für Geistes- und Wissenschaftsreform-Ariosophie" aus dem Jahr 1932 mit dem Titel: „Was ich Lanz von Liebenfels verdanke". Darin greift der Fünfundfünzigjährige zum alten literarischen Bild des Gartens und beklagt: „Nichts geringeres, als daß ich die Welt klar sehe als den verwahrlosten Garten Gottes, das vom Unkraut überwucherte Paradies.

Seine schönsten Blumen verkümmern, die nach seinem Ebenbild und Gleichnis gezeugter Kinder des Lichts, goldlockig, saphiräugig." Anders als etwa in Hugo von Hofmannsthals rückwärts gewandten Canaletto-Gartenträumen werde dieser „zerstört vom Satan, dem Vater jenes Schundes und Ausschusses, zerstört durch seine Organe, die Tschandalas, an deren Ferse nichts als Unglück häftet. Scheiterhaufen und Pest haben sie beschert, Blattern und Syphilis und Kriege (die ohne Ausnahme stets gegen die Ariogermanen gerichtet waren). Verelendung danken wir ihnen, finstere Dummheit, Verdrehung des Rechtes und der Religionen bis zur Unkenntlichkeit. Das muß anders werden. Und dazu können und müssen wir beitragen, daß wir dem Meister Gefolgschaft leisten und seine Lehren verbreiten und ausbauen helfen."

Wie Wilfried Daim dokumentierte, hat der polnische Germanist Marek Perlikiewicz diesen Aufsatz aufgestöbert, sein damaliger Kollege in Wroclaw, der Österreicher Alois Eder, verfaßte daraus einen für die bedeutende Zeitschrift „Literatur und Kritik" bestimmten Artikel, der dann aufgrund des bedeutenden Einflusses Friedrich Torbergs dort nicht erscheinen durfte. Der Aufsatz wurde schließlich 1980 in der Nummer 55 der Zeitschrift „das pult" unter dem Titel „Zur Mutterlauge kristallhafter Vorgänge. Herzmanovsky, Torberg und Lanz-Liebenfels" publiziert und eröffnete schließlich den Weg zu einer kritischen Neuinterpretation der Werke Herzmanovsky-Orlandos, die mit der kommentierten Ausgabe der „Sämtlichen Werke" in zehn Bänden, ab 1983 herausgegeben im Auftrag des Brenner-Archivs, seinen vorläufigen Abschluß gefunden hat. Und mit ihr eine ränkereiche und mühevolle Gratwanderung über historische, mentale und touristisch verwertbare Abgründe, begleitet von einer kollektiv vollzogenen Flucht ins Irreale, grotesk-surrealistischen Maskenspielen und Mythen, die jene tatsächlich vorhandene eigentümliche geschichtliche Besonderheit des Landes wie so oft in geschickter und bizarrer Form zu verstecken weiß.

Sechster Bezirk

Überwachen und Strafen

Ein Museum für mittelalterliche Rechtsgeschichte
6, Fritz-Grünbaum-Platz 1, Esterházypark

Im Jahr 1999 hat der Maler und Bühnenbildner Herwig Libowitzky, der bereits seit Jahren auf der Kärntner Burg Sommeregg eine einschlägige Ausstellung unterhält, in den Luftschutzkellern des einstigen Flakturmes im Wiener Esterházypark, am Platz des im KZ Dachau verstorbenen Kabarettisten Fritz Grünbaum, ein Museum für mittelalterliche Rechtsgeschichte eröffnet. Beide Museen zusammen stellen, laut Informationsbroschüre, Mitteleuropas größte Präsentationen zum Thema Folter, Folterungsarten sowie Foltergeräte dar.

„Das Ausstellen von Folter-, Hinrichtungs- und Bestrafungsgeräten geschieht zum Zwecke eines abschreckenden Beispieles. Trotz alledem waren die Veranstalter bemüht, eine Ausstellung zu schaffen, die neben dem pädagogischen Effekt auch ein ‚unterhaltsam-wohliges Gruseln‘ vermittelt", stellt eine Tafel gleich am Eingang fest, und in 16 bizarr beleuchteten Ausstellungsabteilen kommt tatsächlich ein von den Organisatoren erstrebter Edutainment-Effekt auf. Dann etwa, wenn beispielsweise jene Schandmasken vorgestellt werden, die einstens in aller Öffentlichkeit die pönalisierten Charaktermerkmale des Trägers sichtbar machten: Einer, der sich danebenbenommen oder gar dem anderen ein Schwein genannt hatte, erhielt folgerichtig eine Maske in Form eines Eberkopfes; die nicht seltene Personalunion zwischen steter Streitlust, Rechthaberei und Tratschsucht wurde mit metallenen großen Ohren, überdimensionierter Nase und Mund sowie langer Zunge belohnt und glaubwürdig als „Hausdrache" bezeichnet. Zur öffentlichen Zurschaustellung waren daneben auch der Schandkäfig, das Bäckerschupfen, der Pranger oder die Hinrichtung gedacht, ohne Publikum vollzog sich die Anwendung zahlreicher, listig ersonnener Geräte zur Geständniserzwingung, wie Daumen- oder Beinschrauben, auch „spanische Stiefel" genannt, Pendel, Streckleiter und Streckbank, die alle eine schmerzhafte Verrenkung der Glieder mit sich brachten. Das Fesselungsgerät „Storch" wieder verursachte schwere Krämpfe, die Schmerzensschreie konnten mit metallenen Knebelapparaten unhörbar gemacht werden, der mit konischen Nägeln bestückte Stachelstuhl und die ähnlich konstrierte „Eiserne Jungfrau" wieder sollen hauptsächlich zur

Die „Diehle", eine Köpfmaschine um 1250, deren scharfe, an einem eichenen Holz befestigte Klinge es dem Henker ermöglichte, den Kopf des knieenden Verurteilten (hier Konradin von Hohenstaufen) rasch vom Rumpf zu trennen

Abschreckung und zum raschen Ablegen eines Geständnisses konstruiert worden sein.

Nicht Zeugenaussagen und Indizienbeweise, sondern allein das Geständnis stand im Mittelpunkt mittelalterlicher Rechtsordnung, und so wurde dem Bekenntnis des Verdächtigen als Teil des Beweisverfahrens in vielfacher Art und mittels mehrerer Foltergrade vom Scharfrichter nachgeholfen. Von den angewandten, in bezug auf das Verbrechen oft gleichsam spiegelverkehrten Strafen findet man in der Wiener Strafrechtsordnung des 15. Jahrhunderts etwa das „Augenausbrechen", also Blenden, das hauptsächlich über Münzfälscher verhängt wurde, ferner das Ertränken, das besonders gegen Frauen angewandt wurde, die man zu diesem Zwecke in einen Sack steckte und in die Donau warf. Der Feuertod, auch das „lebendige Feuer" genannt, wurde den Mordbrennern, Kirchenräubern, aber auch Wiens Juden zuerkannt; mitunter wurde bei besonders mildernden Umständen dem Delinquenten die Kleidung mit leicht entflammbarer Flüssigkeit eingestrichen oder ein Säckchen mit Schwefel, später mit Pulver um den Hals gehängt und so durch die Dämpfe ein schnelleres Erstikken erzielt. Als ehrenvoller galt der Tod durch das Schwert oder Beil, Diebe hingegen wurden an den Galgen gehängt; besonders schwere Vergehen gegen das Eigentum, Raub und Mord bestrafte man jedoch mit dem Rade, was eine gefürchtete Todesart war, denn bei dieser Methode zerbrach man dem Verurteilten die Gliederknochen durch Keulenschläge, flocht ihn dann auf ein Rad und stellte so den Körper auf einer Stange auf. Oftmals lebte ein solcherart Verurteilter noch einen Tag und darüber hinaus auf dem Foltergerät, und eine gnädige Milderung war es, wenn ihm der sogenannte Gnadenstoß zuerkannt wurde.

Neben diesen Todesstrafen finden wir in der mittelalterlichen und frühneuzeitlichen Rechtsordnung aber auch öffentliche Züchtigungen wie das Brandmarken, das Einbrennen eines Zeichens auf Stirn oder Wange, die vielfältigen Arten der Verstümmelung von Gliedern sowie bloße Ehrenstrafen mittels Prangerstehen oder Einsperrung in den Narrenkotter auf öffentlichen Orten, wo die Verurteilten von den Passanten verspottet werden durften. Das Schupfen der Bäcker war ebenso beliebt wie die Beißkatze für zänkische Frauen. Zahlreiche Vergehen konnten allerdings von den höheren Ständen mit Geld abgelöst werden, sodaß die volle Strenge des Gesetzes wohl hauptsächlich den Angehörigen des niederen Volkes überlassen blieb.

Für die Frauen der letzteren gab es jedoch noch eine Strafe, das sogenannte „Backstein-" oder „Flaschentragen". Es war dies ein schwerer, runder, in Form einer Flasche gemeißelter Schandstein mit einem eisernen Gehänge versehen, sodaß dieser der Verurteilten um den Hals gelegt werden konnte. Diese Strafe, die noch im 17. Jahrhundert angewandt wurde, konnte gegen Frauen ausgesprochen werden, die durch Rauferei, Streit und Trunksucht in der Öffentlichkeit aufgefallen waren. Derartige Strafwerkzeuge, welche der Galgenhumor jener Tage auch „des Büttels Flasche" nannte, wurden zeitweilig mit der Abbildung zweier streitender Frauen versehen und mit der humoristischen Inschrift: „Wenn sich Mägd und Weiber schlagen – Müssen sie die Flasche tragen".

Der Begriff „Flaschelträger", von den Fremden den männlichen Wienern als Spottname umgeängt, findet sich laut Stadtgeschichtsschreiber Moriz Bermann in der Bedeutung für Ehemänner zänkischer Frauen ebenso wie für die im Stadtbild vom Zugereisten auffallend häufig angetroffenen Einheimischen, die stets Weinflaschen auf ihren Wegen durch die Stadt mitgeführt haben sollen.

Schadlos ging aber oftmals auch der mittelalterliche Reisende nicht aus seinem Wienbesuch hervor. Vielerlei Formen des „Hänselns", Rituale bei Aufnahme in eine Gesellschaft wie der Hanse, gediehen bald zu lästigen Gebräuchen, die vor Fremden, die in die Stadt kamen, nicht haltmachten, wenn sie sich nicht von denselben loskaufen konnten. Bei den Handelsbediensteten etwa bestand das „Hänseln" darin, daß sie den Sitzteil des betreffenden Neulings derb an einen großen Stein stießen. Diese Szene war bildlich einst am Haus Hoher Markt Nr. 2 angebracht und verschaffte ihm den Namen „zum breiten Stein".

Als Orte, wo die verschiedenen Exekutionen in Wien vorgenommen wurden, scheinen im Mittelalter etwa die große Brücke beim Tabor für Ertränkungen auf, die Gänseweide in Erdberg für Verbrennungen, das Vierteilen und Kopfabschlagen geschah am geschäftigen Hohen Markt, mitunter auch am Schweinsmarkt, dem heutigen Lobkowitzplatz, wo 1408 Bürgermeister Konrad Vorlauf fünf Aufständische der Handwerkerpartei hinrichten ließ, ehe er selbst mit sechs Ratsherren von Herzog Leopold IV. vor einer großen Menschenmenge exekutiert wurde. Eine

Gedenktafel erinnert noch immer an den heldenhaften Widerstand des Bürgermeisters gegen den Herzog, nicht jedoch an die von ihm hingerichteten Handwerker. Die älteste Stätte für Galgen und Rad war vermutlich die windige Höhe des Wienerbergs bei der Spinnerin am Kreuz. Diese konkurrierte stets mit jener traditionellen Hinrichtungsstätte in der Roßau, denn als König Mathias Corvinus im Jahre 1488 das „Wiener Hochgericht", den sogenannten Rabenstein, ausbessern ließ, erwähnte die diesbezügliche Stadtrechnung anklagend, daß eine Renovierung der Stätte „seit 1311 unterblieben war".

Seltsamerweise kam es in Wien nicht allzuoft vor, daß Hexen, Alraunen oder Satansbuhlen hingerichtet wurden. Um 1498 taucht der erste namentliche Hexenprozeß der Stadt auf, als man einer Alraune nachstellte und dabei so große Angst hatte, daß selbst ein „groß kriegerisch Aufgebot" es nicht wagte, die gefährliche Frauensperson festzunehmen. Schließlich verhaftete man ihren Mann, doch der Wiener Scharfrichter zögerte, ihn zu köpfen, da er die Zaubermittel seiner rächenden Frau fürchtete. Der Henker aus Krems war vorurteilsloser. Anschließend, so heißt es in Hans von Tabarellis „Alt-Wiener Geschichtsbuch", wird eine Justifikation ohne nähere Angaben verzeichnet, eine penible Spesenrechnung für die Hinrichtung durch Ertränken blieb erhalten, wobei es sich in diesem Falle offenbar um ein „Zauber-Maleficium" handelte. In den Protokollen steht darüber zu lesen: „1501 Freytag vor Margaret ein Hexen zu ertrenkhen vier Pfund; von eine par Hantschuh 16 Denar; um vier Ellen Leinwant zu eynem Sackh 28 Denar; zu schauen, ob sie schwanger war gewesen 12 Denar; dem Priester, der ihr das heylig Sakrament unseres Herrn Fronleichnam gebracht hat, 14 Denar; und von ihr und des Richters Knechten auf zwaien Wägen zu der hinteren Tunawprukh (Donaubrücke) hinaus zu führen 4 Denar …"

Unter Kaiser Maximilians Regierung war keine Hexe hingerichtet worden, und schon 1514 erklärt eine Polizeiverordnung unter Kaiser Ferdinand I. die Zauberei und Wahrsagerei als bloßes „Fürgeben und Betrug" und nahm beide von der Liste der Todesstrafen. Erst unter dem dunklen und rätselhaften Kaiser Rudolf II., selbst Alchimist und Sterndeuter hohen Grades, wurde erneut die Hinrichtung für Zauberei eingeführt. Ein düsteres Kapitel seiner Regierung stellt auch der Prozeß gegen Elise Plainacher, auch Plaimacher genannt, dar. Da wurde der Polizei von der sechzehnjährigen Anna Schlutterbauer aus eigenem Antrieb gemeldet, daß sie mit nicht weniger als exakt 12.652 Teufeln behaftet sei. Vergebens hatte man die Verhexte in Mariazell und dem da-

Die Enthauptung des Bürgermeisters Konrad Vorlauf und seiner Ratsherren am Schweins-
markt 1408. Vorlauf hatte sich freiwillig als erster dem Henker mit den Worten angeboten:
„Auch jetzt soll mein Name wahr bleiben durch die Tat. Euer Bürgermeister soll Euer Vor-
läufer sein im Tode, wie im Leben!"

für besonders geeigneten St. Pölten zu exorzisieren versucht, doch erst
den Jesuiten sei es in der Barbarakirche auf dem alten Fleischmarkt am
3. September 1583 unter tatkräftiger Mitwirkung des Bischofs Kaspar
Neubeck gelungen, wenigstens einige Hunderte böser Geister mittels
Weihwassertrank auszutreiben. Der Sieg über die Teufel war für die
Exorzisten errungen und der Beweis erbracht, nachdem sich das Mädchen heftig erbrochen hatte und in eine Ohnmacht gefallen war. Gewißheit erlangte man rasch auch über ihre Großmutter Elise Plainacher, die
nach einigen Foltergängen für die Verteufelung verantwortlich gemacht
und zum Feuertod verurteilt wurde. Am 27. September 1583 wurde sie

hingerichtet, nachdem man den gefolterten Körper an den Schweif eines Pferdes gebunden, auf ein paar Bretter geschnürt und ihn so zum Scheiterhaufen zur Gänseweide nach Erdberg, zwischen der heutigen Einmündung der Hetzgasse und der Kegelgasse, geschleift hatte.

Über den nächsten Prozeß berichten die Fugger-Zeitungen, daß im Jahre 1588 „in der Ney-Stadt, sechs Meilen von Wien gelegen", zwei alte Frauen samt einem Bauern gefangengenommen worden seien, da sie großen Wetterschaden über das Land gebracht hätten. 1590 heißt es über eine Teufelsaustreibung in einem zeitgenössischen Bericht: „Diese besessene Edelfrau ist gestern in der Schottenkirche von ihren bösen Geistern erledigt und ganz vernünftig gemacht worden. Als der Priester mit ihr gehandelt, ist sie ungefähr eine Stund verzückt, und kein Leben an ihr verspürt worden. Und als sie zu ihr selber kommen, hat sie wunderbarlich Dinge geredt und angefangen zu ruefen: Weh euch Regenten von Österreich ..." Nach diesem eindeutigen Beweis einer Heilung wurde ein Bittgottesdienst anberaumt und die verzückte Edeldame freigelassen.

Um 1601 und 1603 sind abermals zwei Zauberinnen im Kriminalhaus in der Rauhensteingasse gefangengehalten worden. Die eine beging Selbstmord, die andere erlag der Tortur. Die Leiche der ersteren wurde in einem Faß in die Donau geworfen, die der anderen auf der Gänseweide verbrannt. Der letzte einschlägige Prozeß wird aus dem Jahre 1703 vermeldet, er betraf die Wiener Fleischhauerin Salome Thauer, die man schließlich in ein Irrenhaus brachte. In diesem Jahrhundert wurde die Gastwirtin Maria Paulina vom Kettenhof auf dem Hohen Markt öffentlich mit Ruten geschlagen und dann des Landes verwiesen, es ging hier jedoch vermutlich weniger um Hexerei als um Kuppelei. 1708 geschah einem gewissen Jakob Gottscher ein Gleiches, da er mit gefälschten Alraunwurzeln betrügerisch ins Hexengeschäft einsteigen wollte.

Im Jahre 1428 hatte Wien bereits sein erstes Gefängnis erhalten, das „Diebsschergenhaus", verbunden mit einer Bezugsregelung der „Hoher" oder Henker und „Diebsscherg" oder Strafverwalter. Bürgermeister und Stadtrichter verboten diesen nämlich damals, mit ihren Knechten öffentlich auf den Märkten zu sammeln, und bestimmten für deren Tätigkeit eine bestimmte Pauschale. Der Stadtrat kaufte zudem für sie das „hintere Frauenhaus hinter der St. Martinskirche" im Tiefen Graben, heute Nr. 37. Hier wurden die leichteren Übeltäter in Verwahrung genommen, auch zahlreiche Bettler darin arretiert, weshalb das Haus auch die Bezeichnung „Bettlerkotter" erhielt. Jeder Stadtkämmerer gab

Die Hinrichtung der gefolterten „Hexe" Elise Plainacher auf der Gänseweide am 27. September 1583

dem „Diebsschergen" jährlich ein bestimmtes Pfund Pfennige, davon sollte er die Gefangenen speisen und selbst auch den Scharfrichter verköstigen, im Austausch dafür, daß dieser ihm die Hälfte von dem abtrat, was er außerhalb des Burgfriedens oder auf dem Lande mit seiner Könnerschaft verdiente. Auch sollte dem Strafverwalter gebühren, was dieser durch Handel mit Hunden oder kleineren Gerichtshändel erwerben konnte, dagegen durfte er weder auf Plätzen noch Straßen den Leuten

Wiens erstes Gefängnis, das „Diebsschergenhaus", vormals Carmeliterinnenkloster zwischen Salzgries und Tiefem Graben, wurde 1428, gleichzeitig mit einer Bezugsregelung für Henker und „Diebsscherg" eröffnet

lästig werden. Jeder Schergenknecht erhielt jährlich fünf Pfund Pfennige mit der gleichen Auflage. Im „Frauenhaus" selbst hatten Henker, Diebsscherg und Knecht nichts zu befehlen noch zu schaffen. Bis zum Jahre 1783 blieb dieses Gebäude das Polizei-Gefangenenhaus, danach zog man in das aufgehobene Siebenbüchnerinnenkloster in der Sterngasse nahe dem Salzgries.

Am 1. August 1788 wurde die Kriminalgerichtsordnung Kaiser Josephs II. gültig und damit die ab 1770 geltende „Constitutio criminalis Theresiana" für alle deutschen Erbländer der Habsburger außer Kraft gesetzt. 1776 bereits war die Folter als „unschickliches Mittel zur Wahrheitsforschung" aufgehoben worden. Damit entstand unter Einfluß der Aufklärung europaweit eine neue Theorie des Rechts und des Verbrechens, eine neue moralische und politische Rechtfertigung der Strafe und eine neue Strafpraxis. Überwachen und Strafen, die Ökonomie der Züchtigung und das „Fest der Martern" (Michel Foucault) unterliegen ab nun einem Transformationsprozeß, der zu einem modernen Überwachungs- und Disziplinierungssystem führt. In der absolutistischen Gesellschaft stellte nach Foucault das Verbrechen eine Verletzung des Souveräns in Person dar, dem Körper des Verbrechers wurde Schmerz zugefügt, um die Macht des Fürsten wiederherzustellen. Damit hatte die öffentliche Züchtigung und die Hinrichtung vor Publikum eine eher politische als rechtliche Funktion. Mit der Krise des Souveräns, mit dem Machtantritt des Bürgertums nimmt das Recht zu strafen einen anderen Charakter an: es ist nunmehr das Mittel, die Gesellschaft zu verteidigen. Mit der Konsolidierung des neuen Rechtssystems verschwand auch der Typus des vielbeschriebenen Sozialbanditen oder „edlen Räubers", wie wir ihn noch bei Schiller oder in zahlreichen Volkserzählungen und Moritaten etwa rund um den unvergessenen Räuberhauptmann Johann Georg Grasel antreffen. Der Justizapparat wird anonymisiert und ein Disziplinierungssystem entsteht, „die große Zeit der Einsperrung" bricht an. Die dunklen mittelalterlichen Kerker verwandeln sich in lichte Anstalten der totalen Zähmung und Kontrolle, zur „Kolonialisierung der gesamten menschlichen Lebenswelt" mittels bürgerlicher Zucht- und Arbeitshäuser, Kasernen, Fabriken, Spitäler und Schulen.

Und so schließt der Rundgang durch das Museum auch mit der Erinnerung an die zahlreichen Schulstrafen, wie sie noch im 19. Jahrhundert durchaus üblich waren. Die Chronik berichtet von einem Schulmeister, der penibel registrierte, was er in 51 Lehrjahren alles verabreicht hat: 911.527 Stockschläge, 124.010 Rutenhiebe, 136.715 Handschmisse, 10.235 Maulschellen, 7.905 Ohrfeigen und exakt 1.158.00 Kopfnüsse.

Museum für mittelalterliche Rechtsgeschichte, täglich geöffnet von 10 bis 18 Uhr.

Achter Bezirk

Im Galgenhof

D as Landesgerichtsgebäude wurde auf den Gründen einer Schieß-
stätte und des 1784 aufgelassenen Stephansfriedhofes von Johann
Fischer im Mai 1839 vollendet, und die ersten eingelieferten Häftlinge
sollen der Bauführer und der Dachdecker des eben fertiggestellten Gebäudes gewesen sein, die den Staat und die Stadt durch gefälschte Ab-
rechnungen zu betrügen versucht hatten.

Die Strafprozeßordnung des Jahres 1873 sah erstmals vor: § 403:
„Der Zutritt zu dem Verurteilten ist außer den durch ihre amtliche Stellung hiezu Berufenen nur seinen Angehörigen und denjenigen Personen gestattet, die er selbst zu sehen oder zu sprechen wünscht."

§ 404 sagt: „Die Vollstreckung der Todesstrafe erfolgt innerhalb der
Mauern des Gefangenenhauses oder in einem anderen umschlossenen
Raume in Gegenwart einer Gerichtscommission, welche wenigstens aus
drei Mitgliedern des Gerichtes und einem Protokollführer bestehen
muß, dann des Staatsanwaltes, eines Gerichtsarztes und des den Verurteilten begleitenden Seelsorgers. Der Vertheidiger, der Vorstand und die
Vertretung der Gemeinde, in deren Gebiet die Vollstreckung stattfindet,
sind von dem Orte und der Stunde der Vollstreckung, um derselben bei-
wohnen zu können, in Kenntniß zu setzen.

Den Beamten des Gerichtes, der Staatsanwaltschaft und den Sicher-
heitsbehörden, ferner den nächsten Verwandten des Verurteilten ist gestattet, der Hinrichtung beizuwohnen. Soweit es der Raum zuläßt, kann
dieß auch außerdem achtbaren Männern gestattet werden. Ist das Todesurteil an mehreren zu vollstrecken, so ist die Veranstaltung zu treffen, daß keiner die Hinrichtung des anderen sehen könne."

Damit war die Hinrichtung zu einer nichtöffentlichen, im Lichthof des
Landesgerichtes stattzufindenden, verwandelt worden. Der Briefträgermörder Enrico Francesconi war der erste Delinquent, der am 16. Dezember 1876 eine separierte Exekution erfahren mußte. In dem kleinen
Spitalshof hatte nach der Schilderung des „Wiener Pitaval", der wir hier
folgen, Scharfrichter Willenbacher einen sieben Fuß hohen Pflock errichtet, hinter dem sich ein dreistufiger Schemel befand. Den Galgen

umstanden zahlreiche Angehörige der Justizwache, neben dem Scharfrichter postierten sich des Henkers Gehilfen. Eine Minute nach acht Uhr
wurde die kleine Tür, die in den Hof führte, geöffnet, und Francesconi
trat, schwarzgekleidet, das Kruzifix in der Hand, heraus. Der Gefängnis-
verwalter, der Geistliche und zwei Diener begleiteten ihn. Als der Lan-
desgerichtsrat Görl den Delinquenten dem Henker übergeben wollte,
ging der Pfarrer auf Francesconi zu, um ihm einige Worte des Trostes zu
sagen. Der Mörder umarmte daraufhin den Geistlichen, wandte sich unter allgemeiner Rührung an den Staatsanwalt Graf Lamezan und fiel
auch diesen um den Hals. Unter dem Galgen stehend, bat er darum,
noch einige Worte zu den Versammelten reden zu dürfen. Der Scharfrichter schnitt ihm aber das Wort mit der durchaus höflichen Bemerkung ab: „Ich muß leider meines Amtes walten." Dabei legte er ihm den
Strick um den Hals. In die Höhe gezogen, verstarb Francesconi nach
kurzem Todeskampf. Bald trat der Pfarrer tiefbewegt an den Richtpflock
und bat die Umstehenden, ein Vaterunser für den Unglücklichen zu beten. Die Wache präsentierte, die Totenglocke ertönte, und alle Anwesenden stimmten entblößten Hauptes in das Gebet des Geistlichen ein.

Nach einer Stunde wurde die Leiche abgenommen und zur gericht-
lichen Obduktion gebracht. Abends um zehn Uhr legte man sie in einen
einfachen Holzsarg, den der Verein des heiligen Joseph von Arimathea
auf den neuerrichteten Zentralfriedhof brachte. An einer entlegenen
Stelle senkte man den Mörder in die Erde.

Sämtliche Hinrichtungen in der Monarchie fanden nunmehr mit dem
Würgegalgen statt. Ab jetzt wiederholte sich der Vorgang der Hinrichtung im kleinen Hof des Landesgerichtes stets in standardisierter, distan-
zierter und präzis-kühler Form sowie unter Verzicht auf allgemeine Rührung seitens des Justizpersonals: Vor der Zelle Nummer 55 zu ebener
Erde des Landesgerichtsgebäudes, in jenem Trakt, der den Galgenhof
umschließt, steht stets ein Doppelposten. In der schmucklosen Zelle
selbst befinden sich lediglich ein Klappbett, ein Kruzifix, ein Tisch und
ein Stuhl, sieht man von jenen Zeichnungen ab, die, wie es in den Memoiren des Scharfrichters Josef Lang heißt, einstige Insassen, mit einem
Stein eingeritzt, der Nachwelt überliefert haben: Schenk, Francesconi,
Schlossarek oder der zeichnerisch begabte Mörder Voboryl, der seinem
Namen noch einen Galgen samt Anhang hinzugefügt hatte.
Der in Zelle 55 Inhaftierte darf nicht an den gemeinsamen morgend-
lichen Spaziergängen teilnehmen, sondern soll unter strenger Bewachung allein seine Runden drehen. An einem Vormittag muß laut Ge-

setz dem Delinquenten im Amtsraum des Gerichtspräsidenten die Verweigerung einer Begnadigung und die Vollstreckung des Todesurteiles mitgeteilt werden. Am folgenden Tag betritt kurz vor sieben Uhr morgens der Henker mit seinen Gehilfen und dem Kerkermeister die Todeszelle, wo schon der Priester bei dem Verurteilten verweilt hatte. Er bindet die beiden Hände des Delinquenten mit einer schwarzen Seidenschnur und spannt um jeden Arm einen schwarzen Riemen, der auf dem Rücken des zu Exekutierenden zusammengeschnallt wird. Nach der Fesselung begibt sich der Scharfrichter in den dreieckigen Galgenhof des „Grauen Hauses", wo am Vortage ein einfacher, rechteckiger Pfosten und eine kleine Treppe errichtet worden waren. Hier, hinter dem Galgen stehend, erwartet der Henker nunmehr den Verurteilten. Bald darauf erscheint der Delinquent, von den zumeist zwei Gehilfen, dem Priester und dem Kerkermeister begleitet und rechts und links von je vier Justizsoldaten mit aufgepflanztem Bajonett flankiert. Kerkermeister und Priester folgen jetzt dem Verurteilten zum Galgen, die Gehilfen des Henkers stellen sich seitwärts auf.

Die Verlesung des Todesurteils durch den Exekutionsleiter geschieht sehr rasch, das Kommando „Scharfrichter! Walten Sie Ihres Amtes!" ertönt. Daraufhin lösen die beiden Gehilfen die Riemen von dem Verurteilten und heben ihn zum Galgen empor. Der Henker, auf der Treppe hinter dem Richtpflock stehend, legt dem Delinquenten eine kurze, eingeseifte Hanfschnur um den Hals, wobei gleichzeitig das Ende der Doppelschnur an einem Haken am oberen Ende des Galgens befestigt wird. Auf ein Zeichen des Meisters hin ziehen nun die Gehilfen an den Füßen des Verurteilten, und der Tod tritt für gewöhnlich nach einem plötzlichen Ruck ein.

Danach tritt der Scharfrichter vor und erstattet die Meldung, daß das Urteil vollstreckt sei. Die Ärzte konstatieren nun ihrerseits medizinisch-wissenschaftlich den eingetretenen Tod, und ein Protokoll wird aufgenommen, das alle Anwesenden unterzeichnen.

Der Hingerichtete bleibt noch eine Stunde lang an dem Pfahl hängen, danach wird er im Landesgericht obduziert und in einem mit Sägespänen gefüllten rohen Sarg nächtens an einer unbekannten Stelle des Friedhofes beigesetzt.

Im Jahr 1919 war die Todesstrafe von der jungen Republik abgeschafft worden. Mit dem neuerlichen Einsatz der Todesstrafe, die mit der Verhängung des Standrechtes am 12. Februar 1934 zur Anwendung kam, wurden bis zum 21. Febuar neun Exekutionen der Standgerichte vom

Ständestaat vollstreckt, die Zahl der vor Ort hingerichteten Schutz-
bündler blieb unbekannt. Insgesamt waren es mehr als zwanzig Personen, die in diesen vier Jahren hingerichtet wurden, während es die vom
Ständestaat betrauerte Monarchie in ihren letzten vier Jahrzehnten auf
lediglich dreizehn Exekutionen brachte. Damit begann erneut eine politische Justiz mit dem Mittel der Todesstrafe zu arbeiten, die in den Jahren 1938 bis 1945 ihren Höhepunkt erreichen sollte. 1.184 Hinrichtungen politisch Verfolgter durch das Fallbeil, das berüchtigte Gerät F,
fanden in dieser Zeit im Lichthof des Wiener Landesgerichtes statt. Und
noch in den ersten Jahren der Zweiten Republik starben in Wien ein-
unddreißig Menschen, meist schwerbelastete Nationalsozialisten, am
Galgen. Eine Gedenktafel, eine Gedächtnisstätte und einige Relikte im
allerdings – wie einstmals die Hinrichtungen – nicht allgemein zugän-
gigem Gefangenenhausmuseum erinnern noch an jene Jahre und an die
hier 72 Jahre hindurch vollzogene und am 21. Juni 1950 vom Nationalrat für ordentliche Gerichtsverfahren abgeschaffte Todesstrafe.

Neunter Bezirk

Inszenierter Tod

Otto Weiningers Selbstmord im Beethoven-Sterbehaus
9, Schwarzspanierstraße 15

D er junge Schriftsteller und engagierte Beethoven-Verehrer handelte
bei der Wahl des Ortes nicht ohne Umsicht und Gespür für Symbolik. Aus Italien zurückgekehrt, mietet er sich in dem kurz vor seinem
Abriß stehenden Schwarzspanierhof ein. Dorthin begibt er sich am
Abend des 3. Oktober 1903. Er schreibt zwei Briefe in dieser Nacht, einen an seinen Vater, einen anderen an seinen Bruder Richard. Der
Schwarzspanierhof war 1727 im Auftrag der Benediktiner errichtet worden, hier hatte Ludwig van Beethoven 1825 seine letzte der zahlreichen
Wiener Wohnstätten gefunden, und hier ist er am 26. März 1827 verstorben. Mieter war auch der schwermütige Dichter Nikolaus Lenau in
den Jahren 1830, 1833 auf 34 sowie 1837 gewesen. An beide Bewohner erinnern die zwei Büsten, die über dem Haustor des 1904 errichteten Neubaues angebracht wurden.

Wien, am 4. Oktober 1903: Die Zeitungen berichten ausführlich von der
Abreise des russischen Zaren nach seinen friedenssichernden Gesprächen während eines Jagdausfluges mit Kaiser Franz Joseph aus Mürzsteg. „Das schönste Monumenten-Lager" für Grabsteine bietet in Inseraten der k. u. k. Hof-Steinmetzmeister Eduard Hauser „samt illustrierter
Preiscourante gratis und franco" an. Vermeldet wird die Vorführung des
Foucaultschen Pendels in der Rotunde, womit die Leo-Gesellschaft den
Beweis für die Achsendrehung der Erde einem ausgesuchten Publikum,
bestehend aus Ministerpräsident Koerber, Finanzminister Böhm-Bawerk, Unterrichtsminister Hartel, wißbegierigen Mittelschulprofessoren
und skeptischen geistlichen Würdenträgern, vorstellen möchte. Nach
dieser geistigen Anstrengung bietet das sinnesfrohe Wien an diesem Tag
aber auch genügend an Abwechslung und Unterhaltung. Im Deutschen
Volkstheater ist der Schwank „Der Tugendhof" von Richard Skrowronnek zu sehen, im Theater in der Josefstadt wird zum ersten Mal das
Lustspiel „Arche Noah" von Josef Jarno und im Kaiserjubiläums-Theater die altbewährte Komödie „Raub der Sabinerinnen" der Gebrüder
Schönthan gespielt, während im Carl-Theater die Operette von Victor
Léon „Der Rastelbinder" mit der Musik von Franz Lehár erklingt. Im

Cabaret Max und Moritz in der Rotenturmstraße 19 tritt eine Zigeuner-kapelle auf, und „die Concerte bei der ‚Schönen Sklavin‘ im Prater Nr. 176, hinter dem Circus Busch nehmen heute Sonntag ihren Anfang und werden jeden Sonn- und Feiertag fortgesetzt“, verlauten die Zeitungsankündigungen. Im Colosseum erzielt „Luigi mit seinem musikalischen Pferde Emir und Peppo, mit seinen dressirten Affen, ferner Les Vincentinos, die gewandten Rollschuhläufer“ einen „sehr guten Erfolg“. Die fünf Schwestern Warwick zeigen ein Kunstfahrerrennen auf dem Zweirad, in Mandls Etablissement in der Hernalser Hauptstraße 32 wird der Volkssänger Guschelbauer, „der alte Drahrer“, angekündigt, und Brady's Wintergarten in der Ballgasse 5 wirbt mit den einsichtigen Worten: „Drah'n ma uns und dra'n ma auf, es liegt nix d'ran, weil ma auf der Welt das Geld net fress'n kann.“

Am folgenden Tag berichtet das „Illustrirte Wiener Extrablatt“ unter dem Titel „Selbstmord eines Schriftstellers. Das Opfer geistiger Ueberanstrengung“ davon, daß „ein junger Gelehrter, der erst vor einigen Monaten durch ein gedankenreiches Werk sich Anerkennung erworben“, am Vortag seinem Leben, „das noch zu vielen, schönen Hoffnungen berechtigte“, freiwillig ein Ende gesetzt habe. Sein Name wird im Bericht durchgehend mit „Dr. Otto Wanninger“ angegeben, „der in diesem Jahre ein Buch unter dem Titel ‚Geschlecht und Charakter‘ im Verlage von Braumüller erscheinen ließ“ und sich damit wohl noch keinen Namen machen konnte. „Geistige Ueberanstrengung, hervorgerufen durch rastloses Studium, hat den kaum vierundzwanzigjährigen Mann in einen Zustand hochgradiger Reizbarkeit versetzt und es ist kein Zweifel, daß der junge Schriftsteller in momentaner Geistestrübung den Selbstmord verübt hat.“ – „Dr. Wanninger“, so berichtet die Zeitung weiter, „hatte Samstag ein Cabinet im IX. Bezirke, Schwarzspanierstraße Nr. 15, bezogen. Gestern Früh wollte seine Quartiergeberin das Zimmer betreten, um seine Kleider zu reinigen, doch die Thür war verschlossen und auf ihr Klopfen wurde nicht geöffnet. Da die Frau glaubte, daß der Zimmerherr schlafe, wollte sie ihn nicht wecken. Später erschien ein junger Mann, der sich als Bruder des Zimmerherrn vorstellte. Er war sehr aufgeregt und fragte ungestüm nach Otto Wanninger. Auch ihm wurde auf das Klopfen nicht geöffnet. Als man nun die Thüre aufsprengte, fand man Dr. Wanninger auf dem Boden liegen. Er hatte sich in die Brust geschossen. Die Wunde war tödtlich, Wanninger atmete noch.

Auf dem Tische lagen mehrere Briefe, von welcher einer die Aufschrift ‚Mein Testament‘ enthielt. Functionäre des Freiwilligen Rettungscorps brachten den Schwerverletzten in das Allgemeine Krankenhaus, wo er bald nach seiner Aufnahme starb."

Unter dem Titel „Selbstmord eines Philosophen" berichtet auch das „Neue Wiener Journal" von dem Selbstmord, und am 6. Oktober mutmaßt die „Neue Freie Presse" über die Gründe der Tat: „Es heißt, er habe sich bei seinen wissenschaftlichen Studien und literarischen Arbeiten so angestrengt, daß er dadurch in einen Zustand hochgradiger nervöser Reizbarkeit verfiel und den Selbstmord wahrscheinlich in einer momentanen Geistesstörung verübt hat."

„Geistige Überanstrengung" und „rastloses wissenschaftliches Studium" galten in einer Stadt, in der musikalische Pferde, dressierte Affen, gewandte Rollschuhläufer und alte Drahrer allerorten für Heiterkeit und Unterhaltung sorgten, als durchaus glaubwürdiges Tatmotiv, vor allem bei jenen sensiblen Intellektuellen der Jahrhundertwende, die sich dem lauten Treiben des Wiener Humors in seiner unterhaltungsindustriellen Darbietungsform unwillig verschlossen hatten. „Ein Philosoph: Ein Haus mit immer verschlossenen Läden" hatte Weininger in seinem aufschlußreichen Text „Verdammnis" am 3. April 1902 geschrieben. „Und die Fenster verschließen sich von drinnen: nur noch dichter." Es steht außer Zweifel, bemerkt der Weininger-Biograph Jacques Le Rider, daß die meisten Wiener Autoren dieser Zeit, so etwa Ferdinand von Saar, Hugo von Hofmannsthal, Richard von Schaukal, Richard Beer-Hofmann oder Arthur Schnitzler, Überlegungen über den Selbstmord in den Mittelpunkt ihres Werkes stellten. Und oftmals gingen dabei Literatur und Realität ineinander über. Tatsächlich ist auch „die Liste von bekannten Österreichern, die sich damals das Leben nahmen, ungewöhnlich lang und bemerkenswert", konstatieren die Verfasser von „Wittgensteins Wien", Allan Janik und Stephen Toulmin. „Sie enthält etwa Ludwig Boltzmann, den Vater der statistischen Thermodynamik; Otto Mahler, den Bruder des Komponisten, der selbst musikalisch hochbegabt war; Otto Weininger, dessen Buch *Geschlecht und Charakter* seinem Verfasser nur wenige Monate nach dessen Selbstmord im Sterbehaus Beethovens spektakulären Ruhm verschafft hatte; Eduard van der Nüll, der die Kritik an der von ihm entworfenen Hofoper nicht ertragen konnte; den Maler Richard Gerstl, einen Freund Arnold Schönbergs, der sich nach einer Liebesaffäre mit dessen Frau das Leben nahm; mit größter Wahrscheinlichkeit gehört auch der bedeutende Lyriker Georg Trakl in diese Reihe und jedenfalls zwei, vermutlich drei der älteren Brüder Ludwig Wittgensteins."

„Wer sich tötet, der tötet gleichzeitig die ganze Welt", hatte Otto Weininger in „Geschlecht und Charakter" geschrieben, doch erst sein inszenierter, spektakulärer Tod hatte sein Werk in den Mittelpunkt des allgemeinen Weltinteresses gerückt und enthusiastische Bewunderung ausgelöst: Karl Kraus stimmt dem Buch „mit Begeisterung" zu, August Strindberg sieht „das Frauenproblem gelöst", aber auch andere bekannte Geister der Jahrhundertwende sind von Weiningers Werk, das neben Gedanken zu Antifeminismus und Antisemitismus auch die Aufforderung „Werde genial!" beinhaltet, deutlich beeindruckt, so etwa Hermann Broch, dessen essayistische Abrechnung mit der Spätgründerepoche, „Hofmannsthal und seine Zeit", von Weininger beeinflußt ist, Carl Dallago, Georg Trakl, Arnold Schönberg, Heimito von Doderer, Karl Popper und Ludwig Wittgenstein.

Sein Philosophieprofessor Friedrich Jodl empfahl Weiningers Buch dem 1783 gegründeten Verlag Braumüller im 9. Bezirk, Servitengasse 5, der damals und später als einer der renommiertesten wissenschaftlichen Wiener Verlage galt. Bei Braumüller war bereits zuvor, 1899, Wilhelm Jerusalems „Einleitung in die Philosophie" erschienen, die mehrere Auflagen und zahlreiche Übersetzungen erleben sollte. Jerusalem verließ niemals seine mosaische Religion, weshalb er im Wien Kaiser Franz Josephs von einer Universitätslaufbahn ausgeschlossen blieb und deshalb Griechisch am Piaristengymnasium im 8. Bezirk unterrichtete, wo Weininger zu seinen bevorzugten Schülern gehörte. Seinen größten Erfolg erzielte der Braumüller-Verlag jedoch mit der Herausgabe von Otto Weiningers Werk „Geschlecht und Charakter". Im Mai 1903 erschien die erste Auflage, die noch wenig Beachtung fand. Im November, nach Weiningers in den Zeitungen breit kommentiertem Selbstmord, wurde eine mit des Autors Korrekturen versehene zweite Auflage herausgebracht, nun wächst auch das Interesse an „Geschlecht und Charakter". Die makabre Werbung um den Selbstmord macht den Namen Weininger bekannt. Der Verlag Braumüller liefert den nunmehrigen Bestseller in die deutschsprachigen Länder aus und begleitet ihn mit zahlreichen Kommentaren und Unterlagen. Karl Kraus nimmt sich in der „Fackel" des Werkes an, unzählige Zeitungsartikel bestärken den Ruf des Buches, das als wissenschaftlich wie frivol zugleich gehandelt wurde. Eine dritte Auflage erschien im Jänner 1904, gleichzeitig mit „Über die letzten Dinge", eine vierte im September 1904, die fünfte im Oktober und sie sechste im Dezember 1904, im Mai 1905 die siebente, im Februar 1906 die achte, im Jänner 1907 die neunte, im Februar 1908 die zehnte, im

Februar 1909 die elfte, im Mai 1910 die zwölfte, im Dezember 1911 die dreizehnte, im Mai 1914 die vierzehnte, im Februar 1916 die fünfzehnte, im Februar 1917 die sechzehnte, im Mai 1918 die siebzehnte, im Jänner 1919 die achtzehnte, im Juni 1919 die neunzehnte, im Mai 1920 die zwanzigste, im Jahre 1925 die 26. Auflage. 1947, vierundvierzig Jahre nach Weiningers Selbstmord, war man bei der „28. unveränderten Auflage" angelangt, obwohl der Autor, genauer besehen, bereits die erste grundlegend korrigiert hatte. Von „Geschlecht und Charakter" wurden Ausgaben in den Vereinigten Staaten, in England, Frankreich, Italien, Dänemark, Norwegen, Schweden sowie nichtautorisierte Übersetzungen in ungarischer, polnischer und russischer Sprache veröffentlicht.

„Ein Mensch, der vor dem irdischen Tode gar keine Furcht mehr hätte, würde in eben diesem Augenblicke sterben; denn er hätte nur mehr den reinen Willen zum ewigen Leben", hatte er in „Geschlecht und Charakter" geschrieben und damit eine Botschaft verbreitet, die gleichsam vom inszenierten Selbstmord als illustrative Geste begleitet wurde: Seine Leser sahen, wie es Jacques Le Rider formulierte, in Otto Weininger vielfach das Genie und den Helden, „der ihre innere Unruhe und ihre Revolte" gegenüber einer oberflächlichen, vergnügungssüchtigen Außenwelt verkörperte.

Otto Weiningers Grabstätte befindet sich auf dem alten evangelischen Friedhof (10, Triester Straße 1), unter Nummer 126, Gruppe 14.

„Tollhaus des Hauptspitals"

Josephinische Staatscaritas und der neue Narrenturm
9, Spitalgasse 2

Dem persönlichen Engagement Kaiser Josephs II. war es zu verdanken, daß das Allgemeine Krankenhaus in der Alser Straße nach lediglich drei Jahren Planungs- und Umbauzeit am 16. August 1784 der Öffentlichkeit übergeben werden konnte. Auch wenn sich auf dem Grundstück bereits ein „Großarmenhaus" mit fünf Höfen befunden hatte, geschah dies in einer außerordentlich kurzen Zeit, bedenkt man die Fertigstellung seines Nachfolgerbaues.

Nachdem er 1777 das Pariser Hôtel-Dieu besucht hatte, plante Joseph II. für Wien in aufklärerisch-rationalistischer Denkungsart ein zentrales Großspital mit 2000 Einzelbetten in 111 hellen und luftigen Krankenzimmern, mit baumbestandenen Höfen und Gärten und mit medizinischen und chirurgischen Abteilungen, einer Armenambulanz und einem Findelhaus, einer Station für Geschlechtskranke und einer Gebärklinik als „allgemeinen Zufluchts- und Rettungsort" für ledige Mütter zu errichten. Von letzteren gab es im damaligen Wien jährlich immerhin 1.200, schreibt die Medizinhistorikerin Erna Lesky, und erstmals hatte der Kaiser im Kampf gegen den katastrophalen Kindesmord verfügt, daß den alleinstehenden Müttern strenge Anonymität zu garantieren sei, wozu dem Pflegepersonal bei der Strafe der Entlassung „genauestes Stillschweigen" aufgetragen wurde. Ganz im Gegensatz zur bisher gewohnten Praxis, die noch um 1771 im Wöchnerinnensaal des Krankenhauses von St. Marx geübt wurde, wo es nicht nur jedem Neugierigen erlaubt war, sich umzusehen, „sondern an einem gewissen Tage des Jahres die Thüren auch für den Pöbel eröfnet" werden. „Hier sehen sich die unglücklichen Frauenzimmer dem Witze und den Spöttereyen der Gassenjungen und Gemeindedirnen ausgesetzt", wie ein zeitgenössischer Bericht festhält.

In St. Marx war es auch, wo man die Geisteskranken vielfach in Käfigen gehalten hatte. Kam es mit der Schaffung des neuen Großkrankenhauses zu einer sozialen wie räumlichen Trennung von Kranken-, Siechen- und Arbeitshäusern, Verbrecher-, Invaliden- und Armenanstalten, so diente das nunmehrige „Tollhaus des Hauptspitals" erstmals der Einbindung der Irrenfürsorge in das Spitalswesen im Sinne einer „josephinischen Staats-Caritas". Damit erfolgte allerdings trotz aller fürsorglicher

Zentralisierung eine weitere, nunmehr institutionell vollzogene Ausgrenzung sozial Außenstehender unter aktiver Mithilfe einer „medicinischen Polizey". Zwar trat der Narrenturm, von den Wienern bald liebevoll „Guglhupf" genannt, als erstes Spezialinstitut Europas ausschließlich für Geisteskranke in Erscheinung, doch diente dieser Ort, wie Christian Kopetzki unterstreicht, allein zur Verwahrung und Anhaltung der als gefährlich angesehenen „Wahnwitzigen" und war seiner Funktion nach allein eine sicherheitspolizeilich-isolierende und kaum eine medizinisch-therapeutische. Bereits die „Directiv-Regeln zur künftigen Errichtung der hiesigen Spitäler und allgemeiner Versorgungs-Häuser" aus dem Jahr 1781 schlagen vor, die „Wahnwitzigen", die „aus der allgemeinen Gesellschaft, und aus den Augen deren Menschen müssen entfernt werden", in ein „entferntes Spital" zu überweisen, „allwo weder andere Kranke, noch weniger Jugend oder Kindsbetterinnen sich befinden".

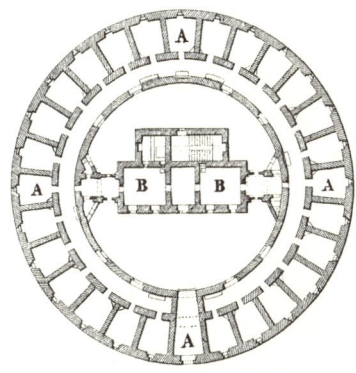

Modell einer Disziplinierungsanlage: der Grundriß des Narrenturms

Im Narrenturm, der Aufbewahrungsstätte für „theils verrückte, theils ganz sinnlose Personen", reihen sich auf ringförmigem Grundriß auf jedem Geschoß 28 Zellen mit zwei Betten, Strohsack und Decke nebeneinander. Bis zu dreihundert Kranke konnten in den 139 Einheiten zu je zwölf Quadratmetern eingesperrt und im Notfall angekettet werden. Kontrolliert wurden sie vom ehemaligen Aufsehertrakt aus, der sich quer durch das Gebäude und seinen Kreismittelpunkt zieht. Die unruhigen Geisteskranken hatte man in den zwei oberen Stockwerken, die „Lenksamen" in den beiden unteren einquartiert. An den Patienten des Narrenturms hat auch der Phrenologe Franz Joseph Gall seine Beobachtungen gemacht, eine weitergehendere Behandlung der Kranken war allerdings nicht vorgesehen, dafür war ihre soziale Ausgrenzung und rechtliche Entmündigung genau legistisch festgelegt.

Im historischen Prozeß der Entflechtung und Systematisierung gesellschaftlicher Randgruppen im Zuge einer Zentralisierung des Systems kam es in der Folge zu zahlreichen Bauten von Zucht- und Arbeitshäusern, Fabriken und Irrenanstalten, deren eigentümliche Architektur oftmals geschlossene, separierte und überwachte Räume aufwies. Hier waren die zu disziplinierenden Individuen in feste Räume eingesperrt, deren Tätigkeit von außen beobachtbar war, und damit die Peripherie mit dem Zentrum, die Überwachten mit der Hierarchie verbunden werden konnten. Ausdruck dieses kompakten Modells einer Disziplinierungsanlage stellt zumeist die kreisförmige Anlage des Turmes dar, und dahinter steckt nach Michel Foucault immer auch die Utopie des zentralistischen Staatswesens: die Vorstellung einer vollkommen regierten und disziplinierten Gesellschaft.

In diesen Räumen der Ab- und Ausschließung wurden die Machttechniken der Disziplinierung als erste erprobt. „Das psychiatrische Asyl, die Strafanstalt, das Besserungshaus, das Erziehungsheim und zum Teil auch die Spitäler – alle diese der Kontrolle des Individuums dienenden Instanzen funktionieren gleichermaßen als Zweiteilung und Stigmatisierung", schreibt Foucault in „Überwachen und Strafen" weiter, und „diese hartnäckige Grenzziehung zwischen dem Normalen und dem Anormalen, der jedes Individuum unterworfen ist, verewigt und verallgemeinert die zweiteiligende Stigmatisierung und die Aussetzung des Aussätzigen."

Der nunmehrige Rund- und Turmbau besaß in Wien mit seinen Tiermenagerien und Hetztheatern einige Vorläufer, nach Foucault ist es jedoch das von Jeremy Bentham 1791 veröffentlichte Prinzip eines „Panopticons", das den architektonischen Turmbau in eine perfekte Disziplinierungsmaschine verwandelt. Der englische Philosoph Bentham, nicht zufällig Begründer des Utilitarismus, der das Ziel des ethischen Handelns in der Nutzenmehrung möglichst vieler sieht, hatte auch testamentarisch verfügt, daß sein einbalsamierter Leichnam an der Universität von London aufbewahrt werde, wo man ihn gelegentlich befragen konnte. Bentham konstruierte das Prinzip des „Panopticons", dessen Peripherie ein ringförmiges Gebäude darstellt, in der Mitte einen Turm besitzt, dessen Fenster sich nach der Innenseite des Ringes hin öffnen. Das Ringgebäude ist in Zellen unterteilt, deren Innenfenster und Türen auf das Fenster des Turmes gerichtet sind. Es genügt somit, einen Aufseher im Turm zu postieren, um in jeder Zelle den Irren, Kranken, Sträfling oder Arbeiter zu kontrollieren. Jedes beliebige Individuum kann diese Maschine in Gang setzen, schreibt Foucault, ebensowenig spielt das Motiv eine Rolle: „die Zudringlichkeit eines Neugierigen, die Schalkhaftigkeit eines Kindes, der Wissensdurst eines Philosophen, der dieses Museum der menschlichen Natur durchwandern möchte, oder die Bosheit jener, denen das Bespähen und Bestrafen Vergnügen bereitet." Leztere fanden sich auch in Wien.

„An einer anderen Ecke dieses Krankenhauses steht der neuerbaute Narrenturm", schildert der Josephiner Johann Pezzl. „So sehr die unglücklichen Geschöpfe zu bedauern sind, die durch den Verlust der Vernunft aus der Klasse der Menschen treten, so leidlich werden sie in diesem freilich immer noch schrecklichen Turme gehalten. Nur einen wesentlichen Fehler hat der Aufenthalt dieser Unglücklichen. Die Ruhigen, die Wiedergenesenden usw. haben zu ihrer Erholung, zum Genuß der reinen uneingesperrten Luft beinahe gar keine Anstalt. Ein dumpfer, öder Hof von mehreren Klaftern, im Mittelpunkte des Turmes, ist der einzige Platz zu ihren Spaziergängen. Ein kleines Gärtchen oder auch nur ein freier, dem Strom der Luft ausgesetzter Grasplatz würde eine unendliche Wohltat sein und die Genesung manches Schwermütigen beschleunigen und befördern."

Über die fehlende Möglichkeit, sich in einer Grünanlage außerhalb des fünfstöckigen, düsteren Rundbaues, mit seinen abweisenden, Schießscharten ähnlichen Fenstern zu bewegen, haben sich ebenso zahlreiche andere Zeitgenossen empört. Auch jegliche Form der Beschäftigungstherapie mußte bald an seiner als Bewahranstalt konzipierten Konstruktion scheitern. Doch aus der Not verstanden es die Wiener stets, eine Tugend zu machen. So berichtet der Eipeldauer 1794 an seinen Vetter in Kagran: „Im Narrenthurm bin ich die Täg auch gwesen. Dort geht's lustig zu, Herr Vetter. Da stehn eine Menge Leut um den Thurm herum und treiben ihren Spaß mit den Narrn, die zum Fenster heraus sehn." Ein Jahr später hat allerdings der neue Krankenhausdirektor Johann Peter Frank voll Bosheit jenen gegenüber, denen das Bespähen und Belachen Vergnügen bereitete, die Hetz wieder genommen, indem er die Umgebung des Turmes sperren und darin einen Park anlegen ließ, um „den unglücklichen Verrückten zu einiger Bewegung in freier Luft und zu ihrer Ergötzung" zu verhelfen.

Für eine neue Art von Psychiatrie erwies sich der Narrenturm bald als ungeeignet. Erst mit der Errichtung der Heil- und Pflegeanstalt auf dem Bründlfelde 1853, wo der Hirnanatom Theodor Meynert seine Laufbahn begann, und einiger Heime für zahlungskräftige Patienten, wie die „Privat-Heilanstalt für Gemüthskranke" von Bruno Görgen in Oberdöbling, wurde der Schwerpunkt von der Aufbewahrung zur Therapie hin verschoben. Eine Irrenrechtsreform wurde durchgesetzt, und der junge Arzt und Schriftsteller Ernst von Feuchtersleben, Stiefbruder des letzten Nachkommens des hochfürstlichen Mohren Angelo Soliman, hatte eine Psychopathologie entworfen, in der er den Menschen als eine leibseelische Einheit betrachtete.

Zur Abschreckung und Weiterbildung: Eines der Exponate seltener Krankheiten und „merkwürdiger" Körperteile aus der 1796 gegründeten Pathologisch-Anatomischen Sammlung

Der Narrenturm diente ab den sechziger Jahren als Magazin, Pfleger-wohnung und Schwesternheim. Seit dem Jahr 1971 befindet sich das Pathologisch-Anatomische Bundesmuseum an diesem passenden Ort.

Die Sammlung von Leichenteilen, Knochen-, Trocken- und Feucht-präparaten, Totenschädeln und Skeletteilen, Wachsmoulagen von Haut- und Geschlechtskrankheiten, histologischer Schnitte, mißgebildeter Fö-ten und Kleinkinder sowie ehrwürdiger medizinischer Gerätschaften, die ein wenig mittelalterlichen Folterinstrumenten ähneln und wohl auch waren, wurde 1796 unter Kaiser Franz I. von dem bereits genannten Arzt Johann Peter Frank begründet. Seit dieser Zeit wurden derartige Exponate seltener Krankheiten und „merkwürdiger" Körperteile kon-serviert und vom Institut für pathologische Medizin gesammelt, zur Ab-schreckung des Publikums ebenso wie zur Weiterbildung der Mediziner.

Das Museum und Forschungsinstitut umfaßt heute an die 50.000 Ausstellungsobjekte und stellt somit die größte Sammlung menschlicher und tierischer Präparate der Welt dar. Wir begegnen hier dem Skelett der „kleinen Gräfin" mit dem großen Wasserkopf ebenso wie dem der sia-mesischen Zwillinge nach dem Ende ihrer Praterkarriere. Krebswuche-rungen und Geschlechtskrankheiten wurden sorgfältig in Wachs abge-

Neunter Bezirk

gossen und krankhaft veränderte Organe in Kampfer konserviert. Sie erzählen von einer Zeit, die noch reich war an monströsen, monsterhaften, abnormen Körpern. Das Pandämonium körperlicher Devianz wurde in den letzten sieben Jahren von immerhin 21.000 Menschen besucht, deren Interesse an der Sammlung, laut Befragung, zumeist mit „Schaulust" umschrieben wird.

Das gedrungene Turmgebäude, das einst als Anhaltungsort für Geisteskranke diente, soll demnächst restauriert und einer neuen Verwendung zugeführt werde. Laut „Standard" vom 15. Jänner 2000 forciert die Universität Wien den Plan, das ehemalige „Panopticon" in eine Art wissenschaftlichen Elfenbeinturm, gegannt „Synoptikum", zu verwandeln. Ein entsprechender Adaptierungsvorschlag liegt bereits vor und beinhaltet Denker- und Regenerationszellen, ein „Museum des Wahnsinns" sowie eine öffentliche Grünanlage, vermutlich, damit die Leute um den Turm herum ihren Spaß an jenen haben, die aus den Fenstern heraussehen.

Anatomisch-Pathologisches Bundesmuseum, Öffnungszeiten: Mittwoch 15–18, Donnerstag 8–11, jeden ersten Samstag im Monat 10–13 Uhr. An Feiertagen geschlossen. Tel. 406 86 72.

Freymanns Familiendynastien

Das „Wiener Hochgericht" am Rabenstein
9, Türkenstraße 25, Schlickgasse 1

N ahe der heutigen Kreuzung Berggasse und Porzellangasse befand sich lange Zeit Wiens bekannteste Hinrichtungsstätte. Hier, in der Roßau nahe des Donauarmes, stand der Wiener Galgen, doch wurden an dieser Stelle wahlweise auch Strafen wie Köpfen, Rädern und Brandmarken vollzogen. 1311 und 1488 erweitert, wurde der Rabenstein 1747, nachdem der Galgen auf dem Wienerberg vorerst aufgelassen worden war, erneut vergrößert. 1850 wird der Rabenstein dann endültig abgetragen. Das große Holzkreuz aus dem 15. Jahrhundert, das sich viele Jahre hindurch bei der Hinrichtungsstätte befand, findet sich heute im Presbyterium der nahen Servitenkirche.

„Raben" wurden jene genannt, die niedrige Arbeiten verrichteten, Kranke trugen und die Toten bestatteten. Die Scharfrichter wieder, „Heher" oder „Züchtiger", die hier ab dem 13. Jahrhundert ihres Amtes walteten, galten einst, ebenso wie die Dirnen und Komödianten, als unehrlich und wurden in ihren scharlachroten Umhängen wie die Pest gemieden. So war auch der Andrang zum Amt anfangs nicht allzu groß, auch wenn der Henker sein geringes Gehalt nach getaner Arbeit durch Sammeln von freiwilligen Spenden aus dem Publikum aufzubessern trachtete, und wir finden in der Stadtgeschichte wiederholt Zeiten, in denen Wien ohne Scharfrichter war. So kam es denn auch, als am 16. März 1485 in der Stadt fünf Verurteilte ins Jenseits zu befördern waren, sich wieder einmal eine Lücke in der Bewerbung zeigte und kein einziger „Freymann" aufgetrieben werden konnte, der sich der Arbeit unterzog. Man verfiel auf das einzige Mittel, daß die zum Tode Bestimmten untereinander mit sich fertig zu werden hätten. Deshalb mußten sie würfeln, und den das Los traf, der sollte seine Schicksalsgenossen um einen Kopf kürzer machen. „Mit welcher Freude", vermutete der Lokalhistoriker Friedrich Schlögl, „wird sich der Glückliche, der mit seinem Wurfe in der That einen Haupttreffer machte, seiner Aufgabe unterzogen haben, wurde ihm doch, als er mit den vier Maleficanten fertig gewesen, das Leben geschenkt und konnte er frei nach Hause gehen."

Dagegen erzählt Schlögl wieder von einer anderen Zeit, wo in Wien ein förmlicher Andrang von Folter- und Henkeraspiranten zum ärarischen „Blutgeld" zu bemerken war. Namentlich drei Konkurrenten um die begehrte Scharfrichterstelle stritten und befehdeten sich aufs heftigste und wiesen die eindrucksvollsten Atteste ihrer Geschicklichkeit vor, bis der eine Konkurrent sich sogar erbot, einen Kreidestrich am Halse des Delinquenten mit einem Hiebe zu durchschlagen. Die Gelegenheit ergab sich bald. Der Verurteilte kniete nieder, der Bewerber hob das Schwert, ein wuchtiger Streich und der Kopf lag zu seinen Füßen; aber in demselben Augenblick drehte sich der unvergleichliche Schwertführer um und schlug mit dem nächsten Hiebe seinen zwei ihn kontrollierenden Mitbewerbern die Köpfe ab und bekam, da sich die Sache mit dem Kreidestrich aufs genaueste bestätigte, die ersehnte Stelle. Diese bequeme Methode, sich Konkurrenten nicht nur symbolisch schnell vom Halse zu schaffen, war danach nicht mehr gestattet.

Der Freymann und seine Gehilfen während einer gutbesuchten Hinrichtung Am Hof im Jahre 1601

Zudem stand im Mittelalter bereits der Freymann unter ständiger Beobachtung eines sachverständigen Wiener Publikums. Und so wurde in jenen Jahren ein Scharfrichter wegen Stümperei bei einer Enthauptung von der empörten Volksmenge selbst zu Tode gebracht. Fortan ließ die Obrigkeit vor jeder Hinrichtung den „Freymann Frieden" ausrufen, der jedes tätliche Vorgehen gegen den Scharfrichter mit Strafe bedrohte.

Obzwar ab nun die Scharfrichterei als solche sowie mit den Nebenfunktionen des Hundefangs, der Abdeckerei und dem Verkauf kleiner Strickstücke als Glücksbringer keinesfalls zu den unlukrativsten, wenngleich nicht renommiertesten Positionen zählte, so schien doch die Existenz eines derart vielbeschäftigten Mannes finanziell häufig eine prekäre gewesen zu sein. Maria Theresia nahm sich fürsorglich auch dieser Leute an und regulierte mit der „allergnädigsten Resolution vom 7. Juni 1773" die Einkünfte des „Freymannes" mit Hilfe einer weitläufigen „Taxordnung", welche fünfundneunzig Posten enthält, die der Henker mit gutem Gewissen verrechnen durfte. Und so wandelten sich die verächtlichen Züge mancher Wiener zu denen einer grüblerischen Nachdenklichkeit, als sie bemerkten, was dabei zu verdienen war. So bestimmte die theresianische Fiskalordnung etwa: „Für Abhauhen der Hand 30 kr.", „Für das Einschrepfen der Relegationsbuchstaben und Einreiben derselben mit Pulver 45 kr.", „Für Aufnagelung des Kopfes an das Rad 15 kr.", „Für das Verbrennen einer lebendigen Person (wenn diese Person vorher zu erdrosseln ist, für das Erdrosseln nichts) 5 fl.", „Für das Verbrennen oder Vertilgen einer verzweifelten Person 10 fl. 30 kr.", „Für das Zungenausreißen 1 fl.", „Für das lebendige Viertheilen 5 fl." sowie „Für das Einschlagen eines Pfahles durch das Herz der enthaupteten Kindsmörderin 1 fl.".

Der Spruch, daß nicht alles Gold ist, was glänzt, paßte immer schon nach Ansicht des Sozialreporters Max Winter für nichts besser als für das „Goldene Wiener Herz". Das Herz der fürsorglichen Monarchin blieb aber dann von alledem doch nicht ganz ungerührt, und so gestattete sie deshalb in einem geheimen Anhang zu ihrem Criminalcodex, daß „alle jene Strafen, aus denen zum Nachtheile des ewigen Seelenheiles Verzweiflung entstehen könnte, zu mildern seien". Auch ließ sie bereits 1747 den Galgen vom Wienerberg nahe der Spinnerin am Kreuz vorübergehend entfernen, damit ihr bei ihren häufigen Vergnügungsfahrten vom Lustschloß Favorita nach Schönbrunn der Anblick der dort hängenden Verbrecherleichen erspart bleibe. Aber auch sie war sich gewiß: „Spectacle müssen sein, ohne dem kann man nicht in einer solchen großen Residenz bleiben."

Der Rabenstein, das seit spätestens 1311 bestehende „Wiener Hochgericht", mußte nun, da inzwischen auch die Hinrichtungsstätten auf dem Hohen Markt, Am Hofe und auf der Erdberger Gänseweide aufgelassen worden waren, bedeutend vergrößert werden, damit alle anfallenden Exekutionen fortan hier stattfinden konnten. Eine Konzentration, die auch mit einer Art Rationalisierung des Berufes des Henkers einherging. Während Henry Sanson, der letzte seiner Familie, die von 1685 bis 1847 das Amt des Henkers von Paris ausgeübt hatte, voll bitterer Selbstvorwürfe und dem Wunsch nach Aufhebung der Todesstrafe seine Tagebücher schließt, gewinnt in Wien das Geschäft des „Freymannes" dank des Spektakels, das mit den öffentlichen Hinrichtungen verbunden ist, an breiter Popularität und bürgerlicher Respektabilität. Fast sämtliche Hinrichtungen, deren Zeuge die Stadt seit Jahrhunderten gewesen war, fielen zudem in die Amtswirksamkeit von lediglich drei bis vier Familien, die ihr monopolistisches Privileg auf dem Wiener Platze eifersüch-

206   Neunter Bezirk

Das „Wiener Blutgericht" Herzog Friedrichs des Schönen gegen widerständige Wiener Bürger im Jahre 1310 bot dem Betrachter zahlreiche mittelalterliche Bestrafungsformen: Neben Blenden, Rädern und Köpfen wurden Delinquenten zu Tode geschliffen, Zungen abgeschnitten und Hände abgehackt

tig zu hüten verstanden. Lange Zeit brillierte in diesem Gewerbe vor allen anderen die berühmte Familie Schrottenbacher, deren Name laut Friedrich Schlögl bereits um 1550 mit der einschlägigen Konzession betraut erscheint, welche sie auch, trotz mancher Schicksalsschläge, bis 1802 behielt. In diesem Jahr wurde der letzte Schrottenbacher seines Amtes müde, nachdem ihm seine vier als Amtsnachfolger bestimmten Söhne zu Lebzeiten verstorben waren. So verkaufte der resignierte Greis am 1. Juni 1802 sein Gewerbe um zweitausend Gulden an Johann Georg Hoffmann, der schon seit Jahren bei ihm im Dienste gestanden und nun das alte Wasenmeisteranwesen, das sogenannte „Gnadenstockhaus" am Neuthor Nr. 197, nahe dem heutigen Salzgries vom Magistrat zur unentgeltlichen Benützung erhielt. Hoffmann war eine wohlgelittene, populäre Persönlichkeit Wiens und trotz seines Gewerbes in weiten Kreisen beliebt und geachtet. Seine Geschicklichkeit, die sträubenden Opfer auf die schonendste Weise zur Raison und zur Hinrichtung zu bringen, wie die Raschheit im Vollzug seiner Aufgabe, brachten ihm bei

Freymanns Familiendynastien   207 der schaulustigen Menge hohes Ansehen ein. Engagierte Galgenhabitués pflegten während seiner Arbeit mit der Uhr in der Hand die Sekunden zu zählen und verglichen jede Nuance der Hinrichtung kenntnisreich mit früheren Aktionen. Und dennoch wankte Hoffmann eines Tages in Ausführung seiner Pflicht. Es war dies, als er seinen ältesten und besten Freund, jenen „Stockerauer Wirth", der falsche Banknoten fabriziert hatte, abzuurteilen hatte, was schließlich lediglich dank gütigem Zuspruch des Delinquenten gelang.

Nach Hoffmanns Tod 1828 führte zwar seine Frau die Wasenmeisterei als Witwenbetrieb fort, allein das einträgliche Scharfrichteramt mußte, da ihr einziger Sohn noch minderjährig war, an den „ersten Knecht" des Hauses, Simon Abel, übergeben werden, der zwar das neue Geschäft lobenswert versah, aber bis zu seinem Tod 1837 mit den Hoffmanns prozessieren mußte. Abel, der laut Schlögl in seinen Mußestunden leidenschaftlicher „Curpfuscher" war, zeigte sich den staunenden Mitbürgern auf seinem Weg zum Prater zumeist im lichtgrünen Frack hoch zu Roß. Er galt als einer der robustesten Männer seiner Zeit, was seinem Amte keinesfalls abträglich war, und bändigte auch jenen Hausmeister aus der Kärntner Straße, der die Stricke, mit denen ihm die Hände gebunden waren, jäh zerriß und auch den Galgen selbst über den Haufen zu schmeißen drohte.

Abels Tod beendete das familienferne Interregnum, und Johann Georg Hoffmann II. bewarb sich um das Scharfrichteramt, auf welches er erbrechtliche Ansprüche geltend zu machen versuchte und nebenbei nachwies, daß er chirurgische Studien mit dem besten Erfolg absolviert habe. Über die Gewährung der Bitte und über die Einschätzung von Hoffmanns Erzählungen gerieten nunmehr der politische und der Justizsenat des Magistrates in Streit, schließlich machte letzterer zur Bedingung, daß Hoffmann seine Befähigung für das Scharfrichteramt von der medizinischen Fakultät sich bestätigen lassen müsse. Diese wieder wies das Ansinnen von sich und erklärte, daß ein solches Gutachten nur ein „alter und erfahrener Freymann" abgeben könne, worauf Hoffmann sich zu dem damaligen Brünner Scharfrichter Kotzurek in die Lehre begab und gleichzeitig den Wiener Magistrat bat, die nächste Hinrichtung unter Beisein Meister Kotzureks vollziehen zu dürfen. Dieser Bitte wurde stattgegeben und Hoffmann am 22. November 1838 gestattet, seine Kunst an Georg Resniczek beweisen zu dürfen. Dies geschah, und Kotzurek attestierte kollegial, daß sein Schüler „sich ganz vorschriftsmäßig benommen und nichts zu wünschen übrig gelassen habe". Dieser Ansicht war jedoch jener Gerichtskommissär, der dieser Hinrichtung

Neunter Bezirk

beigewohnt hatte, keinesfalls, und so mußte Hoffmann abermals ungeduldig warten, bis die nächste Gelegenheit sich ergab, wo er seine tadel-
lose Geschicklichkeit und chirurgische Kunstfertigkeit in aller Öffentlichkeit beweisen konnte. Das bange Sehnen währte nicht lange. Schon
am 13. Dezember 1838 mußte er den Infanteristen Franz Hanusch ju-
stifizieren, was er mit solcher „Sicherheit und Gemüthsruhe", wie es im
Zeugnis hieß, vollbrachte, daß er endlich am 28. Juni 1839 das er-
wünschte Dekret als Wiener Scharfrichter erhielt.

Hoffmann II. wirkte nun noch sechsundzwanzig Jahre und vollzog in
dieser Zeit, in die auch das Ende des Rabensteines fällt, siebenundacht-
zig erfolgreiche Hinrichtungen in Wien und Umgebung. Er war laut
Attest seiner Mitbürger ein Mann von Bildung, sanften Herzens und weichen Gemütes. So wurde er fast nach jeder Exekution bettlägrig und soll
sich auch erschüttert über die Hinrichtung der Victoria Bauer zu Klo-
sterneuburg gezeigt haben, bei welchem Akt er sich freilich auch noch
eine Erkältung zuzog, die am 10. Mai 1865 seinen Tod zur Folge hatte.

Nach seinem Ableben ging es fast allerorts mit dem Scharfrichtertum
bergab. Der Prager Freymann Swoboda machte Bankrott, dasselbe pas-
sierte bald darauf dem in Meidling ansässigen Heinrich Willbacher, und
im August 1872 geriet auch Georg Hoffmann III., der letzte Erbe des
traditionsbewußten Familienbetriebes, in den Konkurs. Schuld daran
waren die Vorboten der liberalen Strafprozeßordnung des Jahres 1873
gewesen, die bestimmte, daß Hinrichtungen nunmehr innerhalb der Ge-
fängnismauern vorzunehmen seien, was die Wiener um ein liebgewon-
nenes, altgewohntes Spektakel bringen sollte.

Leichen im Keller

Anatomisches Institut der Universität Wien
9, Währinger Straße 13

„D„ie Anatomie war belastet, fast diskriminiert, weil die ihr zugewiesenen Körper die Leichen von Justifizierten, Vagabunden, Bettlern waren. Nur in Epidemiezeiten wurden Leichen in großer Zahl angeboten", beschreibt der Anatom Alfred Gisel die beschwerlichen Anfänge des Faches. Im biedermeierlichen und liberalen Wien waren es vor allem Opfer der Cholera, des Typhus oder der Tuberkulose gewesen, die in die Keller des 1886 in der Währinger Straße errichteten Neubaus des Anatomischen Institutes überführt wurden. Mit Joseph Hyrtl hatte in der zweiten Hälfte des 19. Jahrhunderts die Blütezeit der Wiener Anatomischen Schule begonnen. Bald nach Schließung des Josephinums 1878 waren am Institut zwei Lehrkanzeln entstanden, die von Emil Zuckerkandl und Carl Toldt, nach ihnen von Julius Tandler und Ferdinand Hochstetter verwaltet wurden.

Am 19. März 1938 trat Eduard Pernkopf, Leiter des II. Anatomischen Instituts, Mitglied der „Wiener Gesellschaft für Rassenpflege" und wohl erster unter den deutschsprachigen Anatomieprofessoren, der NS-Mitglied geworden war, in ordensgeschmückter Parteiuniform sein Amt als Dekan der medizinischen Fakultät an. Pernkopf war, ebenso wie Konrad Lorenz, Schüler Ferdinand Hochstetters gewesen und 1933 sein Nachfolger auf der Lehrkanzel geworden, während der emeritierte und engagierte Anatom in diesen historischen Wochen des Jahres 1938 soeben zum Vizepräsidenten der Akademie der Wissenschaften bestellt wurde.

Schon lange vor 1938, konstatiert der Medizinhistoriker Michael Hubenstorf, wäre das II. Anatomische Institut Sammlungsort der antisemitischen Schlägertrupps gewesen, und er weist auch darauf hin, daß in der, am Lehrpersonal gemessen, damals zweitgrößten medizinischen Fakultät des deutschen Sprachraumes ab Mitte der zwanziger Jahre Habilitationen und Berufungen jüdischer Ärzte markante Ausnahmefälle darstellten. Als dort überraschenderweise 1932 der Pharmakologe Ernst Peter Pick zum Dekan gewählt wurde, protestierte dagegen der Jusstudent und spätere „echte österreichische" Bundeskanzler Josef Klaus samt zweier Kommilitonen in einem „Offenen Brief der Leitung der

210

Deutschen Studentenschaft" mit den Worten: „Die Deutsche Studentenschaft nimmt mit Entrüstung zur Kenntnis, daß Sie wider Erwarten ihre Wahl zum Dekan der medizinischen Fakultät angenommen haben. Nach wie vor steht die D.St. auf ihrem 1923 kundgetanen Standpunkt, daß Professoren jüdischer Volkszugehörigkeit akademische Würdenstellen nicht bekleiden dürfen. Wollen Sie bedenken, daß sie sich an einer deutschen Hochschule befinden und daß die deutschen Studenten als ihre Führer nur deutsche Lehrer anerkennen! Schon im Interesse eines ordnungsgemäßen Lehrbetriebes hoffen wir auf Ihre Einsicht. gez. Gerhard Kurka, gez. Robert Ehrlich, gez. Josef Klaus."

Derartige Standpunkte und Entrüstungen werden ab März 1938 zunehmend berücksichtigt. „Sowohl im positiven Sinne, im Sinne der Förderung der Tüchtigen, wie im negativen, im Sinne der Ausmerzung der Minderwertigen und Schlechten", wolle er den „Volkskörper" in seine Obhut nehmen, hatte Pernkopf am 6. April 1938 bei seiner großen Antrittsrede als Dekan vom Rednerpult des Anatomischen Institutes herab verkündet. Und sowohl bei der Ausmerzung jüdischer Kollegen wie bei einer von ihm positiv begriffenen Eugenetik wird er an führender Stelle tätig sein. Unter seiner Amtsführung wurden laut den Forschungen von Hubenstorf mehr als die Hälfte der rund 300 Professoren und Dozenten der medizinischen Fakultät wegen ihrer jüdischen Abstammung entlassen, von den 4.900 Ärzten Wiens verloren kurz nach dem „Anschluß" 3.200 das Recht, ihren Beruf auszuüben. Die Ärztekammer installierte daraufhin eine „Vermittlungsstelle", um der arischen Konkurrenz möglichst rasch Zugriff auf Wohnungen und Praxen jüdischer Mediziner zu ermöglichen. Auch die privaten Krankenanstalten wurden sogleich arisiert, so etwa die Rothschild-Stiftungen, das Maria-Theresien-Schlößl, die Nervenheilanstalt Rosenhügel und die von Arthur Schnitzlers Vater, dem Laryngologen Johann Schnitzler, mitbegründete Allgemeine Poliklinik. Der Dekan der medizinischen Fakultät und ab 1943 Rektor der Wiener Universität hatte es in seiner programmatischen Rede ausgesprochen, daß mit der Vertreibung der jüdischen Medizin, die er als „Krankheit" apostrophierte, der Weg für eine deutsche Ärzteschaft frei gemacht werden müsse, und er hat sein Wort gehalten. In seiner Vorlesung hatte er 1942 zudem unterstrichen: als „Gesundheitsführer" habe er auf die Konstitution des ganzen Volkes zu achten, durch „Erb- und Rassenpflege im besonderen das erblich und rassisch Kranke aus dem Blutstrom der einzelnen Familie und des Volkes auszuscheiden".

1937 hatte Pernkopf begonnen, seine „Topographische Anatomie des Menschen" zu veröffentlichen, die dann 1960 in vier Bänden und sieben Büchern abgeschlossen, im renommierten Verlag Urban & Schwarzenberg vorlag. Sein Anatomie-Atlas entwickelte sich bald zu einem international anerkannten Standardwerk und wurde mehrmals aufgelegt, zuletzt 1994, darunter auch in englischer und spanischer Sprache. „Die Abbildungen des menschlichen Körpers, seiner Gefäße und die Lage seiner Organe wurden von Künstlern mit viel Liebe zum Detail gezeichnet. Das macht den anatomischen Atlas des ehemaligen Wiener Dekans der medizinischen Fakultät, Eduard Pernkopf, weltweit zu einem Klassiker. Keine Universitätsbibliothek, in der er fehlt, keine anatomische Fakultät, die nicht mit ihm arbeitet", berichtet der „Standard" am 29. November 1996.

Seit Beginn des Jahres 1998 beschäftigte sich nunmehr eine Untersuchungskommission der Universität damit. „Anstoß für späte Selbstbesinnung" sei nach einer „Standard"-Meldung vom 13. Februar 1997 im März 1995 ein Brief aus dem israelischen Holocaust-Gedenkzentrum Yad Vashem gewesen, worin die Frage aufgeworfen wurde, ob für die Atlas-Abbildungen Leichen hingerichteter NS-Opfer verwendet worden waren. William E. Seidelman von der Universität Toronto und Howard Israel von der Columbia University New York hatten als erste einen derartigen Verdacht geäußert. Der Prodekan der Wiener medizinischen Fakultät hatte damals nach „Standard"-Bericht vom 29. November 1996 reflexartig auf die Vorwürfe des Auslands mit den Worten reagiert, die „US-Kollegen" hätten „mangelnd recherchiert", bereits 1995 hätte die Wiener Medizin einen Bericht fertiggestellt, „der die Vorwürfe entkräftet".

Die Nachforschungen des Expertenkomitees über die Rolle der Wiener Anatomie in den Jahren 1938 bis 1945 ergaben laut Bericht des „Standards" vom 2. Oktober 1998 schließlich, daß Pernkopf und sein Institut die Leichen von mindestens 1.377 Personen, die während der NS-Zeit im Wiener Landesgericht hingerichtet oder in anderen Anstalten ermordet worden waren, „als Präparate für Sezierkurse, Forschungen oder Schauräume, oder als Vorlagen für den umstrittenen Anatomie-Atlas" verwendet haben. Daneben durften sich „auch andere Institute der Leichen oder Leichenteile" bedienen und haben „diese Präparate teilweise bis Juli dieses Jahres verwendet. Unter den 1.377 Opfern, deren Identität geklärt werden konnte, befinden sich auch acht jüdischer Herkunft." Laut Bericht hat Pernkopf für den international angesehenen Anatomie-Atlas mindestens 32 Leichen von NS-Gegnern, die am Wiener Landesgericht exekutiert worden waren, abbilden lassen.

„Die Hinrichtungen am Wiener Landesgericht fanden zwischen 17.30 und 20 Uhr statt. Für eine brauchten sie nur drei Minuten. An etlichen

Tagen wurden bis zu 33 Personen hingerichtet. Das anatomische Institut wurde immer einen Tag zuvor über die anstehende Lieferung verständigt, ab und zu auch am selben. Die Leichen kamen dann wie Holzstücke übereinander aufgeschlichtet." So lautet die Notiz eines Wiener anatomischen Zeichners aus dem Expertengutachten, der auch zu berichten weiß: „1942 war das Institut derart mit Leichen überfüllt, daß die Lieferungen kurzzeitig abbestellt werden mußten."

Während der Pernkopf-Untersuchung hatte die Expertenkommission auch entdeckt, daß „ostmärkische" Mediziner im KZ Dachau „Impfexperimente" durchgeführt hätten, auch sei nicht auszuschließen, daß Leichen aus dem KZ Mauthausen ebenfalls an die Wiener Anatomie gelangt sein könnten. Darüber hinaus, schreibt die Zeitung weiter, hätten nach Angaben des Zeithistorikers und Leiters der Expertengruppe, Gustav Spann, die Recherchen weitere „erschreckende Tatsachen" ans Licht gebracht: „Weit mehr als 100 Präparate, die von Erhängten stammen, seien am Histologischen Institut, auf der Gerichtsmedizin und am Institut für Medizingeschichte gefunden worden." Am Spiegelgrund stieß man auf 418 Gehirne und Rückenmarkstränge aus einstigen Euthanasietagen, die in Formalinlösungen auf Regalen in einer „Gehirnkammer" aufbewahrt wurden. „Bis heute", berichtete die „profil"-Ausgabe vom 10. März 1997, „hat das Krankenhaus verabsäumt, die betroffenen Familien persönlich wenigstens von der Existenz der Leichenteile zu verständigen."

Wien war unter den fast 40 sogenannten „Kinderfachabteilungen" im Deutschen Reich jene mit der zweithöchsten Todeszahl, schreibt das Magazin weiter. „772 Kinder sind hier durch Hunger, Medikamenten-Überdosen und durch die Untersuchungsmethoden gestorben, und eine Aussage einer Pathologin im Jahre 1946 läßt darauf schließen, daß fast allen der 772 Kinder das Gehirn entnommen wurde. In der ersten wissenschaftlichen Dokumentation über den ,Spiegelgrund' hat der Mediziner Matthias Dahl von der Uni Göttingen jetzt festgestellt, daß auch Kinder, mit denen an der Wiener Universitätsklinik Impfexperimente gemacht wurden, hierher zum Sterben transferiert wurden." Eine Lippenspalte bei einem Säugling, vom Psychiater Heinrich Gross 1944 als „schwere Mißbildung" diagnostiziert, führte in diesem System bereits zum Tod. Fast eintausend Reichsmark verlangte man am Spiegelgrund für die Betreuung eines Kindes, die zumeist auf Euthanasie hinauslief, und das Begräbnis kostete 405 Reichsmark und 47 Pfennige. „Die von der Expertenkommission gefundenen Präparate", meldete der „Standard" am 2. Oktober 1998, „sollen gemeinsam mit den vom Gericht beschlagnahmten Gehirnen, die von Euthanasieopfern Am Spiegelgrund stammen, am Zentralfriedhof bestattet werden."

Am Neurologischen Institut wieder konnte man „bis vergangenen Juli sechs Leichenpräparate, die der NS-Psychiater Heinrich Gross" dem Institut „zwischen 1953 und 1957" übergeben hatte, zumeist im Keller betrachten", heißt es im „Standard" weiter. „Sie stammen von Euthanasieopfern der Kinder-Nervenheilanstalt Am Spiegelgrund. Der Fund wurde dem Gericht gemeldet – gegen Gross läuft derzeit ein Verfahren wegen Mordes." Das Verfahren ist unterdessen eingestellt worden. Gross wird auch damals, 1953, die Präparate nicht mehr zu wissenschaftlichen Zwecken benötigt haben, denn seine Untersuchung „Zur Morphologie des Schädels bei der Akrocephalosyndaktylie" war bereits 1952 im „Morphologischen Jahrbuch" Nummer 82 erschienen, einen gleichlautenden Vortrag hatte er übrigens bereits vor der Fachgruppe Wiener Biologische Gesellschaft der Wiener Medizinischen Gesellschaft am 23. November 1942 gehalten.

Auf die engen Beziehungen zwischen NS-Vernichtungspolitik und medizinischer Fakultät weist auch Michael Hubenstorf hin, wenn er schon 1989 feststellt: „getötete Kinder aus der Kinderfachabteilung bzw. Wiener städtischen Nervenklinik ‚Am Spiegelgrund' wurden 1942 im Anatomischen Institut unter Anleitung des Dozenten Wilhelm Wirtinger seziert und die daraus gewonnenen Präparate dienen noch bis heute der Forschung." Seine Erkenntnisse und Beiträge über Euthanasie und institutionelle NS-Medizin blieben in den achtziger Jahren jedenfalls weithin ungehört.

Die hierorts anzutreffende Verläßlichkeit der Vergeßlichkeit, die „heimische Vergangenheitsbewältigung" somit, erklärte der Leiter des Dokumentationsarchivs des österreichischen Widerstandes, Wolfgang Neugebauer, während des Symposiums „Medizinische Fakultät 1938 bis 1945" im März 1998, sei lange Zeit „durch Behinderung der Forschung, Lügen, Verschweigen und Verdrängen" gekennzeichnet gewesen. Auch die heimische Nachkriegsjustiz habe mitgespielt, die Täter nicht weiter zu verfolgen. Erinnert sei in diesem Zusammenhang auch an die fünfzig- bis achtzigjährigen Archivsperren, wodurch wichtige Akten aus der NS-Zeit nach wie vor unter Verschluß gehalten werden können.

Heinrich Gross wurde 1950 wegen Mittäterschaft am Totschlag verurteilt, das Urteil jedoch aufgehoben, und das Verfahren wurde nicht weitergeführt. Kindergehirne vom Spiegelgrund, berichtet „profil" am 10. März 1997, verwendete er für insgesamt zwölf wissenschaftliche Publikationen, ohne deren Herkunft zu erwähnen. 1962 kehrte er dank ausgezeichneter politischer Verbindungen als Primarius an seine frühere Arbeitsstätte zurück. Noch bis vor wenigen Jahren wirkte er hochbetagt als Gerichtsgutachter. In dieser Eigenschaft hat er auch Franz Z. wiedergetroffen, der einstens als Kind Am Spiegelgrund ein Opfer des Primararztes gewesen war.

Nach 1945 wurde in Wien der Ex-Gauärzteführer Otto Planner-Plan in den Vorstand der Ärztekammer gewählt, schreibt „profil" resümierend, in Kärnten wurde der ehemalige Gauamtsleiter im Hauptamt für Volksgesundheit für Kärnten, Gauärzteführer und Regierungsdirektor Oskar Kauffmann Ärztekammerpräsident, und der frühere Assistent am Rassenbiologischen Institut Innsbruck, der spätere Präsidentschaftskandidat und Gerichtssachverständige Otto Scrinzi, zog für die Freiheitliche Partei in den Nationalrat ein. Professor Wolfgang Denk, Vorstand der II. Chirurgischen Klinik von 1931 bis 1953, vom „Neuen Österreich" als „Rector nacificus" bezeichnet, erhielt das Rektorenamt trotz zahlreicher Proteste dann 1948. Ihn stellten ÖVP und FPÖ 1957 als gemeinsamen Kandidaten für das Amt des Bundespräsidenten auf. Ab 1949 erhielten zehn entlassene NS-Hochschullehrer die Lehrberechtigung für Medizin zurück, zwei Professoren wurden wieder Vorstände der medizinischen Institutionen, die sie bis 1945 geleitet hatten. Karl Hermann Spitzy konnte seine Nachkriegskarriere ebenso fortsetzen wie Hermann Chiari. Nicht so diejenigen Mediziner, die ins Ausland fliehen mußten. Die „Ärztezeitung" vom Juni/Juli 1946 warnte diesbezüglich die Emigranten ausdrücklich, heimkehren solle nur, wer im Gastland unmöglich bleiben könne, denn: „Die jüdische Klientel existiert nicht mehr … Leitende Stellen sind fast ausnahmslos neu besetzt."

1947 erfolgten auch erste Interventionen im Falle des im Lager Glasenbach als „NS-Belasteter" einsitzenden Eduard Pernkopf beim Kabinettsdirektor der Präsidentschaftskanzlei, Wilhelm Klastersky. 1949 erhielt der Anatom vom Bundespräsidenten eine Ausnahme von den Sühnefolgen bewilligt. Ein Jahr später korrigierte die Salzburger Landesregierung, deren Leitung seit 1949 Josef Klaus innehatte, seine Einstufung auf „Minderbelasteter", womit auch eine höhere Pensionszahlung verbunden war.

Seit 1949, seit seiner ehrenvollen Pensionierung, konnte Pernkopf auch ungestört an seinem Atlas weiterarbeiten, der neue und eben aus dem Exil zurückgekehrte Vorstand des Neurologischen Institutes, Hans Hoff, stellte ihm entsprechende Räumlichkeiten zur Verfügung. Bald fanden sich dort auch Pernkopfs ehemalige Zeichner, Batke, Endtresser und Lepier, allesamt ehemalige NSDAP-Mitglieder, wieder ein. Allerdings verzichteten sie nunmehr darauf, ihre Bilder mit Hakenkreuzen und SS-Runen zu verzieren, wie sie es zuvor im Atlas mit einer gewissen Andacht getan hatten. „Ebensowenig erfahren heutige Benützer des Atlasses", schreibt der „Standard" vom 9. Februar 1998, „daß diese NS-Signaturen in den 60er Jahren, bis auf eine Ausnahme, entfernt worden sind." Bei den jeweiligen Neuauflagen von 1963/64 und 1987/89 beziehungsweise 1994 gehen weder Herausgeber noch Verlag auf die Entstehungsgeschichte des Werkes ein. Der Münchner Verleger Michael Urban möchte jedoch nunmehr „die gebotenen Konsequenzen ziehen". Sollten sich die Vermutungen der Historikerkommission bestätigen, erklärte er im Februar 1998, werde er „die entsprechenden Zeichnungen entfernen lassen". Seit Anfang 1998 enthält die jüngste Ausgabe nunmehr ein Beiblatt, mit dem auf die exponierte Stellung des Anatomen und auf die Vorwürfe hingewiesen wird, als „ein Schatten", der über dem Werk liege. Für den Verleger bleibt jedoch laut „Standard" der Atlas „eines der schönsten, wertvollsten und wissenschaftlich wie künstlerisch brillantesten Werke, das Urban & Schwarzenberg in seiner 130jährigen Geschichte verlegt hat". Seltsame Ironie, daß der Rassentheoretiker Pernkopf sein berühmtestes Werk ausgerechnet in diesem Verlag veröffentlicht hat: „Verlagsgründer Schwarzenberg war Jude, für die ersten Programme zeichnete der Vater von Arthur Schnitzler, Johann, verantwortlich", befand die Zeitung abschließend.

Eduard Pernkopf, der die Wiener Anatomie wieder belastet und diskriminiert hatte, starb 1955 hochgeehrt als Wirkliches Mitglied der Österreichischen Akademie der Wissenschaften und liegt auf dem vornehmen Grinzinger Friedhof begraben. Nicht allzuweit entfernt von Heimito von Doderer, Gustav Mahler, Alma Mahler-Werfel, von Ludwig Wittgensteins Bruder Paul und von Thomas Bernhard, der sich über Ärzte immer schon ähnliches gedacht hatte.

„Blutvollem Leben entglitten, sind Schatten wir jenseits der Grenze. Was in Starre verblieb, diene dem Können der Ärzte", dieser Spruch wurde einstens in einer der unterirdischen Hallen des Anatomischen Instituts angebracht, und der läßt sich neuerdings auch auf andere Weise deuten.

Die k. k. Josephsakademie

Museum anatomisch-pathologischer Präparate, Institut für Geschichte
der Medizin
9, Währinger Straße 25

„D er Kaiser Josef, welcher so viele Stiftungen und Institute aufgehoben
hat, errichtete dafür auch wieder einige ganz neue, deren Zweck unseren Zeiten mehr angemessen ist als jener von manchen der älteren. Unter diese neuen in Wien errichteten Institute gehört vorzüglich auch die
Medizinisch-Chirurgische Militärakademie, von ihrem Stifter die Josephinische genannt", berichtet Johann Pezzl in seinen „Skizzen von
Wien" über die am 7. November 1785 vom Kaiser gegründete Anstalt.
Und über deren Aufgabenstellung schreibt der josephinische Chronist
und kenntnisreiche Sittenschilderer weiter: „Für einen Staat, bei dem das
Soldatensystem das herrschende ist, der übergroße stehende Armeen
hält, bleibt die Wundarzneikunde immer eine der Wissenschaften, welche die sorgfältigste Pflege erfordert. Die Überzeugung von diesem Satz
scheint dem Kaiser bewogen zu haben, diese Akademie anzulegen, wie
er denn überhaupt diejenigen Wissenschaftszweige vorzüglich unterstützt, die mit der Kriegskunst in einiger Verwandtschaft stehen."
    Die Akademie in der Währinger Straße, 1785 von Isidor Canevale fer-
tiggestellt, ist nach Willen ihres Gründers ein ganz auf sich gestelltes Institut. Weder von der Universität noch von der medizinischen Fakultät
abhängig, verfügt es über eigene Professoren, seinen eigenen botani-
schen Garten, seine eigene Bibliothek sowie über anatomische Wachspräparate, und ihr Zweck liegt allein darin, des Kaisers Armee mit aus-
gebildeten Chirurgen zu versorgen.
    In den folgenden Jahren befanden sich etwa 250 Schüler an der Aka-
demie in Ausbildung, sie trugen hellblaue Uniformen mit schwarzem
Kragen und Aufschlägen, dazu rote Westen und Hosen, Stiefel und Mili-
tärhut. Die meisten von ihnen wohnten im Gebäude der Akademie und
speisten dort gemeinschaftlich für acht Kreuzer zu Mittag. Eingespannt
in militärische Ordnung, dauerte der unentgeltliche Lehrkurs zwei
Jahre, in denen die Schüler von Beginn an im benachbarten, nahe dem
Narrenturm gelegenen Militär-Garnisons-Hauptspital I unter Aufsicht
ihrer Lehrer praxisorientiert an den dort befindlichen zahlreichen
Kranken zu lernen hatten. Die „Josephiner" waren sehr geachtet im da-

maligen Wien, und dementsprechend großes Aufsehen erregte in der Stadt dann auch im Jahre 1869 die Mordtat eines Akademie-Angehörigen und bot zudem nach Ansicht des „Wiener Pitavals" ein lehrreiches Beispiel dafür, „daß ein verbrecherischer Arzt nur unter besonders günstigen Umständen und bloß mit dem Aufwande aller forensischen Hilfsmittel überführt werden kann".

„Zu den Prozessen von bleibendem Werte" gehört nach Ansicht der obgenannten Sammlung des Regierungsrates Ubald Tartaruga unstreitig das Strafverfahren gegen die Familie Schochet, „welche im Jahre 1870 buchstäblich in der ganzen gebildeten Welt das größte Aufsehen erregte". Der Prozeß hatte den Tod des wohlhabenden Privatiers Simon Hecht zur Grundlage, der am 2. November 1869 ein Zimmer in dem seit dem 17. Jahrhundert bestehenden Kurhaus „Bründlbad", vermutlich jenem Badhaus in der Vorstadt Lichtental (9, Badgasse 22), gemietet hatte, wo er sich durch das kohlensäurehaltige Wasser Heilung von einer „geheimen Krankheit" versprach. Am 5. November um die Mittagszeit wurde er von einem Stubenmädchen tot in seinem Bett aufgefunden, woraufhin der Polizeiarzt eine Obduktion „zur Feststellung der Todesursache" beantragte. Die Leichenöffnung fand nach einigen Tagen im Allgemeinen Krankenhaus statt und führte zu dem überraschenden Resultat, daß Simon Hecht an „Blutzersetzung durch Zyankalium" verstorben sei. Nahm die Polizei vorerst auch einen Selbstmord an, so ließ es jedoch die resolute Kassierin des „Bründlbades" keineswegs dabei bewenden, hatte der Gast zuvor doch wiederholt mit ihr geschäkert und an seinem Todestag einen Schneider und Schuster bestellt. Sie nannte sogar den mutmaßlichen Mörder. Freilich kannte sie seinen Namen nicht, doch ein „Josephiner" wäre es gewesen, der in Uniform den Simon Hecht täglich besucht habe. Man riet der Kassiererin jedoch, derartige Gerüchte nicht weiterzuverbreiten, handle es sich doch um einen Zögling der weltbekannten „K. k. Josephsakademie" in der Währinger Straße. Eine diesbezügliche Meldung in der „Neuen Freien Presse" vom 9. November bewirkte schließlich, daß sich noch am selben Tage der dreiundzwanzigjährige „Josephiner" Moritz Schochet mit der Bitte um Einleitung einer strafgerichtlichen Verfolgung beim diensthabenden Untersuchungsrichter meldete. Obwohl Schochet die Tat bestritt, wurde er in Haft genommen. Niederdrückend war bald das Beweismaterial, und zwar auch gegen die Eltern namens Abraham und Golde Schochet. Angeklagt wurde schließlich Moritz Schochet wegen meuchlerischen Raubmordes, sein Vater wegen Teilnahme an diesem Verbrechen, am Raube sowie wegen Betruges, die Mutter wegen Teilnahme am Morde und Betruges. Der Gerichtshof verurteilte schließlich den „Josephiner" zu schwerem, durch Fasten verschärften Kerker in der Dauer von 18 Jahren, während die Eltern wegen Teilnahme am Raub mit drei bzw. einem Jahr schwerem verschärftem Kerker bestraft wurden. Daß keine Todesstrafe verhägt wurde, ging wohl hauptsächlich auf die beiden Verteidiger Dr. Singer und Dr. Edmund Markbreiter zurück, die den Standpunkt vertraten, daß es durch die fehlerhaft durchgeführte Obduktion nicht erwiesen sei, ob das Opfer überhaupt an einer Zyankalivergiftung gestorben sei. Zudem müßte der Staatsanwalt schlüssig beweisen, daß eine fremde Hand dabei im Spiel war. Sie forderten unter lautem Beifall des Publikums einen Freispruch. Der ehemalige „Josephiner" wurde nach seiner Entlassung Zahntechniker und ging nach seiner Verheiratung nach Amerika, wo er 1913 verstarb. Er hinterließ zwei Söhne, von denen der eine Beamter, der andere Rechtsanwalt wurde. Ihr Antrag auf Namensänderung wurde von der österreichischen Regierung genehmigt. Der Verteidiger Dr. Edmund Markbreiter war übrigens des Dichters Arthur Schnitzlers Onkel, „der große Verteidiger", wie es in Schnitzlers Autobiographie „Jugend in Wien" heißt, der Schnitzler mit Gewalt verheiraten möchte und wegen seiner Spielleidenschaft „wieder einmal vor dem Ruin, wenn nicht gar vor dem Kriminal stand". Der älteste Bruder von Schnitzlers Mutter starb übrigens 1909 in New York.

Die Neugründung der Josephsakademie war Kaiser Joseph II. schon deshalb ein Anliegen gewesen, da, trotz langjähriger Bemühungen von Maria Theresias Leibarzt Gerard van Swieten, die Ausbildung zum Chirurgen nach wie vor eine handwerksmäßige war und bei der Armee durch deren Behandlung sowie durch Kriegsseuchen mehr Soldaten umkamen als durch Feindeinwirkung. Von Josephs Leibchirurgen, den Lombarden Giovanni Alessandro Brambilla, der dann zum ersten Direktor des Josephinums ernannt werden sollte, hielt van Swieten herzlich wenig, was dieser ihm nicht verzeihen sollte. Die Feldscherer hatten bis dahin nicht viel mehr gelernt, als Bärte zu rasieren, Schröpfköpfe zu setzen, zur Ader zu lassen oder mit zweifelhaften Salben Geschwüre und Wunden zu verbinden. Im übrigen, bemerkt Erna Lesky in ihrem Werk „Meilensteine der Wiener Medizin", hörten die Offiziere nicht auf, die Feldchirurgen mit Stockhieben zu traktieren. Somit war es nötig geworden, die Ausbildung der lange von der Medizin separierten Chirurgen auf ein zeitgemäßes akademisches Niveau zu heben. Programmatisch hat daher Joseph II. seine Gründung „Chirurgisch-Medizinische Academie" benennen lassen.

Die Einweihung der Josephinischen Militärakademie hat Hieronymus Löschenkohl in einem Stich festgehalten. Er zeigt den stufenförmig angelegten, halbkreisförmigen Hörsaal, besetzt mit zahlreichen Zöglingen in ihren adretten Uniformen. Vor Vertretern des Hofes und der Generalität hält Direktor Brambilla an einem Pult bei der Fensterfront soeben seine provozierende Rede, die auf die Priorität der Chirurgie vor der allgemeinen Medizin hinausläuft. Der Streit über eine derartige Bevorrangung hatte ja nie aufgehört, und so berichtet Franz Gräffer in seinen „Kleinen Wiener Memoiren" auch über den Geburtshelfer Boër, den Joseph II. sehr schätzte und der dennoch seiner chirurgischen Akademie gegenüber reserviert blieb, daß dieser, als er sich mit dem Kaiser in der Anstalt befand und um seine Meinung über dieselbe gefragt wurde, äußerte: „Eure Majestät, als Geburtshelfer muß ich recht gut wissen, daß der Leib eines Soldaten gerade so beschaffen sei wie der anderer Leute". Worauf der Kaiser entschieden entgegnete: „Ich bin anderer Meinung, lieber Boër; der Soldat bringt zwar die nämliche Organisation mit auf die Welt; sein Handwerk aber übt auf seinen Körper großen Einfluß aus; er muß sein ganzes Naturell ändern, sonst wäre er kein Soldat und ich könnte ihn nicht brauchen." Boër hatte schon auf der Zunge: „In einem Tierspital freilich muß der Elefant anders behandelt werden als die Katze", unterdrückte seine Worte aber glücklicherweise.

Die weltberühmte Sammlung anatomisch-geburtshilflicher Wachspräparate geht ebenfalls auf Kaiser Joseph II. zurück, der diese um 30.000 Gulden in Florenz hatte anfertigen lassen. Unter der Aufsicht der Anatomen Felice Fontana und Paolo Mascagni hatten die toskanischen Wachsbildner in jahrelanger Arbeit alle Organe des menschlichen Körpers exakt und kunstvoll in einer gefärbten Mischung aus Wachs und Terpentin dargestellt. Die Kopie dieser Sammlung ließ der Kaiser von Mauleseln über die Alpen und von Linz ab mit dem Schiff nach Wien transportieren. Sechs Säle präsentieren heute von den ursprünglich 1.192 Wachspräparaten noch über 900 in eleganten Edelholzvitrinen und venezianischem Glas kunstvolle Figuren in Posen, die an antike Rhetoren ebenso erinnern wie an Michelangelos Plastiken.

Institut für Geschichte der Medizin mit medizinhistorischem Museum, geöffnet Montag bis Freitag 9–15 Uhr.

Zehnter Bezirk

„Die Liebhaber von Galgenspektakel"

Die Hinrichtung als Volksfest
10, Triester Straße bei Nr. 52, Spinnerin am Kreuz

Wien, im Frühjahr 1809: In der Stadt herrscht Holz- und Brotmangel, und man bereitet sich auf die Verteidigung gegen die anstürmenden Truppen Napoleons vor. Franz I. verkündet die „Industrialfreiheit", um wenig später fluchtartig die Stadt zu verlassen, ein striktes Ausfuhrverbot für Blei als Grundstoff für die Herstellung von Munition wird verhängt, normierte Anzeigen von Todesfällen, sogenannte Partezettel werden allgemein eingeführt, und der Name Joseph Haydns wird sich als einer der ersten darauf finden. Theresia Kandl, der Greißlerin oder Fragnerin aus Hungelbrunn, die ihren Mann im Schlaf mit einer Hacke erschlug und anschließend nicht ungeschickt einen Raubmord von fremder Hand vorgetäuscht hatte, wird der Prozeß gemacht und anschließend das Todesurteil verkündet. Sie soll drei Tage lang der Schaulust der Menge ausgesetzt und danach draußen am Wienerberg an der Galgenheide, nahe der spätgotischen Lichtsäule, der „Spinnerin am Kreuz", justifiziert werden. Der Magistratsbeamte Anton Ferdinand von Geusau notiert darüber in seinem „Historischen Tagebuche": „Da man in Wien noch keine Weibsperson hatte hängen gesehen, war der Zulauf des Volkes unbeschreiblich. Das bürgerliche Kavalleriekorps mußte 100 Mann zur Richtstätte kommandieren." Das von Karl Glossy herausgegebene Tagebuch eines anonymen Wieners aus dem Jahre 1809 vermerkt inmitten der kriegerischen Vorkehrungen und des Ausmarsches der Wiener Landwehrbataillone, in deren Mitte sich auch ein patriotisch-verbitterter Franz Grillparzer befindet, als ein ebenso in der Erinnerung festzuhaltendes Ereignis: „Montag, den 13. März um acht Uhr morgens, wurde jene Fragnerin, die voriges Jahr ihren Mann ermordete auf die Schandbühne gestellt und ihr öffentlich das Todesurteil angekündigt. Sie bleibt drei Tage ausgesetzt und wird mit dem Strange hingerichtet werden. Donnerstag, den 16. März, nach halb acht Uhr verließ ich meine Wohnung und fand bereits alle Straßen der Stadt und Vorstädte, durch welche die zum Tode verurteilte Theresia Kandl sollte geführt werden, mit einer unzähligen Menge Menschen besetzt. Bewohner entfernter Dörfer kamen nach Wien; in meinem Leben sah ich nicht soviele Menschen, als wie heute bei dieser Exekution. Um acht Uhr morgens erhob sich der Zug von dem Landesgericht über den Hohen Markt, durch Bischofsgasse, Stephansplatz, Stock im Eisen, Kärntnerstraße, über die Wieden zum Wienerberg hinaus. Sie behielt bis zum letzten Augenblicke ihres Lebens alle Besinnung und Verstandeskräfte, hoffte noch immer auf Begnadigung. Als Beweis ihrer vollkommenen Besinnung mag dienen, daß, als sie schon auf der Leiter stand, und der Henker ihren schönen, weißen Hals entblößte, sie zu demselben sagte: ‚Ihr werdet mich doch nicht ausziehen?' Im nächten Augenblicke hatte sie vollendet. So gut verstand der Henker seine Kunst."

Auch der Eipeldauer schreibt über den Abschluß der Tragödie und den Verlauf des Spektakels: „Wie mir der Michl erzält hat, so verdrüßt es den Herrn Vettern, daß ich von der unglücklichen Weibsperson noch nichts geschrieben hab, die ihren Mann todt geschlagen und dafür am Wienerberg draußt ihren Lohn kriegt hat. Ich muß dem Herrn Vettern recht aufrichtig sagn, daß ich von solchen Spektakeln gar nicht gern schreib und daß ich wünsch, daß ichs ganz Jahr nichts davon höret. Weil aber der Herr Vetter durchaus davon wissen will, so will ich also ganz kurz davon erzälen, daß schon 14 Täg vor der Hinrichtung täglich sich viel Hundert Menschen aufn Hohen Markt hingrennt sind in der Hoffnung, daß die Delinquentin ausgesetzt wird, und da hat sogar die berittene Polizey einmal ausrücken müssen, um die Leut abzutreiben. Aber 's Ärgerlichste für mich war, daß größtenteils Weibsbilder drunter gwest sind, die doch von Natur aus ein mitleidiges Herz habn – oder habn solltn! Endlich ist der Wunsch von den Liebhabern von Galgnspektakeln in Erfüllung gegangen und da ist der Tag der Hinrichtung kommen, und da war in allen Gassen und Straßen so ein Gläuf, als wenn ein Curier einreitet. Da warn aber viele nicht zufrieden damit, daß s' die arme Sünderin schon aufn Stockameisenplatz gsehn habn, sondern sie sind, als wenn ihnen der Kopf brennet, wie ein Herd Schaaf durchs vormalig Jahnsche Durchhaus durchgschloffn, damit si 's nur noch einmal sehn können."

Beliebt war wenig später auch der Brauch, dem Delinquenten ein berittenes Geleit zu geben. Junge Leute aus Wiener Bürgerfamilien ritten dabei dem Verurteilten zur „Henkung" voraus. „Es ist dies", bemerkt Friedrich Reischl zur Biedermeierzeit, „ein beliebter Spaß, an dem man teilgenommen haben muß."

„Daß die Todesstrafe unter anderen ‚Vorteilen' der Gesellschaft auch den gewährt: aus der gesetzlichen Abtötung eines Menschen ein Volksfest zu machen, war schon damals durch eine lange Reihe glänzender Erfahrungen bewiesen", konstatierte Friedrich Anton von Schönholz über das

Volksleben unter Franz I. Letzterer kehrt Ende November wieder nach Wien zurück, begleitet vom Jubel der Straße. „Nie hat man so etwas gesehen", berichtet Dorothea Schlegel über die Rückkehr des geflohenen Kaisers, „der Wagen ward mehr getragen als gezogen. Männer und Weiber reichten hinein in den Wagen, man sagt, der Kaiser habe vielen die Hand gegeben und sei sehr gerührt gewesen."

Das letzte Volksfest einer Hinrichtung fand bei der Spinnerin am Kreuz dann am 28. Mai 1868 statt und galt dem dreiundzwanzigjährigen Tischlergehilfen Georg Ratkay, der als Bettgeher seine Zimmerwirtin beraubt und erschlagen hatte und dessen Aufspürung man erstmals der Presse, genauer der „Konstitutionellen Vorstadtzeitung" zu verdanken hatte. Das Urteil lautete, Georg Ratkay sei des meuchlerischen Raubmordes, Gewohnheitsdiebstahles und der Falschmeldung schuldig und werde zum Tode durch den Strang verurteilt. Nachdem das Urteil vom Kaiser bestätigt worden war, wurde der Magistrat unmittelbar darauf mit einer Note aufgefordert, „den kommunalen Grund bei der Spinnerin am Kreutz für den zweitfolgenden Tag in Stand zu setzen".

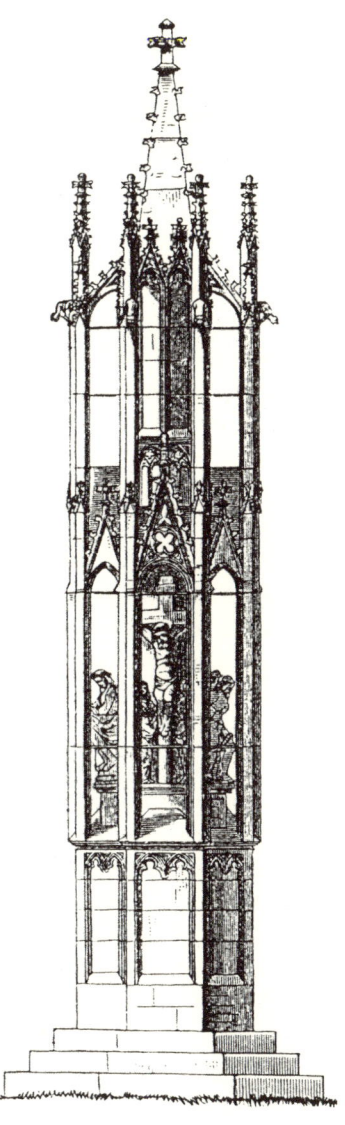

Eine der ältesten Stätten für Galgen und Rad war die Höhe des Wienerberges, nahe der Säule Spinnerin am Kreuz

„Jahre waren vergangen, ohne daß man der schaulustigen Hefe das Seelengaudium gegönnt: einen ‚baumeln' zu sehen", erinnerte sich der Chronist Friedrich Schlögl. Außerdem hielt sich das fatale Gerücht, die

Exekutionen würden demnächst hinter die Mauern des Landesgerichtes verlegt, mit einer gewissen Hartnäckigkeit. Wer weiß, ob dies nicht der letzte Todeskandidat ist, an dem die „Schinderzeremonie" mit all ihren interessanten Einzelheiten in persönlichen Augenschein zu nehmen wäre. „Also: Auf nach der Spinnerin am Kreuz! – Der Schauplatz ist gut gewählt. Ein weiter Platz von riesigster Ausdehnung, gibt er einer halben Million Neugieriger Gelegenheit, sich an dem populären Drama einer ‚Menschenabtuung' satt zu sehen. Nichtsdestoweniger heißt es, sich zeitlich früh schon ein günstiges Plätzchen erobern, will man die Spuren der Todesangst, das Zittern des Delinquenten, ja wenn möglich sogar die einzelnen Schweißtropfen, die von seiner bleichen Stirne fallen, den Versöhnungskuß des Scharfrichters, das Binden der Stricke, das Knebeln der Hände, das Aufziehen, den ‚gewissen Druck' usw. usw. genau betrachten können ... Kluge Leute wandern deshalb bereits um die Mitternachtsstunde nach der Gratisgalgenarena und okkupieren die strategischesten Posten.

Und so war's auch diesmal. Um ein Uhr nachts kamen sie angezogen in dichten Scharen, lachend und kreischend und johlend und jubilierend, und lagerten sich im Grase. Es waren die ‚Habitués vom Galgenturf', beiderlei Geschlechts, konfiszierte Gesichter, Stammgäste der anrüchigsten Kneipen, stabile Insassen der schmutzigsten Höhlen des Elends und des Lasters, ein Mixtum compositum aus der vielköpfigen Genossenschaft der Gauner, so daß man weiland Schufterles bekannten Bericht variieren und sagen konnte: alles, was von der gewissen Sorte nicht in Zuchthäusern, Spitälern und sonstigen k. u. k. Besserungsanstalten gerade verwahrt gewesen, war der ‚Hatz' vorangezogen."

Bis der Morgen graute, trieb das solcherart klassifizierte Publikum heillosen Unfug, und als endlich der Morgen graute und die Verkäufer und Standler kamen und ihre „Delinquentenwürstel", „Armesünderbretzen", ihre „Galgendanzinger" ausriefen, da ging die Volksbelustigung mit Hilfe des mitgebrachten Alkohols erst recht los, und die Tausende wurden kreuzfidel und verfielen in rührselige Erinnerungen an jene gute alte Zeit, in der noch der verewigte Henker Hoffmann den Strick führte.

Mittlerweile kam auch das bessere Publikum aus der Stadt angefahren. Die meisten, wie Schlögl weiters berichtet, in vornehmen Fiakern. „Elegante Damen, mit Opernguckern ausgerüstet, standen auf dem Kutschbock oder füllten furchtlos die wackligen Nottribünen und schienen schier entzückt, wenn sie gut postiert waren und der ‚Pawlatschen-Entrepreneur' ihnen versicherte: ‚Hier segn S' Eu'r Gnaden wunderschön!'" Dann kam der „arme Sünder" und mit ihm ebenfalls Tausende Menschen, die den „Schinderkarren" eskortiert hatten, und die amtliche Prozedur nahm ihren ungestörten Verlauf.

„War die Menge entsetzt? War sie von der fürchterlichen Sühne ergriffen?" fragt der Berichterstatter wohl rhetorisch und schildert den letzten Akt dementsprechend: „Ein jubelndes Halloh schoß durch die Lüfte, als im Momente, wie der Scharfrichter dem Todeskandidaten den Kopf ‚zurecht' legte, eine Stellage einbrach und hundert Neugierige hinabpurzelten. Ein lustiger Aufschrei aus mindestens tausend angefuselten Kehlen lohnte ferner die witzige Tat eines Mannes, der einem Kutscher den Hut vom Kopfe schlug, weil er ihn ‚im Gedanken' aufbehielt, als der Priester sein Gebet zu sprechen begann.

Und was des lustigen Schabernacks mehr ist. Wie man sieht, kann sich eine ‚Achtung gebietende Majorität' auch ‚unterm Galgen' köstlich amüsieren."

Auch im „Wiener Pitaval" wird festgehalten, daß dieser traurige Akt, der am 28. Mai 1868 vor sich ging, „zu schändlichen, skandalösen Szenen Anlaß bot". Und wie schon die Presse bei der Ergreifung des Täters ihre Dienste geleistet hatte, so trat sie nun entschieden für ein Ende derartiger Spektakel ein. Schließlich wurde verordnet, daß Justifizierungen künftighin nicht mehr öffentlich, sondern in einem bestimmten Hofe des Wiener Landesgerichtes, vor nur wenigen Zeugen zu vollziehen seien.

Der Briefträgermörder Enrico Francesconi war dann der erste Delinquent, der hinter den hohen Mauern des Landesgerichtes hingerichtet wurde.

Elfter Bezirk

Der Friedhof der Namenlosen

Die Unbekannten aus der Donau
11, Albern, nächst dem Hafen

Die erste Beisetzung einer vom Donaustrom an dieser Stelle angeschwemmten Leiche ist, laut Felix Czeikes Simmeringer Bezirkskulturführer, aus dem Jahre 1854 überliefert. In den folgenden Dezennien war der damals entstandene Friedhof für Donauleichen immer wieder vom Fluß überschwemmt worden, sodaß um 1900 der Simmeringer Bezirksvorsteher Albin Hirsch, von einigen Handwerkern unterstützt, diesseits des Schutzdammes eine neue Begräbnisstätte errichtete. Ein hohes Gedenkkreuz inmitten der Anlage im melancholischen Auwald erinnert heute noch an jene Männer, die sich der zumeist anonym gebliebenen Toten annahmen, denn von den 104 zur letzten Ruhe Bestatteten konnten lediglich 43 identifiziert werden.

Die Auferstehungskapelle gegenüber dem Eingang des Friedhofes wurde, wie eine Erinnerungstafel kundtut, in den Jahren 1933 bis 1935 im Zuge der Verstärkung der Hochwasserschutzdämme errichtet, und rechts, neben dem mit Schiff und Wellen gezierten Tor der Kapelle, erinnert eine Tafel „Im Gedenken an Herrn Josef Fuchs (1906–1996), der über 60 Jahre bis zu seinem Tod den Friedhof der Namenlosen und die Gräber aufopfernd gepflegt und betreut hat". Zahlreiche Legenden sind mit diesem Josef Fuchs verbunden, der sich als freiwilliger Totengräber und Friedhofswärter zur Verfügung gestellt hatte und aus so manchem Streit mit der zuständigen Gendarmerie von Fischamend um einen unbekannten Toten siegreich hervorging und in den Notzeiten der dreißiger Jahre diese im wahren Triumphzug mit einem kleinen Handwagen auf seinen Friedhof heimholte. Nun hat ihn nach langem, erfülltem Leben die Bezirksvertretung Simmering eine Gedenktafel gewidmet.

„Hier ruht Herr Hans Wallauch", heißt es auf einem schmiedeeisernen, schwarzgestrichenem Grabkreuz eines am 18. September 1909 Verstorbenen, inmitten all derer, die mit der Bezeichnung „Unbekannt" oder „Namenlos" versehen wurden. „Hier lieg ich in kühler Erde, Woll't noch nicht und mußte sterben. Muss aus Eurer Mitte gehn. Im Himmel gibts jedoch ein Wiedersehen", wurde Herr Wallauch vertröstet. Julius Rehnken aus Hamburg liegt hier seit dem März 1923 begraben und Theresia Rochel, Wirtschafterin, seit dem Jahr 1937. Der Deutsche Karl

Die Auferstehungskapelle am Friedhof der Namenlosen. Das Tor des 1935 fertiggestellten Gebäudes wurde mit Schiff und Wellen ornamental gestaltet

Leeb ertrank beim Bau der neuen Hafenanlage und der Getreidesilos im August 1939, seither erhielt die Strömung der Donau eine neue Richtung, und der Strom gibt an dieser Stelle seine Opfer nicht mehr frei. Nach wie vor besteht donauabwärts ein Einkehrwirtshaus, an das eine weitere Grabtafel erinnert: „Hier ruht Herr Isidor Bethie, Gastwirt beim Friedhof der Namenlosen. 1871–1922. Unvergesslich". Und „Hier ruht Wilhelm Töhn", steht auf einem anderen Schild. „Ertrunken durch fremde Hand am 1. Juli 1904 im 11. Lebensjahr".

Hauptsächlich waren es Menschen, die aus Not und Sorge in die Donau gingen und hier begraben liegen. Ihnen hat der Dichter Erik Graf Wickenburg sein am Eingang des Friedhofes angebrachtes Gedicht gewidmet:

> *Tief im Schatten alter Rüstern,*
> *Starren Kreuze hier am düstern*
> > *Uferrand.*
> *Aber keine Epitaphe,*
> *Sagen uns wer unten schlafe,*
> *Kühl im Sand.*

Elfter Bezirk

Still ist's in den weiten Auen,
Selbst die Donau ihre blauen
   Wogen hemmt.
Denn sie schlafen hier gemeinsam,
Die, die Fluten still und einsam,
Angeschwemmt.

Alle die sich hier gesellen,
Trieb Verzweiflung in der Wellen
Kaltem Schoß.
Drum die Kreuze die da ragen,
Wie das Kreuz das sie getragen,
„Namenlos".

Der gemütvolle Scharfrichter

Aus dem Leben des Simmeringer Kaffeesieders Josef Lang
11, Geystraße 5

Allen Quellen und Berichten zufolge muß Josef Lang die Seele von einem guten Henker gewesen sein: tatkräftiger Obmann der Freiwilligen Simmeringer Turner-Feuerwehr und des Simmeringer Athletenklubs, barmherziges ehrenamtliches Vorstandsmitglied mehrerer humanitärer Vereine, treusorgender Ehemann, gemütlicher Haus- und zuvorkommender Kaffeehausbesitzer, begnadeter Wirtshaussänger und unbarmherzig erfindungsreicher Spaßmacher sowie weithin respektierter Kartenspieler, kurzum ein geachteter Bürger seiner Vaterstadt. In diesem Wien nämlich, „dem gemütlichen, verständnisvollen, weht der Hauch milder Liebenswürdigkeit auch um den Galgen", vermerkte der ortsfremde Herausgeber der Memoiren des Scharfrichters Lang, Oskar Schalk, noch 1920, „und noch heute ist Josef Lang in Simmering eine sehr populäre und von allen geachtete Persönlichkeit, die jedes Kind kennt." Die Menschen ziehen den Hut vor ihm oder neigen den Kopf, als gemütlich und trinkfest wird er geschildert, ein Unterhalter, den seine vielen Freunde nicht missen möchten, denn „wenn er kommt und singt und pascht und seine Hallodri treibt, geht ein frischer Zug durch die Gesellschaft und der fesche Alte versteht es sehr wohl, im Trinken und im Erfinden heiterkeitserweckender Späße seinen Mann zu stellen".

Ein echter Wiener vom Grund mithin, der es einstens auch in der Politik versucht und sich emsig, wenn auch erfolglos, für den Wiener Gemeinderat um das dritte Mandat des zweiten Wahlkörpers beworben hatte. „Dieses soll ebenfalls von einem Manne eingenommen werden, der in des Wortes echtester Bedeutung Volksmann ist, nicht in Worten, sondern mit jeder Faser seines Herzens an seinem Volke hängt", lautet der für einen ärarischen Henker doch ein wenig eigentümlich klingende Wahlaufruf. Ein uneigennütziger Volksmann ist es, der da gewählt werden soll, einer, der, wie es in der seither öfters verwendeten Begründung heißt, „nicht seine, sondern seiner Wähler Interessen zu vertreten gewillt ist. Ein solcher Mann ist Herr Josef Lang, k. k. Scharfrichter, Feuerwehrhauptmann und Hausbesitzer, Wien XI., Felsgasse 5." So schließt der Aufruf des Besitzer jenes Hauses, an dessen Stelle sich seit 1952 der Karl-Salesy-Hof erhebt, und der uns auch die Lebensmaxime des volksnahen Kandidaten verrät: „Liebe deinen Nächsten wie dich selbst!" Mit der soll er allerdings viel Hohn geerntet haben, wodurch seine Kandidatur scheiterte.

Am 11. März 1855 geboren, verläßt er mit zwölf Jahren die Schule und tritt eine Tischlerlehre an. 1875 rückt er zum Militär ein und macht die Okkupation Bosniens mit. Nach seinem Abrüsten wird er 1879 Heizer bei der englischen Gasgesellschaft im heimatlichen Simmering. Dort, in der Geystraße 5, eröffnet er sodann im Jahr 1888 ein Kaffeehaus, mit dem er Jahre später auf die Simmeringer Hauptstraße übersiedelt. Zwar wird es sich deutlich von den bohemeumwehten Etablissements in der Innenstadt unterschieden haben, doch auch im 1961 durch einen Gemeindebau verdrängten Haus des Herrn Lang in der Simmeringer Geystraße, beim Wiener Neustädter Kanal und der späteren Eisenbahnhaltestelle Simmering-Aspangbahn gelegen, verkehrten Gäste, die sich mit der Aura des Besonderen zu umgeben wußten. So begab es sich, daß der populäre und angesehene Scharfrichter Selinger einstens das Kaffeehaus zur Erholung aufsuchte. Man kam ins Gespräch und einander näher, schließlich fand der Kaffeehausbesitzer Lang Gefallen an seinem Gast und dessen Tätigkeit. Als Selinger einmal einen Gehilfen suchte, dachte er auch sofort an den robusten, trinkfesten und humorvollen Kaffeehausbesitzer aus Simmering, und gleich beim ersten Male versah dieser seinen, vor Frau und Gästen vorerst verheimlichten Dienst klaglos und zur vollen Zufriedenheit fast aller Beteiligter. Als den Scharfrichter Selinger der Tod ereilte, wurde seine Stelle ausgeschrieben, und nicht weniger als achtzehn Bewerber meldeten sich als Nachfolger, unter ihnen auch der Prager Scharfrichtergehilfe des dortigen Henkers Wohlschläger, der im Jahre 1900 in Wien die Kindesmörderin Johanna Hummel exekutiert und dafür fast eine dreiviertel Stunde benötigt hatte, während das Opfer, wie es heißt, „in Todeszuckungen raste, so daß allen Teilnehmern an diesem Schauspiel vor Entsetzen graute". Ein Ereignis, das allgemein hierorts in schlechter Erinnerung blieb und den ruhmlosen Gehilfen Wohlschlägers endgültig aus dem Rennen warf. Lang, der sich nicht beworben hatte, da er bereits an die 45 Jahre zählte und damit für den Staatsdienst zu alt war, wurde nun um die Jahrhundertwende von den zuständigen Justizstellen im Wiener Landesgericht ausgeforscht und, da er bei diesen einen „günstigen Eindruck" hinterlassen hatte, aufgefordert, das Amt zu übernehmen.

Seine Domäne umschloß ganz Österreich mit Ausnahme Böhmens und der Okkupationsländer Bosnien und Herzegowina, berichtet Oskar

Schalk, seine Simmeringer Kaffeehausdomäne mußte er allerdings als k. k. Scharfrichter aufgeben, da sich diese Tätigkeit gesellschaftlich nicht mit der weit angeseheneren eines Staatsbeamten vertrug. Wenige Wochen später konnte Lang seine Geschicklichkeit erstmals in Krain an dem Zigeuner Simon Held erproben. Schon nach 45 Sekunden durfte er stolz vortreten und die vollzogene Hinrichtung vermelden, was den anwesenden Gerichtsmediziner Professor Haberda zu dem zugabeauffordernden Ausruf „Bravo, Lang!" hingerissen haben soll.

Gab es eine Hinrichtung in Wien, so hatte Lang 24 Stunden vor dem Ereignis unter Mitnahme der benötigten Geräte und Gehilfen vor dem Präsidium des Landesgerichtes im schwarzen Salonanzug, mit Zylinder und Glacéhandschuhen zu erscheinen und mit den Vorbereitungen zu beginnen, die Exekution erfolgte dann am Morgen des darauffolgenden Tages im Galgenhof des Landesgerichtes. Bereits im Frühjahr 1901 hatte, von Karl Kraus nicht unbemerkt, die „Neue Freie Presse" über die Henkerstracht im bürgerlichen Zeitalter etwas überschwenglich vermerkt: „Es heißt, dass Lang (der Scharfrichter) morgen im Cylinder, in Lackstiefeln und mit Glacéhandschuhen zur Hinrichtung erscheinen wird. Er würde dann wie zu einem Balle kommen, um im Tanze mit dem Delinquenten diesen in eine andere Welt zu befördern."

Bald danach war der Wiener Scharfrichter zu einer Person öffentlichen Interesses geworden. Eine Ansichtskarte, „die den Scharfrichter Lang und seine Gehilfen nach gethaner Arbeit beim Frühstück in einem Café nahe dem Landesgericht zeigt", gibt Karl Kraus in seiner „Fackel" Nr. 114 vom 5. September 1902 Gelegenheit, grundsätzlich über das Raritätenkabinett Wienerischer Mentalität nachzugrübeln, wenn er feststellt: „Herr Lang trägt den von der Wiener Presse aller Richtungen als ‚tadellos' anerkannten Salonanzug und den als ‚glänzend' befundenen Cylinder. Im Hintergrund sind Gäste und das Caféhauspersonal malerisch gruppiert, unten sind die schlichten Worte ‚11. August 1902' angebracht. Wie man mir mittheilt, macht der Cafetier, der den historischen Moment verewigen ließ, mit der Ansichtskarte ein gutes Geschäft. Besonders Bevorzugte, so schreibt mein Gewährsmann, erhalten zu angemessenem Preise auch einige Centimeter Rebschnur, natürlich vom ‚Originalstrick'." Was Kraus allerdings dahinter vermutet und befürchtet, ist die Rolle der Presse, die sich im bürgerlichen Zeitalter nunmehr mit ihrer Berichterstattung in Wort und Bild voll Galgenhumor anmaßt, jene Ersatzöffentlichkeit herzustellen, wie sie einstmals bei den spektakelträchtigen, volksumjubelten Hinrichtungen anzutreffen war.

Doch in den Jahren von 1903 bis 1914 kam Lang, da Kaiser Franz Joseph häufig von seinem Begnadigungsrecht Gebrauch machte, nur zweimal dazu, seines Amtes zu walten. Jene langweilige Ära des zähen Wartens und bangen Hoffens ging endlich im Sommer 1914 zu Ende, der ausgebrochene Krieg brachte ihm jetzt reichlich Arbeit. Die österreichisch-ungarischen Militärgerichte im Osten und auf dem Balkan hatten anfangs ihre eigenen Galgen in der altbekannten Form des Dreibeines gegenüber Popen, Juden und fremdländisch aussehenden Einwohnern häufig verwendet, was Kriegspropaganda und Wiener Humor stets in lustige Reime umzusetzen verstanden, wie:

Es war einmal ein Serbenland, ein Volk von Hammeldieben,
Die Serben hat man längst gehängt, die Hammel sind geblieben.

während der Mitlibrettist der Operette „Ein Walzertraum", Felix Dörmann, in dieser großen Zeit frohgemut reimte:

Die Russen und die Serben,
Die hau'n wir jetzt in Scherben

der Kabarettist und Lehár-Librettist Fritz Löhner-Beda in den Kriegsweihnachten 1915 verseschmiedete:

Und wenn wir noch so gründlich und fest
Die russischen Herren verkloppen,
Es bleibt noch immer ein großer Rest –
Und insbsondere – P o p e n !

und mit der Aussicht schloß:

So wird gekräht, gerasselt, gekohlt …
Sie wollen nicht bremsen, nicht stoppen,
Bis man sie endgültig und völlig versohlt,
Die P a p p e n und P u p p e n und P o p e n !

Der steirische Priester und Dichter des „Hakenkreuzliedes" wie der späteren Ständestaatshymne, Ottokar Kernstock, folgte mit dem Aufruf:

Steirische Holzer, holzt mir gut
Mit Büchsenkolben die Serbenbrut!

Während Volksmund und Mutterwitz bereits entschieden hatten:

Serbien muß sterbien!

Darüber konnte man in Wien lachen, daß sich die Balken bogen, doch als dem Militär bei einem Massenhängen in Miechów das Galgengestell wegen Überlastung zusammenbrach, besann man sich erneut der zivilen Könnerschaft des Josef Lang, der nunmehr seinen Kriegsdienst als Henker des Heeres in Neutitschein, in Pola und 1916 auch in Trient versah. Allein unter dem Armeeoberkommando des Erzherzogs Friedrich waren, nach Karl Kraus, im Osten 36.000 Galgen errichtet worden. Mit der Hinrichtung des Dr. Cesare Battisti in Trient sollte der gemütvolle Wiener Scharfrichter Josef Lang schließlich in die Annalen der Zeitgeschichte eingehen.

Cesare Battisti, der sozialistische Trientiner Abgeordnete zum Reichstag in Wien und zum Tiroler Landtag in Innsbruck, war als Irredentist auf seiten des Königreiches Italien in den Krieg gezogen und am 10. Juli 1916 in österreichische Kriegsgefangenschaft geraten. Danach wurde er in Ketten auf einem Leiterwagen in seine Heimatstadt Trient gebracht, wo sich an diesem Tage, noch vor dem Urteilsspruch also, bereits auch der Wiener Scharfrichter Lang mit zwei Gehilfen eingefunden hatte. Am 12. Juli wird der Angeklagte wie erwartet wegen des Verbrechens des Hochverrats zum Tode durch den Strang verurteilt, und am Abend hatte Lang im Hof des Castello del Buonconsiglio die Todesurteile vollzogen. „Die Leiche bleibt dann noch zwei Stunden hängen und wird dann im Hofe beerdigt", vermerkte ein österreichischer Offizier auf einer der erhalten gebliebenen Photographien, die von den einzelnen Phasen der Hinrichtung penibel angefertigt wurden. Photographiert wurde nach vollzogener Exekution auch ein gutmütig lächelnder Scharfrichter Lang in der frohen Schar von einigen Soldaten und patriotischen Zivilisten, die rund um den Galgen freudig ins Bild drängten. Über dieses „Österreichische Antlitz", das von Wien aus als Propagandapostkarte in alle Welt ging und von dort als probate Gegenpropaganda postwendend zurückkehrte, hat Karl Kraus in den „Letzen Tagen der Menschheit" geschrieben: „Nein, es ist nicht das preußische, wenngleich es jenem gleicht und alles ist, nur eben nicht das, was die Feuilletonisten singen und sagen. Zumal aber ist es das des Henkers. Des Wiener Henkers, der auf einer Ansichtskarte, die den toten Battisti zeigt, seine Tatzen über dem Haupt des Hingerichteten hält, ein triumphierender Ölgötze der befriedigten Gemütlichkeit, der ‚Mir-san-mir' heißt. Grinsende Gesichter von Zivilisten und solchen, deren letzter Besitz die Ehre ist, drängen sich dicht um den Leichnam, damit sie nur ja alle auf die Ansichtskarte kommen … Sie wurde von Amts wegen hergestellt, am Tatort wurde sie verbreitet, im Hinterland zeigten sie ‚Vertraute‘ Intimen, und heute ist sie als ein Gruppenbild des k. k. Menschentums in den Schaufenstern aller feindlichen Städte ausgestellt, ein Denkmal des Galgenhumors unserer Denker, umgewertet zum Skalp der österreichischen Kultur …"

Der „Neue Tag" gibt im Juli 1919 Josef Lang die Gelegenheit, dem anwesenden Journalisten den Strick um den Hals zu legen und dabei photographiert zu werden. Selbst jetzt macht der Scharfrichter aus seinem Herzen keine Mördergrube, obwohl unterdessen die Todesstrafe in der Republik abgeschafft wurde, allerdings nicht im standrechtlichen Verfahren, weshalb Lang auch nicht pensioniert wird, sondern weiterhin sein Gehalt bezieht und noch jahrelang im Garten vor seinem heute nicht mehr existierenden einfachen, ebenerdigen Haus in der Simmeringer Geiselbergstraße Nr. 50, neben der Aspangbahn, anzutreffen ist, wo er als beliebter Obmann der Freiwilligen Feuerwehr und sangesfroher Bürger den schwarzen Dienstanzug in Ordnung hält und sein Gemüse selbst zieht, während im Hintergrund die Frackhemden von seiner Frau zum Trocknen aufgehängt werden.

Das Wirtshaus zur letzten Einkehr

Alltagsleben rund um den Zentralfriedhof
11, Simmeringer Hauptstraße

„D"ie Simmeringer Hauptstraße ist die traurigste Straße Wiens. Sie beginnt mit Kaserne und Krankenhaus und endet mit dem Friedhof. Dazwischen: Fabriken, ein Kino, Pferdefleischhauereien. Zuchthaus ist keines auf der Simmeringer Hauptstraße. Sie ist lang, entsetzlich lang. So lang wie eine schlaflose Nacht. So lang wie vergebliches Warten auf einen geliebten Menschen. So lang wie die Zeremonien vorm Galgen. Die Simmeringer Hauptstraße hört nicht auf. Sie ist eine chronische Straße." So beschreibt sie Alfred Polgar an einem grauen Märztag inmitten des Ersten Weltkriegs.

Nun, die Straße hat heute eine Länge von 6,5 Kilometer, und als „Ungarische Poststraße" verband sie seit dem 18. Jahrhundert Wien mit dem Südosten. So erklärt sich auch die einstige beträchtliche Anzahl von Einkehrwirtshäusern für die Fuhrleute entlang des Straßenzuges. Hier befand sich in den neunziger Jahren des 19. Jahrhunderts das fidele Kaffeehaus des Scharfrichtergehilfen Josef Lang, und nicht weit davon entfernt stand das Gemeindehaus der Ortschaft, in dem damals der Landwirt Lorenz Gey und nach ihm die Kaufleute Alois Fröschl, Gregor Grill und andere als Bürgermeister residierten und von denen die meisten nach ihrem Ableben mit einem Straßennamen für alle Zeiten verewigt wurden.

Stadtauswärts, nach der Ostbahnquerung, wird die Gegend mit ihren einstöckigen Häuserzeilen geradezu dörflich. Ein Dorf allerdings, in dem das Schnitzel-, Auto- und Grabsteinland zu den eindeutigen Modernisierungsgewinnern zählt. Und dort, wo die traditionelle Verbauungsweise unterbrochen wird, schieben sich immer häufiger große Kommunalbauten ins einstige Gärtnerland vor. Den steten Häuserabriß auf dem Weg zum Zentralfriedhof decken taktvoll, so als ginge es ums Sterben im Mehrbettkrankenzimmer, zahllose bunte Plakatwände ab, auf denen der anreisende Leichenfeldbesucher lesen kann: „Komm hin und gewinn", „Der bequeme Weg" oder „Jeder hat das Recht auf eine Pause". Mit dem Slogan „Übrigens, jetzt ist Feierabend" wieder wird in dieser Umgebung ein wenig doppelsinnig für ein Erfrischungsgetränk geworben.

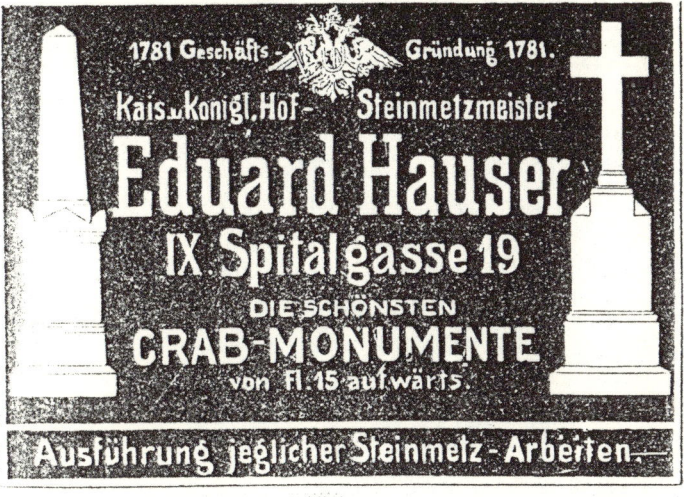

Die Anrufung des Vorübergehenden: Zeitungswerbung um die Jahrhundertwende

Diskret gibt sich auch eine Kunststopferei gegenüber dem dritten Tor des Zentralfriedhofs, die mit dem handgeschriebenen Hinweis „bitte beim 2. Fenster klopfen" auf ihre Öffnungszeiten von Montag bis Freitag nachmittags hinzuweisen versucht. Aufdringlicher gestaltet sich auf der Simmeringer Hauptstraße da schon der mit neoliberaler Härte auf Gedeih und Verderb geführte Preiskampf unter der großen Schar der hierorts versammelten Grabsteinerzeuger. Da ist freilich Diversifikation und Werbung als geheimer Verführer angesagt. „Unser Preishit! Gebrauchte Steine wie neu", verspricht ein Steinmetzmeister eindringlich, ganz als ginge es um Leben oder Tod, und weist bei dieser Gelegenheit auch auf „billige Zimmerbrunnen" hin, während sein angrenzender Konkurrent „billige mod. Gruft u. Krematorium-Denkmale" weit unter dem Grenznutzenwert offeriert, dessen Preise allerdings wieder merklich von einer eng benachbarten Firma unterboten werden, die einem für einen stattlichen Grabstein mit, sagen wir, Weinlaub und Trauben, Dürers betenden Händen oder einem geigenden Johann Strauß, „2tlg. mit Vollstufe inkl. 20% USt.", lächerliche S 36.240,– abverlangt. Das Gewerbe floriert dank freiem Wettbewerb wie statistisch gesicherter Bevölkerungsüberalterung gleichermaßen, und die „mehr als 65 Jahre alte städtische Steinmetzwerkstätte" sucht aus dem Grund, wie aus einer Grabsteininschrift hervorgeht, verzweifelt Lehrlinge, bietet aber auch auf dieser transparenten Weise „eigene Erzeugung, Renovierungen, künstlerische Gestaltung" sowie „Großdenkmäler" an. Ein solches, eine lebensgroße Jesusfigur, ist wieder einen Steinwurf weit bei Steinmetzmeister Sorger als „Sonderverkauf" vorrätig, allerdings nur noch kurze Zeit. Einen „Abverkauf von alten Denkmälern" aus Marmor und Granit sollte man nicht verschmähen, auch wenn die unweit liegende Konkurrenzfirma den erstaunlich preiswerten, vielgefragten Laguna-, den pflegeleichten Himalaja- oder den allseits beliebten Orion-Stein auf Lager hat. „Aktion: Grabsteine zum halben Preis" lautet ein Dumpingangebot, während zufälligerweise eine nahe Firma gerade heute zahlreiche Granitsteine „jetzt in Aktion" bereits ab S 19.770,– „inkl. MWSt u. Aufstellung" für den rasch zupackenden Kunden bereithält. An das Leben danach denkt wieder die Grabsteinreinigungsfirma namens H. Fasching, die auch Konservierungen übernimmt und laut Eigenaussage „stark in Sachen Sauberkeit" ist. Unterdessen ist beim zweiten Tor, das dank des davorgelagerten großen Würstelstandes mit seinen charakteristischen Laternen an allen Ecken des Daches nicht zu verfehlen ist, unter Wiens versammelten Blumenbindern der erbitterte Kampf um Blüten, Gebinde, Kränze, Buketts, Totenlichter und ums Dasein ausgebrochen.

Die Straße ist lang, sehr lang, doch die Wirtshäuser rund um den Zentralfriedhof versöhnen die trauernden Hinterbliebenen ein wenig. Denn als barockes Vergnügen am letzten Fest erfreut sich der Wiener sein mitunter langes Leben lang und über das Grab hinaus noch an der schönen Leich'. Diese Freude wieder kommt postmortal regelmäßig den zahlreich eingefundenen Verwandten und Freunden des tragisch Dahingeschiedenen in Form eines freudig genossenen Leichenschmauses zugute.

„Wir empfehlen uns für Trauerfeiern, Hochzeiten, Seminare", lockt die „Gaststätte Vindobona", die ihre Kaffeehaustradition auf das Jahr 1875, kurz nach Eröffnung des Zentrafriedhofes, zurückführt. „Wir bieten gutbürgliche Küche, festliche Atmosphäre, hundert Parkplätze, geschultes Personal" sowie, vorsichtshalber, eine Computerrechnung, und nicht ohne Stolz weist das Lokal nahe des Krematoriums auf den „täglichen Holzkohlengrill im Garten" bei schönem Wetter hin. Nahe dem einstigen „kayserl. Vasangarten" des Neugebäudes, dem Lustschloß Maximilians II. aus dem 16. Jahrhundert, preist das „Schutzhaus Knoll" Wildspezialitäten, einen „idyllischen Gastgarten" samt genügend Platz für rund 120 hungrige Trauergäste an. Unweit, was sage ich, „nur 5 Minuten" vom Zentrafriedhof ist das Schutzhaus entfernt und verfügt auch über ein entsprechendes Parkraumangebot. Ein wenig stadteinwärts gelegen wirbt ein Kaffeehaus mit der vorerst rätselhaften Aufschrift „Vorher-Zwischendurch-Nachher" um Besucher und gegenüber dem Tor 3 lädt das Gasthaus „Brigitte" zum Fünfuhrtee im großen Garten, während das an diesem Sonntag geschlossene Café-Restaurant Hochleutner Wiener Küche samt „Schmankerln" empfiehlt sowie das Versprechen „Veranstaltungen jeder Art derzeit möglich" offeriert.

„Im Begraben da sind sie groß", hat Hermann Bahr den feierlichen Abschluß eines oft häßlichen Leben mit der schönen Leich' am Ende einer Wiener Existenz auf eine einprägsame Formel gebracht. „Wer verstehen will, wie der Wiener lebt, muß wissen, wie man ihn begräbt, denn sein Dasein ist innigst mit jenem Nimmersein verwoben, von dem er in unzähligen fröhlich-traurigen Liedern zu singen weiß."

Aus spanischer Etikettentradition, aus barockem Liebes- und Todestrieb, aus der katholischen Vorfreude, daß nach dem Ableben alle gleich sind, aus Wut an täglicher Reglementierung von oben erwächst das Vergnügen des Wieners an der schönen Leich' und an der abschließenden Feier im Wirtshaus zur letzten Einkehr, selbst hier auf der Simmeringer Hauptstraße, der traurigsten Straße Wiens.

Vorläufige Sortierung für das Jüngste Gericht

Der geordnete Zentralfriedhof
11, Simmeringer Hauptstraße 232–244

Über Wiens alte Grabfelder existieren zahlreiche mysteriöse Geschichten und metaphysische Begebenheiten, kaum eine solche wird uns vom Zentralfriedhof überliefert, außer jener vielleicht, die von einem Ortsunkundigen erzählt, der sich auf die kommunalen Hinweisschilder verlassen hatte und in der steinernen Öde nie wieder gefunden wurde. Keine Sagen umranken den Ort, keine Legenden beraunen ihn. Derartige grausame Nüchternheit war dem rationalen, ordnungsliebenden Gestaltungswillen der Wiener Stadtväter des liberalen Zeitalters entsprossen, der den Moritatensänger verstummen und den Sänger fluchen läßt. Eine riesige Ebene voll sorgfältig geplanter Trostlosigkeit, die an den Flächeninhalt der Innenstadt heranreicht, breitet sich im Osten der Stadt entlang des alten Verkehrsweges aus, der hier stadtauswärts nach Carnuntum oder Preßburg läuft, was man ihm nicht verübeln sollte. Und wer die Architekur des Secessionismusstils rund um die leichtlebige Jahrhundertwende bislang geschätzt hat, wird am Zentralfriedhof schnell eines Besseren belehrt.

Verschubbahnhof und naher Flughafen umtosen die gebotene Grabesruhe, und mitunter hallen lustig die Schüsse der Jäger auf Hasen und Fasane zwischen die stillen Gebete. Hunden ist übrigens der Eintritt verwehrt. „Hier möchte ich nicht begraben sein", sagen die Wiener oftmals und lösen dann ebenso häufig einen Einzelfahrschein der Straßenbahnlinie 71 oder 72 ohne Rückfahrkarte.

In Reihen und Gräbergruppen nach sozialen Gesichtspunkten geschichtet, von der Ehrengruft bis zum Massengrab, und streng konfessionell getrennt, liegen die Toten hier bestattet, als gelte es, eine vorläufige Sortierung für das Jüngste Gericht durch die Magistratsabteilung 43 amtlich vorwegzunehmen. Der Zentralfriedhof besitzt eine große katholische und eine kleinere evangelische Abteilung, eine alte und neue jüdische, eine russisch-orthodoxe sowie seit einiger Zeit eine mohammedanische Begräbnisstätte, bei deren ersten Bestattungen man allerdings feststellen mußte, daß keine der kommunal geplanten Gräberreihen Richtung Mekka ausgerichtet war.

Ein wenig chaotisch und ortsüblich zögerlich ging es bereits bei der Entstehung des Friedhofprojektes zu: 1861 beschloß der Wiener Gemeinderat, auf eigene Kosten einen neuen Bestattungsort außerhalb der Stadt zu errichten. Kaum zwei Jahre später stand die Friedhofsfrage, wie Hans Havelka berichtet, erneut auf der Tagesordnung. Weitere drei Jahre zogen ins Land, in denen die Verantwortlichen vermutlich in den Armen des Landespatrons Morpheus lagen, ehe man das Friedhofsprojekt ein weiteres Mal behandelte. Die zuständige Kommission hatte sich unterdessen auf den Kauf eines großen Grundstückes in Kaiserebersdorf geeinigt, da laut geologischem Gutachten der dortige Boden für eine rasche Verwesung der Toten geeignet schien. Nach längeren Debatten im Gemeinderat erhielt die Kommission jedoch den Auftrag, auch nach anderen Grundstücken Ausschau zu halten. Zahlreiche Angebote zahlreicher Gemeinden samt diese unterstützenden zahlreichen Interessengruppierungen waren das einzig dürftige Ergebnis der Ausschreibung, wozu eilends weitere geologische Untersuchungen vorgenommen werden mußten. Im Herbst 1869 gelangte die Expertenkommission zur Ansicht, um „eine Verseuchung des Grundwassers mit Leichengift zu verhindern, müßte empfohlen werden, den Zentralfriedhof möglichst an einen gegen die Donau abschüssig gelegenen Endpunkt zu legen". Damit war der Ebersdorfer Komplex gegenüber dem von Rannerdorf eindeutig im Rennen, woraufhin die Vertreter und Grundbesitzer der geschmähten Gemeinde die Stadtväter mit Schmähschriften zu überschütten begannen. Gegen das Gelände bei Rannersdorf und für jenes in Kaiserebersdorf sprach sich auch die Schwechater Brauerei aus, die dort Gründe besaß, sowie Wiens Bürgermeister Cajetan Felder, der gesetzliche Vormund des minderjährigen Brauereierben Anton Dreher jun. Nun kam die dezentrale, versöhnende Idee im Wiener Gemeinderat auf, anstelle eines großen Friedhofes mehrere kleinere Gräberstätten zu errichten, und man beschloß flugs, an die Gemeinden rings um Wien einen Aufruf zwecks Anbietung geeigneten Bodens zu erlassen. Wenn auch das Ebersdorfer Areal, so begründeten zu Jahresende einige grüblerisch gesinnte Kommissionsmitglieder ihre neuerliche Entscheidung, auch mehr Kosten verursache, könne es mit einer durchlaufenden Mauer eingefriedet werden, zudem, so wurde listig errechnet, würde die Erhaltung der Simmeringer Hauptstraße aus Reichs- und nicht Stadtmitteln erfolgen. Trotz langer Debatten wurde der Antrag schließlich doch noch angenommen. Wieder ein Jahr später, man zählte den November 1870, beschloß der Magistrat eilig eine Ausschreibung für die Planung des künftigen Zentralfriedhofes. Im Frühjahr 1871 folgte dann die Entscheidung, das Projekt den Frankfurter Architekten Karl Jonas Mylius und Alfred Friedrich Bluntschli anzuvertrauen.

Unterdessen hatte jedoch nicht nur die medizinische Fakultät gekränkt opponiert, da es in dieser wichtigen Angelegenheit nicht zu Rate gezogen worden war, „während es sonst mit allen möglichen Lappalien behelligt werde", auch tobte nunmehr ein beharrlicher Grabenkampf zwischen dem liberalen Gemeinderat und dem Fürsterzbischöflichen Konsistorium um den zu weihenden Boden des neuen Friedhofes. Katholische Verbände forderten dabei mit großem Nachdruck, daß der überwiegende Teil des Friedhofes ihnen vorbehalten bliebe. Kardinal Othmar Rauscher weihte schließlich den Friedhof jenseits ultramontaner Proteste in einfacher Weise ein, und so konnte die Eröffnung am Allerheiligentag des Jahres 1874 stattfinden.

In diesen düsteren Herbsttagen bleibe „dem Freunde des unfreiwillig Komischen", schrieb der Wiener Spaziergänger Daniel Spitzer in der „Neuen Freien Presse" am 1. November 1874, „nur der Central-Friedhof übrig, dessen feierliche Eröffnung endlich unter allgemeiner Heiterkeit stattgefunden hat. Der Name Central-Friedhof kann wohl nur im ironischen Sinne gemeint sein, denn nach den erbitterten Kämpfen, zu welchen derselbe Anlaß gegeben, müßte wohl Jedem die Bezeichnung ‚Central-Schlachtfeld' weit angemessener erscheinen. Es war, wie man weiß, eine arge Fehde zwischen den Vätern der Stadt und dem unverheiratheten Consistorium entbrannt. Die Väter wollten jeden, der sich mit dem Todtenpaß ausweisen könne, ohne Rücksicht darauf, wie und ob er getauft sei, auf dem neuen Friedhofe begraben lassen, während das Consistorium wieder von jedem zu Beerdigenden ein katholisches Taufzeugnis verlangte, – ohne Rücksicht darauf, ob er todt sei oder nicht."

Das Jahr der Eröffnung des Gräberfeldes an der langen und kostengünstigen Reichsstraße bescherte den Wienern aber nicht nur einen neuen Zentralfriedhof, sondern auch einen grausamen Katastrophenwinter. Das „Illustrirte Wiener Extrablatt" wußte darüber am 30. Dezember 1874 zu berichten: „So geschah es, daß am 23. d. M., an welchem Tage der Schneesturm am ärgsten wütete, viele Kondukte außerhalb Simmerings bereits im Schnee stecken blieben, andere gar ihren Weg zurück machen mußten. Ein Komfortablekutscher, der eine Kinderleiche auf den Zentralfriedhof überführte, blieb im Schnee stecken, kehrte nach Simmering zurück und trug den Sarg unter dem Arme über die Felder an Ort und Stelle. Ein Greißler half sich auf dieselbe Weise, indem er sein verstorbenes Töchterchen über Schneebarrikaden hinübertrug. Sein Knabe watschelte ihm mit dem Kreuze nach. Gegen Elementargewalten läßt sich schwer ankämpfen, und die Kalamität muß in der ersten Zeit geduldig ertragen werden. Doch soviel soll uns dieser traurige Zustand, in welchen die Kommunikation mit dem Zentralfriedhof zur Winterszeit geraten kann, jetzt schon lehren, daß wir für die Beseitigung dieser Hindernisse Sorge tragen. Das derzeit besprochene Projekt, zur Vermittlung mit der Leichenstadt die Eisenbahn herbeizuziehen, dürfte noch am ehesten geeignet sein, die Leidtragenden davor zu bewahren, daß sie in dem Bestreben, dem geliebten Toten die Ehre zu erweisen, nicht erst für ihre eigene Rechnung auf der Simmeringer Haide einen Kampf ums Dasein auszufechten haben."

Allerdings lehnten es sowohl die Staatsbahnen ab, den Leichentransport durchzuführen, wie auch jene Gesellschaft, die soeben mit der Projektierung der Strecke Wien–Saloniki begann, die dann in Aspang enden sollte. So traten zwei findige Wiener Erfinder bald auf den Plan und unterbreiteten der Stadtverwaltung die Idee einer Art Luftpost, mit der die Leichen von einer zentralen Sammelstelle der Innenstadt aus auf schnellstem Wege zum Zentralfriedhof befördert werden sollten. Dieser Plan wurde jedoch, wie Hans Havelka berichtet, „teils aus Pietätsgründen, teils auch mit dem Hinweis, daß diese Konstruktion noch einiger Ergänzungen bedürfe", aufgegeben. Während fünf Jahre später die Idee einer dampfbetriebenen Straßenbahn samt Sarg und Besucher zum Zentralfriedhof kurzzeitig in Erwägung gezogen wurde, umwölkten sich die Stirne der Simmeringer Gemeindevorsteher immer heftiger, die wegen erhöhter Verschmutzung ihrer Hauptstraße durch den Pferdemist der Trauerkondukte wiederholt und ergebnislos den Wiener Magistrat zur Kasse gebeten hatten.

Laut „Begräbnisordnung für den Centralfriedhof" des Jahres 1874 mußten die versargten Toten nach dem Ende der Leichenbegängnisfeier in der Kirche in einem geschlossenen Leichenwagen ohne Fackelträger und Musikbegleitung entweder in die Leichenkammer oder direkt auf den Zentralfriedhof befördert werden. Die „Abfuhr der Leichen" zur Beerdigung konnte im Fourgon oder einem Katafalk-Wagen einzeln oder zu mehreren geschehen, allerdings nur nächtens, zudem mußten alle Leichenwagen den Weg zum Friedhof im Trab zurücklegen und durften die Fahrt nicht unterbrechen. Trotz dieser freudlosen Begräbnisordnung waren bald, wie es in einem zeitgenössischen Bericht heißt, „die Straßen Wiens von der schwarzen Pracht der schönen Leichen erfüllt, ganze Reihen von vier- und sechsspännigen Leichenwagen, voll Blumenwagen, die wie riesige schwarze Blumenkörbe auf Rädern aussehen, und

von feierlichen Trauerkutschen zogen Tag für Tag die endlose Simmeringer Hauptstraße entlang zum Zentralfriedhof".

Von Feldern umgeben und mit einigen provisorischen Gebäuden versehen, lag er in den Folgejahren vor den Toren der Stadt und versuchte
ebenso wie diese die wirtschaftliche Depression, die als Folge des Bör-
senkrachs von 1873 über dem Land wie ein Leichentuch lag, zu bewäl-
tigen. 1881 regelte eine Verordnung die Errichtung von Ehrengräbern,
wozu zahlreiche Exhumierungen an den aufgelassenen Linienfriedhö-
fen zur Reputationsaufbesserung des neuen Leichenfeldes vorgenommen wurden, und deren umfangreiches Verzeichnis beim Friedhofs-
pförtner am Tor 2 gegen wenig Geld erhältlich ist. Später folgten
Mahnmale, wie jenes für die Opfer des Ringtheaterbrandes, neue Eh-
renhaine und danach, in der Republik, die Präsidentengruft.

Doch erst in den Jahren 1903 bis 1911 herrschte eine rege Bautätig-
keit, die schließlich den Zentrafriedhof in seiner heutigen Form entstehen lassen sollte. Es erfolgte der Neubau des Hauptportals, zwei mäch-
tige Pylonen am Haupteingang des zweiten Tores führen seither ins
Schattenreich. Warte- und Leichenhallen wurden in secessionistischem
Stile errichtet und 1911 schließlich die Dr.-Karl-Lueger-Gedächtniskir-
che, eines der furchteinflößendsten Bauwerke des Jugendstils, feierlich
eingesegnet.

Auch wenn die Nationalsozialisten mit der Sprengung der Zeremo-
nienhalle und der Verwüstung zahlreicher Grabsteine am 10. November
1938 das Ihre dazu beigetragen haben, verspürt man in der alten israe-
litischen Abteilung beim Tor 1 kaum etwas von jener bezeichnenden
Öde und Nüchternheit, wie sie ansonsten auf dem Friedhof allerorten
anzutreffen ist. Auch die Befürchtung des Satirikers Daniel Spitzer aus
dem Jahr 1874, die liberale jüdische Gemeinde plane hier eine Art Fort-
setzung des Ringstraßenmonumentalen, ist keinesfalls eingetroffen,
wozu auch die wildwüchsige Natur, die sich hier lange ungehindert aus-
breiten konnte, einiges beiträgt. Hier ruht neben zahlreichen Vertretern
der Kultusgemeinde und den reich gewordenen Familien der Gründerzeit etwa Arthur Schnitzler neben Friedrich Torberg. Ludwig August
Frankl, Ritter von Hochwart, findet man hart an der Grenzstraße zum
katholischen Teil hin, und dort, Richtung rückwärtigen Tor 12, liegt
auch Gustav Pick begraben, der Dichter und Komponist des allseits beliebten „Fiakerliedes". Alexander Girardi war sein unvergeßlicher Inter-
pret gewesen, wenn er anhob „I führ' zwa harbe Rappen, / Mei Zeugl,
dös steht am Graben", um schließlich als „echt's Wiener Kind" entrückt
seine wienerische Himmelfahrt anzutreten.

Die Flamme

Kommunalpolitische Rationalisierung des säkularisierten Todes
11, Simmeringer Hauptstraße 337, Krematorium

„W"er dagegen frohgemut und voll guter Hoffnung dahingegangen ist, den betrauert niemand, sondern mit Gesang folgen sie seinem Leichenzug, empfehlen die Seele aus tiefstem Herzen Gott, verbrennen den Leib schließlich mehr voll Ehrfurcht als in Trauer und errichten an der Stelle eine Säule mit den Ehrentiteln des Verstorbenen." Dies schrieb Thomas Morus in seinem 1516 abgeschlossenen Werk „Utopia", das den optimistischen Glauben an den möglichen Sieg der Vernunft aussprach, und dessen Reformideen der staatlichen und kirchlichen Einrichtungen von humanistischem Geiste seiner Zeit getragen waren.

Der Brauch der Brandbestattung dürfte erstmals bereits in der Jungsteinzeit aufgetreten sein. Eine Urne aus einem Brandgrab in Groß-Enzersdorf aus der Zeit 1000 bis 800 v. Chr. befindet sich heute im Wiener Bestattungsmuseum ebenso wie eine aus der Römerzeit. Wurde bei den Kelten die Körperbestattung im 1. Jahrhundert v. Chr. allmählich von der Brandbestattung abgelöst, vollzog sich auch bei den Römern schließlich ein Wandel. So gingen vornehme Bürger Roms ab dem 2. Jahrhundert n. Chr. wieder zur Körperbestattung über, im heutigen österreichischen Raum wird erst im 3. Jahrhundert die Grablegung wieder allgemein üblich.

Dieser neuerliche Wechsel der Bestattungsform war aber nicht allein auf das langsam sich ausbreitende und Brandbestattungsformen ablehnende Christentum zurückzuführen, sondern wohl auch auf die benötigten großen Holzmengen für die Erreichung der dafür notwendigen hohen Temperaturen. Als schließlich Karl der Große im Jahr 785 die Brandbestattung untersagte, waren ab dem 9. Jahrhundert in Europa im allgemeinen keine derartigen Bestattungen mehr üblich.

Erst im Zeitalter von Renaissance und Humanismus trat diese Idee aus staatsphilosophischen und rationalistischen Gründen wieder in den Vordergrund. 1536, ein Jahr nachdem Thomas Morus im Auftrag Heinrichs VIII. hingerichtet und sein abgeschlagenes Haupt auf der London Bridge zur Abschreckung aufgepflanzt worden war, trat der Basler Gelehrte Gyraldus für die Feuerbestattung ein. Als im Jahre 1656 in Italien die Pest ausbrach, verfaßte der päpstliche Leibarzt Mattia Naldi mit Zustimmung von Papst Alexander VII. eine Denkschrift, die das Verbrennen von Seuchenopfern empfahl.

Die Wortführer der öffentlichen Meinung sind, seit der Zeit, da der geöffnete Leichnam die Geheimnisse des Lebens zu enthüllen verhieß, die Ärzte. Im Namen der entstehenden Volksgesundheit und der öffentlichen Hygiene weisen sie immer hartnäckiger auf den widerwärtigen Geruch der innerstädtischen Friedhöfe und Grüfte hin und auf die Gefahren von Epidemien. Offensichtlich ist es die Luft, die von Krankheitskeimen gesättigt ist, das Feuer und der Luftstrom, den es erzeugt, soll diese schlechte Luft reinigen. Deshalb zündete man, wie Philippe Ariès berichtet, im Jahre 1709 in Paris große Feuer auf öffentlichen Plätzen an, um damit den Skorbut zu vertreiben, deshalb unterhielt man während der Exhumierungen auch brennende Kohlenbecken, so etwa im Jahre 1785 auf dem Cimetière des Innocents. Den Ärzten folgen kommunale Beamte, die eine Rationalisierung des Todes in Hinblick auf den knappen gemeindeeigenen Grund und Boden im Auge haben. Die ersten, die sich, nebst den Anrainern der Friedhöfe, davon überzeugen lassen, daß die Feuerbestattung auch ihre Vorteile hat, sind demnach positivistisch gesinnte Wissenschafter und pragmatisch denkende Politiker und Beamte, die letzten die Priester, die höheren Schichten und das Volk, die eine Beeinträchtigung des gewohnten religiösen Grabkultes befürchten. Eine neue Topographie der Friedhöfe entsteht in dieser Zeit auch in Wien, ein Übergang von der mittelalterlichen Friedhofsgeographie, die im 18. Jahrhundert durch ein Abrücken der Bestattungsorte von den Kirchen in Richtung der Gebiete außerhalb des Linienwalls gekennzeichnet ist, und diese führt ein Jahrhundert später zur geballten, konzentrierten Anlage außerhalb der Stadt: zum großen Zentralfriedhof.

Die Aufklärung nahm sich mitunter der Feuerbestattung an. Der Sturm der Französische Revolution, die das egalitäre Gemeinschaftsgrab und die stetige Auffüllung desselben für alle Stände mit sich gebracht hatte, sorgte jedoch für neue Mißstände im urbanen Bestattungswesen. 1797 befaßte sich schließlich der Pariser Revolutionsrat mit der Einführung der fakultativen Feuerbestattung und der Errichtung eines Krematoriums. Während die neuen Friedhöfe im allgemeinen frei und nur noch der städtischen Aufsicht unterworfen sind, hat die private Funktion des Grabes die Oberhand über seine öffentliche gewonnen. Jeder hat nunmehr das Recht, über seinen eigenen Leichnam zu verfügen. Diese neue Sensibilität im Umgang mit den Toten beweist sich in den

Made in Germany: Der zur „Leichenverbrennung construirte Apparat" von Friedrich Siemens „nach seinem patentirten Regenerativ- und Gasfeuerungssystem" aus dem Jahr 1873

zahlreichen Einzelgrabstätten, das gleichsam für die Ewigkeit errichtete Grabdenkmal, das zuvor die Ausnahme war, wird zur Regel. Die städtischen Behörden, die das Monopol der Kirchenvorstände und das Besitzrecht an den Friedhöfen geerbt hatten, sahen sich jedoch bald mit neuen alten Problemen konfrontiert. Mit der raschen Ausdehung der Stadt ab Mitte des 19. Jahrhunderts und der Eingemeindung der Vororte, fanden sich die Friedhöfe vom Beginn des Jahrhunderts innerhalb der Stadtgrenze wieder; die Situation wiederholte sich, die Leichen waren zu den Lebenden zurückgekehrt.

Industrialismus und Liberalismus sorgten bald für einen neuen Anstoß Richtung Feuerbestattung. Bereits 1855 wurde laut Katalog des Bestattungsmuseums an das Preußische Abgeordnetenhaus eine diesbezügliche Petition gerichtet, 1869 und 1871, bei internationalen Konferenzen in Florenz und Rom, die Einführung der Feuerbestattung aus rationellen, hygienischen und zeitgemäßen Gründen gefordert. 1872 konstruierte im Anschluß an die Kongresse der Professor für pathologische Anatomie in Padua, Lodovico Brunetti, einen ersten „Leichenverbrennungs-Apparat", der ein Jahr später während der Weltausstellung von den Wienern bewundert werden konnte. In diesem Jahr trat schließlich der Leipziger Polizeiarzt Karl Reclam an Friedrich Siemens heran, seinen Regenerativschmelzofen weiterzuentwickeln, woraufhin der zur „Leichenverbrennung construirte Apparat nach seinem patentirten Regenerativ- und Gasfeuerungssystem" entstand. 1876 wurde schließlich in Mailand das erste europäische Krematorium in Betrieb genommen.

Von Italien her kam allerdings auch die größte Gegnerschaft der Feuerbestattung. Seit Pius IX., jener Papst, der 1870 das Dogma von der unfehlbaren Lehrautorität der Stellvertreter Christi im ersten Vatikanischen Konzil erstritten, und im Zuge der Einigung Italiens den Kirchenstaat endgültig verloren hatte, richtete er seinen heiligen Zorn auf die herrschende liberale Schicht Italiens und verbot den Katholiken seines Landes die Teilnahme an den Wahlen. Positivistische Wissenschaft, Demokratie sowie Freimaurertum und ebenso die Forderung nach Feuerbestattung waren auch die proklamierten Hauptfeinde seines Nachfolgers Leo XIII., der sich am 19. Mai 1886 über das Heilige Offizium gegen das Verbrennen von Leichen aussprach und den Gläubigen der römisch-katholischen Kirche die Mitgliedschaft an Vereinen, die derartiges propagierten, verbot. Als die italienische Regierung 1889 zu Ehren des 1600 in Rom verbrannten Dominikaners Giordano Bruno ein symbolträchtiges Denkmal nahe dem einstigen Scheiterhaufen auf dem Blumenmarkt setzte, brach der feurig geführte Kulturkampf um die „Römische Frage" erneut aus.

Am 27. April 1892 wurde schließlich von Rom aus denen, die eine Urnenbestattung wünschten, das kirchliche Begräbnis verweigert, und durften jenen Sterbenden, die sich dazu bekannten, keine dementsprechenden Sakramente gereicht werden. Ein international besuchter antifreimaurerischer Kongreß fand schließlich auf Betreiben des Papstes im September 1896 in Trient statt, wobei die mehr als 1.800 Anwesenden in die „wahren Ziele" der Freimaurer eingeweiht wurden. „Die Stufenfolge: Pantheismus, Atheismus, Satanismus" sei nach einem Bericht der „Historisch-politischen Blätter für das katholische Deutschland" der „logische Entwicklungsgang der freimaurerischen Doctrin". Der gleichen Quelle zufolge war nach Trient auch der bekannte Pfarrer Deckert aus Wien geeilt, der in seinen Ausführungen die „interessante Tatsache belegte", daß, „Deutschland ausgenommen, überall sonst J u d e n an der Spitze der maurerischen Bewegung stehen, wodurch die Bestrebungen der Antifreimaurerei auch nothwendigerweise antisemitisch sein müßten".

Schlechte Zeiten vorerst also jedenfalls für all jene, die sich in der österreichisch-ungarischen Monarchie eine liberalere Auslegung des kirchlichen Verbotes erhofft hatten. Ein Antrag auf die Anschaffung eines Verbrennungsapparates nach dem System Siemens wurde zwar von Anhängern der Hygienebewegung und der Rationalisierung des Todes anläßlich der Eröffnung des Zentrafriedhofes angestrebt, in einer Sitzung des Wiener Magistrates am 11. März 1875 jedoch abgelehnt. Bereits ein Jahr später sprach sich der Landes-Sanitätsrat dafür aus und empfahl, „ein Reichsgesetz über die Zulassung der fakultativen Leichenverbrennung zu erwirken". Daraufhin beschloß der Gemeinderat, dem Ministerium des Inneren eine diesbezügliche Petition zu überreichen, die allerdings wenig Spuren hinterlassen hat. Im Mai 1881 jedenfalls beschäftigte sich der Gemeinderat erneut mit der leidigen Causa und einigte sich darauf, um sich offenbar nicht die eigenen Finger zu verbrennen, ein diesbezügliches Komitee einzusetzen, das wohl noch bis Kriegsbeginn 1914 getagt haben dürfte.

„Geh Alte, laß Di verbrennen!" Dieser im ersten Moment fast grausam klingende Appell, so meint gegen Ende des 19. Jahrhunderts Friedrich Schlögl in seinem Essayband „Wiener Luft", war „doch nicht böse gemeint, sondern involvirte nur die ‚gemüthliche' Aufforderung an ein freilich bejahrtes ‚Weiberl', sich an dem neuesten Begräbnissport zu betheiligen, d. h. für ‚Verbrennung des Leiblichen' zu stimmen, selbstverständlich erst im Ablebungsfalle, welche Concession das Humane der Einladung schon an und für sich klarlegt". Die Initiative kam schließlich von privater Seite her. Zwar hatte sich bereits im März 1874 ein „Verein für Leichenverbrennung in Wien" etabliert, doch habe dieser nach Ansicht des Bestattungsmuseumskataloges lediglich eine „sehr bescheidene Tätigkeit" entwickelt. Im April 1885 nahm dann der Verein der Freunde der Feuerbestattung „Die Flamme" seine Tätigkeit auf, wobei die Verstorbenen vorerst nach Gotha, später ins Krematorium in Zittau und danach in jenes von Reichenberg transportiert werden mußten. 1904 kam es zur Gründung eines Arbeiter-Zweigvereins des Vereins „Die Flamme", der ab 1919 maßgeblich daran beteiligt war, daß sich die von Sozialdemokraten regierte Stadt Wien für die Errichtung einer Feuerbestattungsanlage aussprach.

Alexander Girardi, der Wiener Volksliebling aus Graz, hatte, als er am 20. Mai 1918 verstarb, eine genaue letztwillige Anordnung hinterlassen. Er wünschte die Vornahme eines Herzstiches, die Leiche sollte verbrannt, die Asche im Grab neben seiner Mutter beigesetzt werden. Von Hunderttausenden Wienern verabschiedet, wurde er von der Kirche bis zum Nordbahnhof begleitet, wohin der Sarg zur Überführung nach dem Krematorium in Zittau gebracht wurde. Mit Beschluß des Gemeinderates vom 7. Oktober 1921 konnte die Errichtung eines Krematoriums auf den Gründen des Neugebäudes im 11. Bezirk gegenüber dem 2. Tor des Zentralfriedhofes durchgesetzt werden und der modern und morgenländisch anmutenden Entwurf des Architekten Clemens Holzmeister zur Ausführung gelangen. Der erste Spatenstich fand am 2. Mai 1922 statt, und bereits am 17. Dezember wurde das Krematorium mit Urnenhain feierlich eröffnet. Einen Tag zuvor hatte Bürgermeister Reumann, dessen Urne seit 1950 hier zu finden ist, eine Weisung des zuständigen Bundesministers erhalten, die eine Inbetriebnahme untersagte, der zwei weitere Beschwerden der Bundesregierung beim Verfassungsschutz folgen sollten, die jedoch abgewiesen wurden.

Im Urnenhain sind neben zahlreichen sozialdemokratischen Stadtpolitikern unter anderem der Opernsänger Alfred Piccaver, der Schauspieler Max Pallenberg, der von einem Nationalsozialisten ermordete Schriftsteller Hugo Bettauer, der einstige Direktor des Apollo-Theaters, Ben Tieber, und der Vorstandsdirektor des „Wiener Vereins", Wilhelm Lorenz bestattet. Im Arkadengang findet man auch die Namen der Schauspielerinnen Tiny Hollitzer-Senders und Helene Thimig-Reinhardt, des Schriftstellers George Saiko und interessanterweise auch jenen des Dr. Carl Sternberg, Prosektor am Krankenhaus Wieden und Vorstand des Pathologischen und Anatomischen Instituts der Wiener Poliklinik, der sich solcherart der medizinischen Nachwelt entzogen hatte. Vor der Feuerhalle ist das „Campieren verboten", das „mitbringen (!) von Hunden ist untersagt", und eine Kundmachung in der Unterführung zu Krematorium und Urnenhain teilt mit, daß bei Glatteis nicht gestreut wird (– ja, das habe ich mir auch gedacht).

1963 hob schließlich das Heilige Offizium das Verbot der Feuerbestattung auf und legte die Bestimmungen für die Einsegnungen bei Feuerbestattung fest, zwei Jahre später wurde auf dem Stammersdorfer Zentralfriedhof eine weitere Feuerbestattungsanlage in Betrieb genommen und das Krematorium Simmering umgebaut und erweitert.

In den achtziger Jahren zählt der Verein rund 475.000 Mitglieder, und seither sind es elektrisch betriebene Einäscherungsöfen, die pro Leiche etwa 2,7 Kilogramm Asche produzieren, für die die Nachfolgeorganisation der „Flamme", der „Wiener Verein. Lebens- und Bestattungsversicherung auf Gegenseitigkeit" mit Hauptsitz in der Ungargasse 41 und Filialen in allen Bundesländern zahlreiche Urnenformen aus Kupfer, Keramik, Augartenporzellan, Glas und anderen Materialien anbietet und beratend bei der feierlichen Zeremonie mitwirkt. Ein romantisches und freies Verstreuen der Asche in Seen, Flüsse oder auf Brücken ist allerdings in der oftmals stürmischen Stadt nicht gestattet und somit auch die Möglichkeit einer letztendlichen Ruhelegung in der Kleiderreinigungsanstalt genommen. Ebensowenig läßt sich Johann Nestroys testamentarischer Wunsch verwirklichen, „die Urne bei zurückgelassenen Angehörigen in einem netten Kabinettchen" zu deponieren und ahnte dies wohl schon bei dessen Abfassung. „Unsere Gepflogenheiten", heißt es in seinem Testament an anderer Stelle vorausblickend, „gewähren in dieser höchst wichtigen Sache eine nur sehr mangelhafte Sicherheit."

Sechzehnter Bezirk

Whitechapel in Ottakring

Ein h.o. Nachahmungstäter Jack the Rippers
16, Haymerlegasse 27

W ien gegen Ende des Jahres 1898: Der amerikanische Schriftsteller
Mark Twain hält sich zu Besuch in der Stadt auf, aus der Brigitten-
au wird eine Massenvergiftung durch einen Weihnachtsstrudel berichtet,
bei dessen Zubereitung man irrtümlich statt dem üblichen Streuzucker
Arsen verwendet hatte. Das Carl-Theater in der Praterstraße spielt das
Stück „Zwei kleine Vagabunden", im Hof-Burgtheater wird der „Som-
mernachtstraum" gegeben, und aus dem Floridsdorfer Theater wird der
Diebstahl eines Hamletkostüms vermeldet, was den Zeitungsberichter-
stattern allerlei Möglichkeiten gibt, an die Eingangsworte des großen
Monologes im dritten Aufzug zu erinnern: Sein oder Nichtsein.

Am 27. Dezember berichtet das „Illustrirte Wiener Extrablatt" unter
dem Titel „Der Aufschlitzer von Wien" von einer Schreckenstat in einem Vorort der Stadt und weckt damit die Ängste zahlreicher in ihrer
Feiertagsruhe sanft dahindösender Bürger, wie dies bereits dem Dirnen-
mörder von Whitechapel zehn Jahre zuvor im viktorianischen London
gelungen war: „Ein scheußlicher Mord wurde heute Morgens in Ottakring entdeckt. Das Verbrechen erinnert in der Art der Ausführung an
die Thaten des Londoner Frauenmörders Jack, des Aufschlitzers", fällt
dazu auch dem nach Ottakring entsandten Berichterstatter ein. „In der
Haymerlegasse Nr. 27 in Ottakring, einem alten Hause, wohnt seit drei
Jahren die unter sittenpolizeilicher Controle stehende 41jährige Francisca Hofer. Die Wohnung des Mädchens besteht aus einem Cabinet, das
vom Gang aus separirt ist, so daß das Mädchen stets direct vom Gange
im ersten Stocke seine Wohnung betreten konnte. Heute Morgen gegen
halb 9 Uhr wollte die in der Nähe wohnende Schwester der Hofer diese
besuchen. Sie fand die Thür offen und betrat das Cabinet, um sofort einen fürchterlichen Schrei auszustoßen."

Ihr Blick war auf den der Tür gegenüberliegenden Diwan gefallen,
und was sie dort sah, berichtet die Zeitung am darauffolgenden Morgen
ausführlich mit Worten, die den Genuß des Weihnachtsstrudels zum
Frühstückskaffee noch weniger gefördert haben dürften: „Auf demselben lag Francisca Hofer, vollständig entkleidet, die Füße über den Divan herunterhängend, die Arme in die Hüften gestützt. Der ganze Kör-

per bis zur Brust war mit einem rechtwinkeligen scharfen Schnitt aufgeschlitzt. Die Eingeweide waren aus der offenen Bauchhöhle herausge-
treten, die Leber, regelrecht herausgeschnitten, lag unter dem Divan."
Dieser wie der Fußboden waren blutgetränkt und Blut fand sich auch in
der Waschschüssel, der Abdruck einer blutigen Hand auf einem der Pöl-
ster, wenig später wurden blutige Fußspuren am Gang von der einge-
troffenen Polizeikommission, bestehend aus Regierungsrat Jurka, den
kaierlichen Räten Stukart und Polt, entdeckt.

Alle Umstände wiesen auf einen Lustmord hin und darauf, daß der
Täter sein Opfer erst nachträglich in die symmetrische Lage gebracht
hat, in der sie aufgefunden worden war, die „Arme der Hofer waren
nämlich, als man sie fand, in sanfter Biegung in die Hüften gestemmt".
Aus „der Art, wie diese entsetzliche Zertheilung des Körpers geschehen
ist, will man schließen", vermutet die Zeitung, „daß vielleicht ein
Fleischhauer den Mord begangen hat". Später sollte diese Vermutung
noch durch jene ergänzt werden, daß möglicherweise eine chirurgisch
ausgebildete Person oder ein Wahnsinniger der Täter sein könnte.

Zum letzten Male wurde die Prostituierte Francisca Hofer am Stefani-
tag, dem 26. Dezember, um halb 10 Uhr abends gesehen. Bis 2 Uhr
nachmittags war sie bei ihrer Schwester Wilhelmine Tintner gewesen.
Bei ihrem Aufbruch erwähnte sie, nach Hause gehen zu wollen und sich
mit Stricken zu beschäftigen. Um halb 9 Uhr abends verließ sie ihr Zimmer, um sich ein Nachtmahl einzukaufen, und kehrte wenige Minuten
später in Begleitung eines Mannes wieder zurück. Derselbe hatte sie bereits am vergangenen Freitag besucht und war durch seine aggressive
Art den Anwohnern in Erinnerung geblieben. Er war von mittlerer
Größe, trug einen kurzen Lodenrock und darunter eine aufgerollte blaue
Schürze. Wenige Minuten vor halb 10 Uhr verließen beide gemeinsam
wieder die Wohnung. Die Hofer trug dabei nach Auskunft der Nachbarn
keine Kopfbedeckung, und es hatte den Anschein, als ob sie den Besucher lediglich bis auf die Straße begleiten wollte. Um halb 10 Uhr kehrte
sie wieder in das Haus zurück, Francisca Hofer war jetzt ohne Begleitung und wurde von den Hausbewohnern Kronstein und Simek gesehen. Von da an weiß man aber nicht mehr, was vorgefallen ist, bis man
nach 8 Uhr morgens die Leiche auffand.

Die Prostituierte hatte auch einen Geliebten, einen Möbelpacker namens Carl Liebert, der jedoch, wie er glaubwürdig versicherte, den ganzen Tag mit anderen Mädchen verbracht hatte und sich angeblich um
die Hofer nicht kümmerte. Die Ermordete, die lediglich über das Not-
wendigste zu ihrem Lebensunterhalt verfügte, wird als ruhig und ord-

nungsliebend beschrieben. Am Morgen nach ihrer Ermordung hätte sie allerdings wegen nächtlichen Ansprechens männlicher Personen eine Verhandlung beim Bezirksgericht gehabt. Sie hoffte freigesprochen zu werden und ersuchte ihre Schwester um die leihweise Überlassung eines Schals, um vor Gericht besser gekleidet erscheinen zu können. Als die Schwester mit dem versprochenen Kleidungsstück am Morgen des 27. Dezembers an der Tür des Kabinetts in der Haymerlegasse anklopfte, entdeckte sie die Leiche.

Am Tatort wurde von der Kommission ein weißer Knopf einer Unterhose gefunden, wie sie von Männern getragen wurde, und es wurde erhoben, daß verschiedene wertlose Gegenstände wie ein weißes Hemd, ein Paar abgetragene Pelzschuhe, ein ledernes Geldtäschchen, zwei Bilder in schwarzem Rahmen, einen einstigen Liebhaber sowie zwei weibliche Köpfe darstellend, der Wohnungsschlüssel und die Stiefletten der Ermordeten fehlten. Nicht aufgefunden werden konnten auch ein Paar Ohrgehänge, welche die Hofer zur Zeit der Tat getragen hatte, der von der Schwester geborgte weiße Schal für die Gerichtsverhandlung sowie das Mordinstrument.

Die Haymerlegasse ist ein zwischen Koppstraße und Richard-Wagner-Park gelegener kurzer Verkehrsweg in Ottakring. Erst 1894 war sie nach dem Außenminister Heinrich Karl Freiherr von Haymerle benannt worden, doch wohnen hier im Jahre 1898 trotz des edlen Namensgebers vor allem die ärmsten Schichten der stark expandierenden Großstadt. Das zweistöckige Haus Nummer 27 mit seinem Hinterhof und der neuerdings frischrenovierten Fassade existiert nach wie vor und ist bereits 1898 ein älteres Gebäude mit kleinen, für die weniger zahlungskräftigen Mieter berechneten Wohnungen. Seit geraumer Zeit hatten sich hier vor allem Prostituierte eingemietet, so vor drei Jahren auch Francisca Hofer, die im ersten Stock ein kleines, enges Kabinett bewohnte. Der Hausflur ist durch eine Glastür abgeschlossen, hinter dieser befindet sich der Hofraum, der in einen verwilderten Garten übergeht. Über eine schmale, finstere Stiege gelangt man an der Hausmeisterwohnung vorbei in das erste Stockwerk. Der Gang führt nach rechts hinüber, und die letzte Tür trägt die Nummer 5. Durch diese kleine Tür betritt man das schmale Kabinett, das Francisca Hofer bewohnte. Zu beiden Seiten des Eingangs sind Kleiderhaken angebracht, links davon steht ein Waschtisch, in der Ecke ein kleiner gußeiserner Ofen und der Tür gegenüber an der Mauer ein Diwan. Rechts von der Tür befindet sich das einzige Fenster, welches in den Hof mündet. Da die Haustorsperre regelmäßig um 10 Uhr abends erfolgt, muß der Täter knapp davor das Haus verlassen oder, die Zeit des Morgengrauens abwartend, die Nacht im Zimmer gemeinsam mit der Ermordeten verbracht haben.

Am Nachmittag des 27. Dezembers wurde die Leiche der Francisca Hofer in das Anatomische Institut des Allgemeinen Krankenhauses überführt, wo der bekannte Gerichtsmediziner Professor Albin Haberda die Obduktion vornahm, „die auch vom medicinischem Standpunkte die Bestialität der That, die vermuthliche Versirtheit des Mörders in der anatomischen Zertheilung von Leichen und das Vorhandensein jener Merkmale feststellte", wie das „Illustrirte Wiener Extrablatt" am 28. Dezember aus dem forensischen Bericht zitiert, „die schließen lassen, daß es dem Mörder darum zu thun war, die Leiche ganz besonders entsetzlich und charakteristisch zu verstümmeln". Als unmittelbare Todesursache wurde Verblutung konstatiert, entgegen der ersten Diagnose des Polizeiarztes, der eine Strangulierung vermutet hatte. „Die Verblutung erfolgte durch die scheußliche Verletzung der Bauchdecken und Baucheingeweide. Die Bauchdecken waren vom Brustbein herab an der rechten Seite von der Mittellinie an vollkommen aufgeschlitzt. Der furchtbare Schnitt setzte sich über beide Schenkel gegen die Innenfläche der Oberschenkel fort und außerdem waren besondere Zeichen, daß am Unterleibe gräßliche Verstümmelungen vorgenommen wurden. Die Leber fehlt vollkommen und schien an der Leberpforte durchschnitten.

Der Mörder hat sein Opfer zuerst gewürgt. Am Vorderhals war eine Würgespur zu sehen, das rechte Kehlkopfhorn war abgebrochen und an den Stimmbändern fanden sich kleine Blutaustretungen vor." Aus dem Obduktionsbefund geht, wie erwähnt, ohne Zweifel hervor, „daß das Individuum, das die That ausgeführt hat, mit den anatomischen Verhältnissen des Körperbaues genau vertraut gewesen sein muß". Das Mordinstrument wieder soll „mit kurzer, scharfer Klinge versehen" gewesen sein.

Was folgt, sind kuriose Nachspiele im letzten Akt eines Falles, bei dem die Polizei immer mehr die Hoffnung verliert, den „Aufschlitzer von Ottakring" jemals dingfest machen zu können. Aufgeregt und atemlos erstattet um 1 Uhr nachts des 28. Dezember 1898 der Schlossergehilfe Carl Hendrich auf dem Polizeikommissariat Ottakring die Meldung, er habe eine Person gesehen, auf den die Personenbeschreibung des Mannes mit der kurzen Lodenjacke passe, und dieser sei Richtung Waisenhausgasse entflohen. Ein Sicherheitswachinspektor und vier Wachleute, denen sich ein Cafetier namens Ulrich anschloß, machten sich sofort an die Verfolgung des Flüchtigen, wenig später erblickten sie in der Liechtensteinstraße tatsächlich einen verdächtigen Mann. Der sprang wenig später über die Gartenmauer des Liechtenstein-Palais und verschwand in den Anlagen, danach durch die Hintertür des Parks. Am 31. Dezember berichten die Wiener Zeitungen von einer anonymen Zuschrift an die Polizeikommission, in der allen Prostituierten Rache geschworen wird. Eine solche gab wenig später an, die habe in einem Kaffeehaus in der Taborstraße einen Fremden getroffen, der „nur vom Würgen, Bauchaufschlitzen, Lustmord und anderen Ungeheuerlichkeiten" gesprochen habe. Der furchteinflößende Gast soll ungefähr 32 Jahre alt, von elegantem Aussehen, mit muskulösem Körper, schwarzen Haaren und stark gebogener Nase ausgestattet gewesen sein.

Vierzehn Tage nach der Tat werden in einem Hernalser Rinnsal alle der Hofer geraubten Effekten gefunden, die bereits mutlos gewordene Polizei nimmt nun die Erhebungen mit neuer Energie auf.

Der Nachfolger von Theodor Meynert als Vorstand der II. Psychiatrisch-Neurologischen Klinik der Universität Wien, Richard von Krafft-Ebing, meldet sich zu Wort, nicht ohne auf seine eigene, 1886 erschienene Publikation in diesem Zusammenhang hinzuweisen. Er betont, bei dem Fall Francisca Hofer „handelt es sich um einen Lustmord entsetzlichster Art, um einen Fall von Sadismus, wie er allerdings meines Wissens in Wien noch nicht zu verzeichnen war. Der medicinischen Literatur sind solche Gräuelthaten nicht fremd. Mein Buch ‚Psychopathia sexualis' beschäftigt sich mit solchen Verbrechen, zu denen ja auch der Frauenmörder von Whitechapel (‚Jack, der Aufschlitzer') gehört."

Die Mordserie, die mit diesem Namen in Verbindung gebracht wurde, folgte einem gewissen Schema. Alle Opfer waren Prostituierte East Londons in mittlerem Alter, Elend und äußerste Armut sind der erschütterndste gemeinsame Nenner bei ihnen. In allen Fällen außer einem war der Versuch gemacht worden, die Leichen zu verstümmeln, obwohl nichts für ein Sexualverbrechen sprach, jedoch einiges für anatomische Kenntnisse. In zwei Mordfällen wurden Organe aus dem Körper des Opfers entfernt. Alle Morde fanden an Wochenenden statt, und zwar zwischen Mitternacht und fünf Uhr früh. Der Mörder sandte einige Botschaften an die Polizei, der er einmal knapp entkommen konnte, ausländisch aussehende Bewohner Whitechapels wurden wiederholt der Verbrechen verdächtigt, und auch eine Lederschürze spielte bei der Tätersuche eine gewisse Rolle. „Der Ruf des Rippers überquerte rasch den

Ärmelkanal", berichtet Tom Cullen, der Autors eines Werkes über den Mörder vom East End, der die Verbrechensserie als Ausdruck eines sozialen Protestes versteht. Jack the Ripper rief ähnliche Morde im Pariser Montmartre-Viertel hervor, und sein Ruhm drang auch nach Amerika, wo ein gewisser Dr. J. G. Kiernan der Presse gegenüber die These vertrat, der Mörder von Whitechapel sei ein Kannibale, „ein Typ, der glücklicherweise in den angelsächsischen Ländern selten ist, dem man aber in Rußland, Deutschland, Böhmen und Frankreich häufig begegnet".

Am 29. Dezember nachmittags wurde die von den Gerichtsmedizinern mit groben Stichen zusammengenähte Leiche der Francisca Hofer aus der Totenkammer des Allgemeinen Krankenhauses geholt und in die Haymerlegasse gebracht. „Die Ermordete befand sich wieder in dem kleinen Raume, in welchem sie dem Mörder zum Opfer gefallen war", erinnerte das „Illustrirte Wiener Extrablatt" am 30. Dezember. „Eine einfache Aufbahrung wurde vorgenommen, der Sarg kam unweit der Stelle zu stehen, wo auf dem Boden ein rother Fleck den Ort bezeichnete, an dem die Leber des unglücklichen Opfers gelegen war." Einige Freundinnen hatten ihr Geld zusammengelegt und so der mittellos Verstorbenen ein Begräbnis ermöglicht. Nach der Einsegnung wurde sie zur Ottakringer Pfarrkirche gebracht und danach zum Friedhof des Bezirkes. Tausende Menschen folgten dem Sarg, darunter auch eine große Anzahl von Detektiven, die sich unter das Publikum gemischt hatten, in der Hoffnung, den Täter doch noch aufzuspüren.

Der Mörder wurde niemals gefunden, war es ein Lustmörder als Nachahmungstäter, ein Zuhälter, ein von Dirnen infizierter Geschlechtskranker, ein Fleischhauer, ein Chirurg oder, wie die Polizei zum Schluß vermutete, ein Fuhrwerker gewesen? Oder gar Jack the Ripper, als Vergnügungsreisender im gemütlichen Wien?
    Auch wenn die Verfolgung des Täters erfolglos blieb, der irdischen Gerechtigkeit wurde dennoch Genüge getan. Am Dienstag, dem 27. Dezember, der Tag, der ihrer Ermordung folgte, wurde der Prozeß gegen Francisca Hofer wegen Übertretung des § 5 des Vagabundagesetzes am Ottakringer Bezirksgericht eröffnet. Strafrichter Dr. Riedinger rief die Angeklagte um 10 Uhr vormittags auf, und da der Gerichtsdiener vermeldete, daß sich die „Hofer nicht gemeldet" habe, wurde ihr das Nichterscheinen erschwerend als ein präsumptives Geständnis angerechnet und sie zu drei Tagen strengen Arrestes verurteilt.

Neunzehnter Bezirk

Vom armen Niembsch

Lenaus privater Tod
19, Obersteinergasse 18–24 (ehem. Hirschengasse 163, Billrothstr. 65),
Döblinger Privatirrenanstalt

Unter dem Titel „Verstorbene zu Wien" vermeldete die „Wiener Zeitung" Mitte August 1850 das Ableben von „Johann Garras, Commissionär der königl. großbritannischen Gesandtschaft, alt 42 J., am Hof Nr. 329, an der tuberkulosen Lungenschwindsucht. Der Frau Theresia Wagner, bürgerl. Kaffeehausinhaberswitwe, ihre Tochter Leopoldine, alt 34 J., in der Lepoldstadt Nr. 579, an der Lungentuberkulose", sie war die Schwester der Toni Wagner, Raimunds Lebensgefährtin, gewesen. „Dem Herrn Andreas Richter, bürgl. Trödler, seine Tochter Franziska, alt 18 J., auf der Wieden Nr. 93, an der Lungentuberkulose. Frau Katharina Fischer, gewes. geprüfte Geburtshelferin, alt 74 J., in Gumpendorf Nr. 539, an Altersschwäche. Franz Reiß, Zögling des k. k. Findelhauses, alt 1 Jahr, in Nicolsdorf Nr. 40, an Brechdurchfall. Anna Köchel, k. k. Postillons-Witwe, alt 73 J., in Gumpendorf Nr. 515, an der Auszehrung. Rosalia Knopf, Dienstmagd, alt 19 J., an der Gehirnlähmung. – Abraham Brunner, israelit. Kleinhändler, alt 32 J., an der allgemeinen Wassersucht. Beide im Israeliten-Krankenhause. Anton Heuhauser, Pferdeknecht, alt 47 J. – Friedrich Sulzer, Fabrikarbeiter, alt 42 J., – Carl Freund, Steinmetzgeselle, alt 26 J., – Joseph Zeiler, Taglöhner, alt 45 J. Alle 4 an der Brechruhr. – Joseph Höflinger, Zeugmacher, alt 62 J., – Joseph Wuckhotzky, zugereister Hutmachergeselle, alt 32 J., – Josepha Pokruta, Handarbeiterin, alt 23 J. Alle 5 an der Tuberkulose. – Lorenz Wieland, Pflasterergeselle, alt 53 J., von Hernals, an der Lungenlähmung. – Leopold Löffler, Kleinfuhrmann, alt 40 J., von Hernals, an einem Herzleiden – Carl Fischer, Zeugmachergeselle, alt 55 J., an der Lungentuberkulose. Alle 11 im k. k. allgemeinen Krankenhause."

Viele von diesen starben nicht mehr in der Familie, sondern bereits in einem öffentlichen Krankenhaus, und eine auffallend häufige Todesursache war die Lungentuberkulose, auch „morbus Viennensis" genannt, der auch Joseph II. am 20. Februar 1790 zum Opfer gefallen war.

Die siebenundsiebzigjährige Pfründnerin Josepha Posch aus der Roßau starb in dieser Woche an der Cholera, die seit Anfang August erneut in den Wiener Vorstädten Wieden, Roßau, Leopoldstadt und Landstraße aufgetreten war. Seit Anfang der Epidemie waren 191 Personen verstorben, 176 genesen sowie 451 erkrankt, wobei sich laut „Wiener Zeitung" letztere „in der ferneren ärztlichen Beobachtung" in den Krankenhäusern der Stadt befinden.

„Täglich wird eine Totenliste auf einen halben Foliobogen gedruckt und diese dann auch in die Beilage der ‚Wiener Zeitung' eingerückt", schreibt Johann Pezzl in seiner „Skizze von Wien". „Da die Vorstädte viel größer sind als die Stadt, da die Spitäler in den Vorstädten sind, da der große Haufe des gemeinen dürftigen Volkes in den Vorstädten wohnt, so ist es natürlich, daß die Zahl der vor der Stadt Verstorbenen immer ungleich größer sei als der in der Stadt Entschlafenen."

Der tägliche Tod war zur Angelegenheit der Obrigkeit und der Öffentlichkeit geworden, und die „fleißigsten Leser der Totenlisten", berichtet Pezzl weiter, „sind Leute, welche reiche alte Tanten, Onkel oder andere Verwandte haben, mit denen sie über den Fuß gespannt sind und sie also nicht persönlich besuchen. Der harrende Erbe liest monatelang den schwarzen Zettel; endlich findet sich der erwartete Name; er versöhnt sich in dem Augenblick, holt seine Portion Dukaten und wünscht dem Toten ein ewiges Leben."

Am 22. August wird auf einer jener Totenlisten auch das Ableben des Dichters Nikolaus Niembsch von Strehlenau, der sich Lenau genannt hatte, vermerkt. Die Krankheit zum Tode hatte sich bereits im Spätsommer 1844 auf einer Deutschlandreise bemerkbar gemacht und wird von Bekannten des Dichters als „bedenklich gesteigerte Exaltation" beschrieben. Im September hatte er kurz vor seiner geplanten Vermählung in Stuttgart eine Gesichtslähmung erlitten. Mitte Oktober scheint der erste Anfall von Tobsucht eingetreten zu sein. Wenige Tage später ergriff ihn Todessehnsucht; weißgekleidet legte er sich aufs Bett, um mit gefalteten Händen den Tod zu erwarten. Auch sein Testament verfaßte er an diesem Tag, änderte und zerriß es aber wieder. Als der Tod ihm zu lange ausblieb, verlangte er Gift und unternahm danach den Versuch, sich mit dem Taschentuch zu erdrosseln. Tage später sprang er nackt aus dem Fenster seiner Parterrewohnung und rannte durch die Straßen, den Ruf ausstoßend: „Aufruhr! Freiheit! Hilfe! Feuer!" Da die phlegmatischen Stuttgarter darauf nicht reagierten, drohte er allen Schwaben mit Österreichs Rache. „Die Kunde, daß Deutschlands großer lyrischer Dichter den finstern Mächten des Wahnsinns verfallen", berichtet sein Kollege und Herausgeber Anastasius Grün, „flog nach allen Richtungen grauenerregend, schmerzergreifend, erschütternd! Von allen Seiten kamen Zeichen der innigsten und wärmsten Theilnahme, der liebevollsten Be-

sorgnisse, der edelsten und zarte-
sten Anerbietungen." Begleitet
wurde diese weite Anteilnahme
von absonderlichen Geschichten
über Lenau, wie derjenigen, daß
er einst die Magd einer Verwandten durch greuliche Grimassen
zur Verzweiflung und Meinung
getrieben habe, der Dichter sei
geisteskrank, sowie daß er ein
paar ihm widerwärtig geschwät-
zige Damen im Eilwagen durch
simulierten Wahnsinn zu entset-
zensvollem Schweigen gebracht
hatte. Berichtet wurde auch von
seiner auffallenden Scheu, das
Haus seines Freundes Dr. Hein-

„Den finsteren Mächten des Wahnsinns
verfallen" und Opfer der Schädellehre:
Der Dichter Nikolaus Lenau

rich Görgen, Vorsteher der Irrenheilanstalt in Döbling, zu betreten, indem er wiederholte Einladungen mit den Worten ablehnte: „Ihr be-
kommt mich ja ohnedies einmal doch noch hinein!"

In dem 1784 von Adam Albert von Henikstein errichteten Landhaus
hatte 1831 Bruno Görgen seine Privatirrenanstalt eröffnet, die nach dessen Tod sein Sohn Heinrich Görgen ab 1842 leitete. Später wird Professor Max Leidesdorf die Anstalt übernehmen, in der sich heute das Bezirksgericht Döbling befindet.

Am 16. Mai 1847 wird Lenau von Deutschland hierher überstellt und
den Rest seines Lebens in der Anstalt in Oberdöbling verbringen. Von
„schlimmen Wahnstunden" berichten die Freunde des Dichters in jenen
Jahren, von „herzzerreißendem Zähneknirschen, wildabwehrender
Handbewegung, Zungenausstrecken oder grauenerregendem Geheule".
Einmal hörte man nachts ein heftiges Weinen in der Zelle, als Dr. Görgen diese betrat, antwortete Lenau in Tränen aufgelöst: „Der arme
Niembsch ist sehr unglücklich." Es war das letzte Aufflackern des verlö-
schenden Lebenslichts.

Die großen Märzereignisse des Jahres 1848, die er sosehr herbeige-
sehnt hatte, gingen spurlos an ihm vorbei, auch den Kanonendonner
der Reaktion im Oktober vernahm er nicht mehr. „Mit dem Bewußtsein
hatte sich auch die articulierte Sprache verloren", beschreibt Anastasius
Grün die letzten Lebenstage des Dichters. „Das thierische Element in
seiner Unsauberkeit trat in den Vordergrund. Auch auf die äußern Sinne

machte ein Besuch der Zelle den Eindruck, als sei man in einen Thier-zwinger getreten." Der in seiner Freundschaft unermüdliche Ludwig August Frankl hatte, um eine Statue und ein Bild Lenaus ausführen zu lassen, den Bildhauer Hirschhäuter und den Maler Aigner in die Anstalt gebracht. Letzterer konnte den Anblick nicht ertragen, unter Qualen, fieberhaft eilig, warf er seine Farbskizze auf die Leinwand und entfloh danach.

Am frühen Morgen des 22. August 1850 ist er nach kurzem Todeskampf gestorben. Zwei Tage später wurde Nikolaus Lenau auf dem Dorffriedhof in Weidling zu Grabe getragen.

Und noch einmal begegnen wir dem Schriftsteller, Arzt und Politiker Ludwig August Frankl sowie der zählebigen Vorliebe seiner Zeit für die Kunst der Schädellehre. Als am 22. August der Dichter in der Irrenanstalt des Dr. Görgen zu Döbling stirbt, macht Frankl sich sofort auf den Weg, „um im Interesse der anatomischen Wissenschaft einen Schädelabguß" zu nehmen. „Nach diesem hat später durch Vermittlung des Grafen Franz Thun, der sich von mir einen Abguß erbat, der Phrenologe Noël seine Beurtheilung niedergeschrieben. Die Lenau persönlich kannten, werden, wenn sie den Theil über die moralischen Fähigkeiten lesen, als Gläubige für die phrenologische Wissenschaft gewonnen werden. Allerdings ist es zu beklagen, daß Noël wußte, wessen Schädel er vor sich hatte." Frankls Bericht über Nikolaus Lenaus Leben und Sterben war 1885 bei Hartleben erschienen, ein Jahr zuvor noch hatte er sich in seiner Raimund-Biographie dahingegend geäußert: „Die Lehre Gall's, nach welcher Rollett diesen Befund niederschrieb, ist längst schon, wie die Lavater'sche Physiognomik, von der Wissenschaft abgethan, wie sich ja auch schon zur Zeit, als sie bewundert wurde, kein Anatom ernsthaft mit ihr beschäftigt hatte."

Nach dem Schädelabguß nahm am 23. August der Arzt Heinrich Meckel die Obduktion vor, Frankl führte das Protokoll. Sowohl dieses, das auf progessive Paralyse schließen läßt, wie der phrenologische Bericht sind allerdings in Frankls zweiter Auflage seiner Lenau-Biographie nicht mehr enthalten, „worauf ich die fachmännischen Kreise hinweisen muß, indem", wie er 1885 bemerkte, „die Rücksicht besonders für Frauen und sonst Empfindliche den Wiederabdruck zu unterlassen rieth". Möglicherweise waren es auch neuerliche Bedenken gegenüber der Gallschen Phrenologie, die ihn zu diesem Schritt veranlaßt hatten.

Geschichten aus dem Wiener Wald

Ödön von Horváths Sicht auf die Stadt und ihre Bewohner
19, Wildgrubgasse 20, Heiligenstädter Friedhof

Das Volksstück in drei Teilen beginnt draußen in der Wachau und endet draußen in der Wachau. In der Luft ist ein Singen und Klingen, als verklänge irgendwo immer wieder der Walzer „Geschichten aus dem Wiener Wald" von Johann Strauß. In der Nähe fließt die schöne blaue Donau. Alfred besucht seine Mutter und fragt: „Apropos ersticken: wo steckt denn die liebe Großmutter?" Der Hierlinger Ferdinand hat ihn mit dem Auto hierhergebracht, gemeinsam mit Valerie, die Alfred aushält. „Eine reiche Partie ist nicht das letzte", sagt die Mutter, „Du hast halt die Richtige noch nicht gefunden." In einer stillen Straße im achten Bezirk liegt Oskars gediegene Fleischhauerei, daneben ein Geschäftslokal mit der Aufschrift „Zum Zauberkönig", dessen Auslage mit Totenköpfen, Zinnsoldaten, Raketen, mit einem Skelett und ähnlichen Scherzartikeln ausgestattet ist. In der Nähe eine Tabaktrafik, die Valerie gehört. Oskar steht an der Tür der gediegenen Fleischhauerei und manikürt sich mit seinem Taschenmesser. Auf einem ausgeleierten Klavier ertönen holprig die „Geschichten aus dem Wiener Wald" von Johann Strauß. Havlitschek, der Gehilfe Oskars, ein Riese mit blutigen Händen und ebensolcher Schürze, erscheint, an einer Wurst kauend, und mit einem Messer in der Hand, an der Tür. Er beschwert sich über die abfällige Bemerkung eines elfjährigen Mädchens über seine Blutwurst. „Am liebsten tät' ich so was abstechen, und wenn es dann auch mit dem Messer in der Gurgel herumrennen müßt, wie die gestrige Sau, dann tät mich das nur freuen!" freut er sich. Der Rittmeister kommt vorbei und gratuliert zur gestrigen Blutwurst. „Wenn Ihr armes Mutterl selig noch unter uns weilen würde, die hätt' eine Freude an ihrem Sohn", lobt der Rittmeister den Oskar. „Es hat halt nicht sollen sein", erwidert Oskar. Vor einem Jahr sei sie fort. „Nach dem Essen um halb drei – da hatte sie unser Hergott erlöst." Oskar zieht sich zur Totenmesse der Mutter um, und Havlitschek kaut weiter an seiner Wurst. Der Zauberkönig gibt kund, Oskar zur Seelenmesse zu begleiten und sucht seine Sockenhalter. Seine Tochter, die liebe Marianne, „wird sie schon wieder herhexen!" vertraut er dem Rittmeister. „Jetzt möcht' ich in deinen Kopf hineinsehen können", sagt Oskar zärtlich zu Marianne, dem sie vom

Vater versprochen ist, „ich möcht' dir mal die Hirnschale herunter und nachkontrollieren, was du da drinnen denkst." Marianne kontrolliert die Auslagenscheibe, bemüht sich dabei besonders um das Skelett, und begegnet Alfred, in den sie sich verliebt.

Am nächsten Sonntag im Wiener Wald, am Ufer der schönen blauen Donau: der Zauberkönig und Marianne, Oskar, die Valerie, Alfred, einige Verwandte, unter ihnen Erich aus Kassel oder Dessau, und mehrere kleine weißgekleidete häßliche Kinder. Alle stellen sich zu einem Gruppenbild auf. Oskar photographiert. Alfred, der weiterhin von Valerie ausgehalten wird, nähert sich Marianne. Die „finanzielle Abhängigkeit des Mannes von der Frau führt zu nichts Gutem", erklärt Alfred. „Das sind halt so Naturgesetze." Der Zauberkönig kokettiert mit Valerie. Jenes magere, kurzsichtige Mädchen, das Havlitscheks Blutwurst beanstandet hatte, tritt mit einem Blumenstrauß vor das verlobte Brautpaar Oskar und Marianne und rezitiert mit einem Sprachfehler ein passendes Gedicht. Alle gratulieren und loben Oskars Kinderliebe. Großer Applaus. Das Reisegrammophon spielt den Hochzeitsmarsch. „Glück und Gesundheit und viele brave deutsche Kinder! Heil!" ruft Erich aus Kassel oder Dessau. Alfred gratuliert Oskar und geht ab. Der sieht ihm nach und sagt zu Marianne: „Er beneidet mich um dich – ein geschmackloser Mensch." Valerie erscheint im Badekostüm und fragt den Zauberkönig, woran seine Frau gestorben ist. „An der Brust", sagt der Zauberkönig und stiert auf ihre Brust. „Ach die Ärmste", meint Valerie, und der Zauberkönig erwidert: „Ich war auch nicht zu beneiden. Man hat ihr die linke Brust wegoperiert – sie ist überhaupt nie gesund gewesen, aber ihre Eltern haben mir das verheimlicht." Das Reisegrammophon spielt den „Frühlingsstimmen-Walzer" von Johann Strauß und geht später in „Wie eiskalt ist dies Händchen" über. Alfred umarmt Marianne. Die sagt zu ihm: „Grübl nicht, schau die Sterne – die werden noch droben hängen, wenn wir drunten liegen." – „Ich lass' mich verbrennen", erwidert Alfred. Der Zauberkönig überblickt die Situation und klagt: „Das einzige Kind! Das werd' ich mir merken!" Die übrigen Ausflügler erscheinen nacheinander und belauschen interessiert und schadenfroh den Bruch der Verlobung. Oskar tritt zu Marianne und beteuert, er werde sie auch noch weiter lieben. „Du entgehst mir nicht", verspricht er ihr.

Ein Jahr später. Wieder in der stillen Straße im achten Bezirk. Havlitschek steht vor der Fleischhauerei, ißt eine Wurst, sieht einem Mädchen nach, mit der er sich zuvor verabredet hat, spuckt die Wursthaut aus und murmelt „Dummes Luder, dummes". Im oberen Stockwerk werden noch immer die „Geschichten aus dem Wiener Wald" gespielt.

„Daß du es nur ja nicht vergißt: wir müssen heut noch die Sau abstechen", mahnt Oskar den Gehilfen Havlitschek, meint jedoch: „Stich du,
ich hab' heut keinen Spaß daran."

In einem äußerst preiswerten möblierten Zimmer im achtzehnten Bezirk sucht Alfred seine Sockenhalter. Es ist der Jahrestag ihrer Liebe. Er
wirft Marianne vor, das Kind, den kleinen Leopold, nicht abgetrieben zu
haben. Später beteuert er: „Ich für meine Person glaub' ja nicht an ein
Fortleben nach dem Tode, aber natürlich glaub ich an ein höheres Wesen, das gibt es nämlich sicher, sonst gäb's uns ja nicht."

Draußen in der Wachau scheint die Sonne wie dazumal, nur daß nun
vor dem Häuschen der Mutter und Großmutter ein alter Kinderwagen
steht. „Wenn du dich jetzt von deinem Marianderl trennst", sagt die
liebe Großmutter zum Alfred, „dann tät' ich dir was leihen." In der stillen Straße im achten Bezirk ertönt aus dem zweiten Stock der „Frühlingsstimmen-Walzer". Oskar steht vor der Tür seiner Fleischhauerei
und maniküurt sich mit dem Taschenmesser. Der Rittmeister kommt vorbei und gratuliert zur gestrigen Blutwurst. „Wenn sie das Kind nicht
hätt'", meint Oskar verträumt zu Valerie und hofft: „vielleicht stirbt das
Kind." Havlischek kommt aus der Fleischhauerei: „Also was ist jetzt?
Soll ich jetzt die Sau abstechen oder nicht?" – „Nein, Havlitschek", antwortet der Oskar, neu bestärkt, „Ich werd' sie jetzt schon selber abstechen, die Sau –"

Beim Heurigen. Zauberkönig, Valerie und Erich singen in weinseli-
ger Stimmung: „Da draußen in der Wachau" und „Es wird ein Wein
sein", danach ertönt der Radetzkymarsch, zu dem auch getanzt wird.
„Heut kann mich die ganze Welt!" ruft der Zauberkönig beschwingt aus
und verfällt in wehmütigen Stumpfsinn. Erich aus Kassel oder Dessau
verschüttet betrunken Wein und knallt die Hacken zusammen. Der Rittmeister mit einem Papierhütchen und in gehobener Stimmung erscheint
mit einem Amerikaner, der ein ausgewanderter Wiener ist. Er singt
„Mein Muatterl war a Weanerin". Alle intonieren „Wien, Wien, nur du
allein". „Wien soll leben!" ruft der Amerikaner plötzlich gerührt. „Die
Heimat! Und die schönen Wiener Frauen! Und der Heimatgedanke!
Und wir Wiener sollen leben – alle, alle!" Daraufhin alle: „Hoch! Hoch!
Hoch!" Allgemeines Saufen. Warum sollte er denn nicht auf die verstorbene Frau schimpfen, sagt der Zauberkönig zu Valerie. „Bloß weil sie
schon tot ist? Mir hat sie das ganze Leben verpatzt!" „Du bist ein dämo-
nischer Mensch", meint Valerie. Der Zauberkönig beginnt zu singen:

Mir ist mei Alte gstorbn,
Drum ist mirs Herz so schwer.
A so a gute Seel
Krieg ich nöt mehr,

Muß so viel wana,
Das glaubt mir kana,
Daß ich mich kränk,
Wenn ich an mei Alte denk! Hallo!

Man bricht singend ins Maxim auf, wo Marianne, vom Hierlinger Ferdinand vermittelt, als Nackttänzerin arbeitet. Ihr Vater, der Zauberkönig, bemerkt ihren Auftritt erst jetzt. Er hat zuvor an der Bar Verhandlungen mit dem Mädchen im grünen Kleid geführt. Er ist moralisch erschüttert. Auch Valerie reagiert mit hysterischem Geschrei, und eine gemütliche Stimme wirft ein: „So werfts es doch 'naus, die besoffene Bestie!" Marianne stiehlt dem Amerikaner einen Hundertschillingschein und wird verhaftet.

Draußen in der Wachau sitzt Alfred, der die dreihundert Schilling von der lieben Großmutter verspielt hat, vor dem Häuschen in der Abendsonne, daneben steht der alte Kinderwagen. „Er macht mir Sorgen, der kleine Leopold – er hat so stark gehustet, und jetzt hat er rote Backerln und so einen ganz anderen Blick." Damals beim armen kleinen Ludwig habe es genauso begonnen, klagt die Mutter, die schon lange Witwe ist. „Gott gibt und Gott nimmt", sagt darauf die liebe Großmutter. „Für manche wär's schon besser, wenn's hin wären!" „Du hast die beiden Fenster aufgemacht und hast das Betterl mit dem kleinen Leopold in den Zug gestellt", sagt die Mutter, und die liebe Großmutter schreit: „Das hast du geträumt!"

In der stillen Straße im achten Bezirk scheint alles beim alten geblieben zu sein. Aus dem zweiten Stock ertönt ein Walzer von Strauß. Student Erich verabschiedet sich knapp von Valerie, die ihn ausgehalten hat, und ruft ihr die Worte nach: „Altes fünfzigjähriges Stück Scheiße." Alfred und Oskar versöhnen sich, denn „wir Männer müssen zusammenhalten", da der Mann ja nur „der scheinbar aktive Teil und das Weib nur der scheinbar passive" ist, wie Oskar erkennt, „wenn man da näher hineinleuchtet". „Abgründe tun sich auf", sagt darauf Alfred. Jeder versöhnt sich mit jedem, und man beschließt, den kleinen Leopold in der Wachau zu besuchen.

Draußen in der Wachau sitzt die liebe Großmutter in der Sonne, die

Mutter schält Erdäpfel, und der Kinderwagen ist nirgends zu sehen. Großmutter und Mutter streiten über einen Brief, den sie an Marianne zu schreiben beabsichtigen. „Am Ende bin ich vielleicht auch darum schuld, daß sich der kleine Leopold erkältet hat – und daß er jetzt im Himmel ist?" wirft sie der Großmutter vor. Der Zauberkönig erscheint und fragt nach dem kleinen Leopold. Er hält dabei ein Kinderspielzeug in der Hand, an dem kleine Glöckchen befestigt sind und läutet damit. Valerie hat den Brief gefunden und schreit plötzlich: „Tot ist er! Hin ist er, der kleine Leopold!" Alfred schließt sie spontan in seine Arme. Der Zauberkönig läßt das Kinderspielzeug fallen. Die liebe Großmutter hebt neugierig das Spielzeug auf und läutet damit. Marianne versucht, sie mit der Zither zu erschlagen. Oskar drückt Marianne die Kehle zu. Die liebe Großmutter hebt die Zither auf und flüchtet ins Häuschen. Der Zauberkönig befürchtet einen weiteren Schlaganfall, greift sich ans Herz und beginnt zu beten. „Wir werden ihm einen schönen Grabstein setzen", verspricht Valerie dem kleinen Leopold. „Vielleicht ein betendes Englein." – „Gott ist die Liebe, Mariann, und wen er liebt, den schlägt er", sagt Oskar. Marianne lacht bitter: „Mich prügelt er wie einen Hund." Die liebe Großmutter beginnt auf der Zither drinnen im Häuschen die „Geschichten aus dem Wiener Wald" zu spielen. „Ich hab' dir mal gesagt, Mariann, du wirst meiner Liebe nicht entgehen", erinnert sie Oskar und geht mit ihr langsam ab. In der Luft ist ein Klingen und Singen, als spielte ein himmlisches Streichorchester die „Geschichten aus dem Wiener Wald" von Johann Strauß.

Am 1. Juni 1938, abends gegen halb acht, in der Luft sind die Vorboten eines Gewitters zu hören, schlendert ein siebenunddreißigjähriger Mann über die Champs-Élysées. Seit drei Tagen befindet er sich in Paris. Das Angebot, mit dem Auto zum Hotel gefahren zu werden, hat er abgelehnt. Er fährt auch nicht mit dem Lift, er hat auch Angst vor der Straße. „Straßen können einem übelwollen, können einen vernichten", hat er einmal notiert. Zuvor war er bei einer Wahrsagerin gewesen, die ihm verkündet hatte: „Sie werden, mein Herr, in Paris das größte Abenteuer Ihres Lebens haben." Am nächsten Tag will er abreisen und über die Schweiz nach Amerika fahren. Er geht einige Schritte in Richtung Place de la Concorde, als ein böiger Sturm ein Unwetter ankündigt. Ein Baum wird von einem Blitz getroffen, ein splitternder Ast trifft den Mann am Hinterkopf. Man transportiert ihn in eine Klinik in der nahen Rue d'Armaille. Man stellt den eingetretenen Tod fest und findet Aktphotos in seinen Taschen. Zwei Tage später veröffentlicht Joseph Roth einen

Nachruf im Emigrantenblatt „Pariser Tageszeitung": „Ödön von Horváth, einer der besten österreichischen Schriftsteller, deutschsprachiger Ungar von Geburt, ist vorgestern in Paris das Opfer eines jener Unfälle geworden, die wir als ‚sinnlos' zu bezeichnen pflegen, weil uns das Unerklärliche sinnlos erscheint."

Am 7. Juni findet die Bestattung auf dem Friedhof Saint Ouen im Norden von Paris statt. Neben den Eltern und Bruder Lajos haben sich zahlreiche Emigranten eingefunden. Einer von ihnen, Carl Zuckmayer, hat diese Szene geschildert, die man in ihrer Synthese aus Ernst und Ironie, in ihrem Gemenge aus Tragischem und Komischem, dem Ödön von Horváth als würdige letzte Ehre dargeboten hat. „Auf groteske Weise mischt sich in diesem Begräbnis die Tragödie mit dem Satyrspiel", befand Zuckmayer, der auch einer der Trauerredner gewesen war. „Wir fuhren nach den Exequien in einer katholischen Kirche der Innenstadt, in einem langen Zug von Taxis zu dem weit entfernten, in der Nähe des Nordbahnhofs gelegene Friedhof – die ganze in Paris lebende Emigration, von der die meisten heillos untereinander zerstritten und verfeindet waren. Es hatten sich schon bei unserer Ankunft die verquertesten Gespräche abgewickelt, wobei es um die Reihenfolge der Grabredner ging … Es war eine beträchtliche Menge, und unter ihnen ging es darum, wer wem den Vortritt zu lassen habe oder wen wer zu beleidigen fürchtete, wenn er zuerst redete … eine jammervolle Schar zerzauster Vögel, auch soweit wir noch gute Kleidung und ungeflickte Halbschuhe trugen." Und auf all das troff unablässig der Pariser Regen, den die Zimmerwirtinnen als rasch vorübergehend zu bezeichnen pflegen und den das Gewitter vom Abend des 1. Juni nach sich gezogen hatte.

Knapp fünfzig Jahre später, im April 1988, wurden die sterblichen Überreste Ödön von Horváths auf Veranlassung der Gemeinde nach Wien überführt, wo der Dichter seither auf dem 1873 errichteten Heiligenstädter Friedhof, in der Wandgruft Nummer 4, links vom Haupteingang, zu finden ist. Hier liegt er nun, umgeben von Weingärten am Rande jener Stadt und inmitten der Wienerwaldlandschaft eingebettet, die er so schön zu beschreiben wußte.

Zwanzigster Bezirk

Balladen und Mordgeschichten

Volks- und Bänkelgesang im Vormärz
20, Forsthausgasse, bei Brigittakapelle

„V olksfeste von jenem charakteristischen, meist südlichen Gepräge, wie in dem Wien von einst, gibt es heute nicht mehr. Das waren große Volksbelustigungen, welchen sich niemand entziehen konnte, farbenprangende Kulturbilder des alten Wien. Mit dem Fall der alten Mauer ist auch diesen Festen ihr hergebrachter Glanz genommen worden", bedauert Gustav Gugitz den Kulturverlust in „Von Leuten und Zeiten im alten Wien". Vorbei die Zeiten, in denen das Annenfest am 26. Juli das Wiener Stadtleben noch veränderte. „Anna ist der Name", schreibt der Schriftsteller Joachim Perinet, der das Fest schon 1788 zu den „Annehmlichkeiten in Wien" zählt, „vor dem sich alle Knie beugen und die Mächtigsten der Erde erzittern". Eine Art machtvolles Volksfest war auch die Wallfahrt auf den „Calvariberg" in Hernals. Den Abschluß einer solchen würdigen Veranstaltung bildete im Vormärz natürlich die heitere Geselligkeit, ein reichhaltiges Essen, Musik und Zecherei.

Der Platz, wo der Brigittenauer Kirchtag am vierten Sonntag nach Pfingsten nahe der achteckigen Kapelle gefeiert wurde, den Franz Grillparzer in seiner Novelle „Der arme Spielmann" so eindrucksvoll geschildert hatte, nehmen heute graue Zinshäuser ein, und von allem festlichen Überschwang der einstigen Wiener biedermeierlichen Volksfeste hat sich lediglich ein kleiner wiederbelebter Rest in die Gegenwart gerettet. Vorüber ist die Zeit, da diese Festtage den Lauf des Wiener Stadtlebens veränderten, Alt und Jung, Arm und Reich in ihren Zauber zwang und Zehntausende Menschen in die Brigittenau strömten und dort ab 1840 beim Kolosseum auch eine Pferdeeisenbahn benutzen konnten.

1812 erzählt der Eipeldauer in seinem Brief über den Brigitta-Kirchtag: „Gar viel Bsonders kann ich dem Herrn Vettern von diesem Volksfest nicht erzähln; denn es ist alle Jahr fast 's nämliche Bildl: ein wilder Schwarm von Menschen, eine ausglassene Lustigkeit, und 's Finale ist fast immer ein kleins Räuschl, wo aber d' Weiber mehr als d' Männer d' Hauptrolln dabey spieln." Die Zahl der Besucher schätzt ein Zeitgenosse auf über vierzigtausend, der kritische Adolf Glasbrenner im Jahre 1835 auf immerhin über zwanzigtausend. „Die Meisten", heißt es in Friedrich Reischls „Wien zur Biedermeierzeit", „saßen am Rande der ausgedehnten Au und entnahmen immer neue Leckerbissen dem mitgebrachten Proviante, genossen Backhändel, leerten die mitgebrachten Weinflaschen, oder blieben hier oder dort bei den im Freien angeschlagenen Fässern stehen, aus denen Wein, Bier und Met verzapft wurde, und tanzten um die Drehorgel oder bei irgend einem, unter dem Schatten der Bäume stehenden Musikanten. Vor den Schaubuden staute sich die frohbewegte Menge, der Wurstl agierte dort, Taschenspieler, Zwerglein ließen sich sehen, Affen- und Hundekomödien wurden aufgeführt. Dort produzierte sich ein gelehriger Vogel und feuerte zum Schluß eine Miniaturkanone ab, Menagerie, Zirkus, Panorama, Feuerwerk, Produktionen gymnastischer Künste – fast nichts fehlte. Eine schier unabsehbare Überfülle von Tanzböden und Wirtshäusern, kein Zweifel; sein Geld mochte man loswerden."

Die Erzählung „Der arme Spielmann" wurde um 1848 vollendet und schildert das Leben einfacher Leute, das Grillparzer mit etwa distanziertem Blick wiedergibt. Der Dichter selbst hat einmal erzählt, wie er den Hauptfiguren seiner Novelle in der Brigittenau begegnet ist. Den armen Spielmann hat er noch auf dem Brigittakirchtag geigen gehört und von seinem traurigen Ende nach der großen Überschwemmung des Jahres 1830, bei der 74 Menschen ertranken, dort auch erfahren.

„An diesem Tag feiert die mit dem Augarten, der Leopoldstadt, dem Prater in ununterbrochener Lustreihe zusammenhängende Brigittenau ihre Kirchweihe", schreibt Grillparzer zu Beginn seiner Novelle. „Von Brigittenkirchtag zu Brigittenkirchtag zählt seine guten Tage das arbeitende Volk. Lange erwartet, erscheint endlich das saturnalische Fest. Da entsteht Aufruhr in der gutmütig-ruhigen Stadt. Eine wogende Menge erfüllt die Straßen. Geräusch von Fußtritten, Gemurmel von Sprechenden, das hie und da ein lauter Ausruf durchzuckt. Der Unterschied der Stände ist verschwunden; Bürger und Soldat teilt die Bewegung." Ist der Besucher endlich bei der großen Wiese an der Brigittakapelle angekommen, erwarten ihn, so der Dichter, „Musik und Tanz, Wein und Schmaus, Schattenspiel und Seiltänzer, Erleuchtung und Feuerwerk", die sich allesamt zu „einem Eldorado, einem eigentlichen Schlaraffenlande vereinigen, das leider, oder glücklicherweise, wie man es nimmt, nur einen und den nächst darauffolgenden Tag dauert, dann aber verschwindet, wie der Traum einer Sommernacht, und nur in der Erinnerung zurückbleibt und allenfalls in der Hoffnung".

Etwas abseits hatten sich Musiker aufgestellt, Außenseiter, die vermutlich die große Konkurrenz im Zentrum des Festes scheuten, und auf die der kritische Blick des Dichters nun fällt: „Eine Harfenspielerin mit widerlich starrenden Augen. Ein alter invalider Stelzfuß, der auf einem entsetzlichen, offenbar von ihm selbst verfertigten Instrument, halb Hackbrett und halb Drehorgel, die Schmerzen seiner Verwundung dem allgemeinen Mitleid auf eine analoge Weise empfindsam machen wollte. Ein lahmer, verwachsener Knabe, er und seine Violine einen einzigen ununterscheidbaren Knäuel bildend, der endlos fortrollende Walzer mit all der hektischen Heftigkeit seiner verbildeten Brust herabspielte. Endlich – und er zog meine ganze Aufmerksamkeit auf sich – ein alter, leicht siebzigjähriger Mann in einem fadenscheinigen, aber nicht unreinlichen Moltonüberrock mit lächelnder, sich selbst Beifall gebender Miene.“ Dieser arme Geigenspieler wird ihm dann von seiner unglücklichen Liebe erzählen, ehe er in den Fluten der Donau zugrunde gehen wird. Sein Leben und Sterben ist „von der Wiener Vorstadt bestimmt“, faßt Heinz Politzer zusammen, „nach der Grillparzer selbst immer eine verborgene Sehnsucht gehegt hatte“.

In der Erzählung spielt die Musik eine große Rolle, und zwar, wie sich vermuten läßt, eine verderbliche. Und zwiespältig wird im vormärzlichen Wien auch über den auf allen Festen anzutreffenden Bänkelgesang berichtet. Der sangliche Vortrag von volkstümlichen Balladen beinhaltete stets eine Grundstimmung des Tragisch-Mystischen und Schauerlichen, war hierzulande mitunter jedoch auch gebrochen durch eine gewisse romantische Ironie. In Wien, wo eine einfache U-Bahn-Fahrt von Erdberg nach Ottakring dank der zahlreichen Lautsprecheranweisungen immer auch zur Reise in die pädagogische Provinz und milden Erziehungsdiktatur wird, setzte sich im Bänkelgesang bald das Moralische und Belehrende durch, und stets von einer Harfe begleitet, wird der Inhalt immer morbider. Die Zeitgedichte, die in gereimter und sangbarer Form von meist schrecklichen und interessanten Ereignissen wie Bränden, Wassernot oder deren Gegenteil, Cholera, Hinrichtungen und außergewöhnlichen Unglücksfällen berichteten, gingen später in Zeitungsberichten auf. Der ästhetisch-poetische Wert des alten Bänkelgesanges war allerdings ebenso gering, zumeist wurde auch die ganze gesungene Geschichte mit entsprechenden Bildern dargestellt. Das gerührte Publikum ging danach belehrt nach Hause und pflegte den Kindern eindringlich vorzuhalten, es ja nicht zu treiben wie „der Graf, der zuletzt seinen eigenen Lehrer oder Vater ermordet“.

In Wien zeichnet sich als Verfasser derartiger Bänkelgesänge vor allem Johann Ernst aus, der unvergessene Poet der Lieder „Doppelmord“, „Die geraubte Tochter“, „Lehre einer sterbenden Mutter oder die Kindesliebe in 2 Abteilungen", „Der Elternmord", „Wichtige Lehren für eine Braut", „Trost im Leiden" nach dem „Liede vom Totenkopf", „Der arme Vater" sowie „Raoul der Blaubart". Letzterer erleidet einen fürchterlichen, aber gerechten Tod: „er wird gekocht in einer Lauge."

Im Bänkelgesang „Der Reisende und der Straßenräuber", das mit den Zeilen beginnt: „Einst that ein Mann in seine Heimat reysen, / Er sehnte sich nach seinem Weib und Kind", fällt ihm ein Straßenräuber an, und nach längerem Dioalog erkennen einander beide als Brüder und der Räuber, zu Tränen gerührt, verspricht, fortan „sich der Redlichkeit zu weih'n". Wie überhaupt viele dieser Lieder die Absicht verfolgen, „redliche, gute Menschen" anzusprechen, die sich allemal als echte Wiener Bürger herausstellen.

Andere Verfasser sind nach Franz Rebiczek etwa Bachmeier, der Schöpfer von „Emma, die Totenbraut" und dem „Morallied" und Anton Schönberger. Unter den Gesängen findet sich auch die „Nächtliche Erscheinung oder zweiter Teil der Lampe" aus dem Jahr 1779, dessen Verfasser der josephinische Beamte und Satiriker Franz von Ratschky war. In Reime gebracht wurde auch „Der fürchterliche Vernichtungsbrand der k. k. landesfürstlichen Stadt Wiener-Neustadt den 8. September 1834", das „Neue Lied von der unglücklichen Spazierfahrt auf der Donau", „Der unglückliche Todesfall eines Dienstmädchens", „Der Pudel als Retter eines dreijährigen Knaben", „Das Volksfest in der Brigittenau" sowie der „Lobgesang auf den Tod des Elefanten in Schönbrunn". Auch hier, wie überall sonst, fehlt nicht der lehrreiche Schluß.

Bereits im 17. Jahrhundert hatte das Straßen- und Bänkelsängertum seuchenartig weitere Verbreitung gefunden, sodaß Ferdinand III. 1656 in seiner „Infektionsverordnung" gegen „Zeitungssinger, Bey welchen sich gemeiniglich eine mänge Volcks zu versamblen pflegt", einzuschreiten sich bemüßigt fühlt. Fünfzig Jahre später erläßt Leopold I. ein Dekret zur Eindämmung des „schier auf allen pläzen verüebendten Liedersingens", und wenig später befiehlt er gar, „daß die müessig gehende Lieder Singer und Singerinnen in der Stadt durchgehents abgeschafft und kheinswegs passirt werden sollen".

Auch der Schriftsteller Johann Valentin Neiner wendet sich in seinem „Narrenkalender" 1712 polemisch gegen die „Lieder-Narren oder Die zu allen Fristen ungereimten Componisten":

Kaum wird ein Dieb an den Galgen gehenckt
so wird schon darüber ein Lied erdenckt.
Das dalckete Lied, das reimet sich
Als wie offt Ar… und Friederich.

Joseph II., der in seinen strafrechtlichen Verfügungen nicht immer eine
glückliche Hand besaß, huldigte als erster der Abschreckungstheorie,
und dieser Tendenz entsprach die Verwendung von Zuchthaussträflin-
gen und Grabendirnen zur Straßensäuberung und zur Begießung der
Bäume auf dem Glacis, die damit sogleich öffentlich ihre Schande zur
Schau tragen und sich für ihre Verletzung der Gesellschaftsordnung
auch wieder für diese nützlich machen sollten. Eine Verordnung, die von
späteren reformbewußten Nachfolgern auch für zur Schau gestellte Ar-
beitslose gelten sollte.

Diese Verwendung der Sträflinge und Dirnen zu öffentlichen Arbeiten war, wie erwähnt, für Österreich neu, und es läßt sich denken, daß
sie, wie Gustav Gugitz im Werk „Altwienerisches" berichtet, „innerhalb
der Mauern Wiens genug Aufsehen verursachte, da die Schadenfreude
diesen oder jenen verurteilten höheren Beamten, mit dem der Kaiser
keine Ausnahme machte, nun bald in einer Schar abgefeimter Verbrecher beim Gassenkehren mit geschorenem Haupte zu erblicken hoffte.
Diese Strafe, die einen moralischen Endzweck haben sollte, wurde nun
zu einer widrigen Sensation der Nichtstuer, die sich des Spasses halber
auch mit den Verbrechern trotz der Verbote in Gespräche einließen.
Aber das Gaudium des Wiener Pöbels, auch des vornehmen, wurde nur
um so größer, als bald in dieser Besenarmee auch die bekanntesten
‚barmherzigen Schwestern' Wiens erschienen, die tags zuvor noch auf
dem Graben geglänzt hatten und nun anstatt mit ihren Schleppen mit
dem Besen die Stätten ihres einstigen Triumphes fegten, und zwar mit
abgeschnittenen Haaren, wie ein späterer Erlaß wollte. Ganz Wien
drängte sich zu diesem pikanten Schauspiel; Schriftsteller und Künstler
bemächtigten sich des anregenden Stoffes, denn je sensationeller, desto
besser …"

Die Bänkelsänger eigneten sich den Stoff, der sozusagen auf der
Straße lag, als erste an, hatte sich doch durch die Preßfreiheit diese Stra-
ßenpoesie, die durch öffentlichen Ausruf angeboten wurde, erneut bis
zur Plage gesteigert. Ein Gassenhauer von Michael Ambros auf die
neuen geschorenen Straßenkehrerinnen ist in Wien 1782 erschienen,
von dem die ersten beiden Strophen lauten:

O Mädchen! die ihr voll Erbarmen
Durch Gäßchen, und durch Gassen schleicht,
Und Amorn oft in lüstern Armen
Um Geld ein morsches Opfer reicht,
Die ihr auf jeden Pfiff, und Huster
Flux wie der Wind am Fenster steht,
Es sey dann Hofnarr, oder Schuster:
Kommt, daß ihr ein Spektakel seht.

Schaut, wie die Schwestern ganz geschoren,
Als kämen sie erst auf die Welt,
Mit kalen Köpfen neugeboren
Sich paar und paar zusammgesellt,
Schaut her, wie Lieschen ungepudert,
Und ungeschminket durch die Stadt
Mit ihrem neuen Besen rudert,
Sie, die sonst Frauendienst vertrat.

Ambros schöpfte den Stoff noch weiter aus, und so erschien „Die geschornen Zuchthäuslerinnen an die lachenden Zuschauer, ein neues Lied" noch in nämlichem Jahr. Zahlreiche, ähnlich klingende Bänkelgesänge sollten zu diesem Thema folgen, so etwa „Ein Lied auf die neugeschorne Gesellschaft der Gassenkehrer in Wien" von Hanns Kasper oder das anonyme, im Dialekt gehaltene, „Ein schönes weltliches Lied von der Waberl in Wien".

Auch das 19. Jahrhundert war noch voll mit Moritaten und Bänkelgesängen. Während die dem Räuberhauptmann Grasel gewidmeten Lieder jedoch besonders dessen heldenhafte Taten hervorheben, mit denen er die Reichen beraubte, die Armen beschenkte und heldenhaft in den Tod ging, so erscheint der 1884 gehenkte Dienstmädchenmörder Hugo Schenk geradezu, wie Hilde Spiel formulierte, als „Inbild des gemütlichen Dämons". Der „fesche" Mann mit sicherem Auftreten ließ ein zweiunddreißigseitiges Bändchen mit Sinnsprüchen und Versen zurück, die von seiner sentimentalen, aber auch zynischen Neigung zeugen, wenn es darin, für einen Frauenmörder aus Geldgier allerdings nicht weiter erstaunlich, heißt: „Des Weibes Reiz, er ist vergänglich, / Für Geld allein bleibt man empfänglich." – „Hugo Schenks Gedichte, nach authentischen Quellen gesammelt und herausgegeben vom Verleger", erschienen in seinem Todesjahr 1884 im Verlag von Emil Karl Fischer in Wien und wurden sofort von der Behörde konfisziert, da man für den verurteilten Raubmörder keinerlei Reklame zulassen wollte. In den Lichthöfen der Zinskasernen und auf den Volksfesten intonierten indessen die Sänger:

Der Schenk, der Schenk,
der Schenk hat sie erschlagen,
der sie geliebt,
geliebt hat Tag und Nacht
und hat so viele Mädchen umgebracht.

Der Brigitta-Kirchtag, dieses alte Wiener Volksfest mit traditionell zweitägigem Verweilen unter freiem Himmel, dieses Feldlager der Wiener mit ununterbrochenem Tanzen, Lachen, Schauen, Essen und Trinken, mit seinen Musikkapellen, Volks- und Bänkelsängern wurde Jahrzehnte hindurch bis zum Jahr 1848 gefeiert. Am 9. Juli des Revolutionsjahres hat die Landesregierung den Innungen der bürgerlichen Lebzelter, Wein- und Bierwirte ihren Beschluß kundgetan, daß diesmal der Kirchtag „mit Rücksicht auf den Ausnahmezustand" nicht stattfinden könne. Ein Beschluß, der das vormärzliche Biedermeier-Lebensgefühl der Wiener für immer beendete.

Weltuntergangsversuchsstation oder fideles Grab an der Donau?

Eine schwierige Ortsbestimmung
Nachwort

Wien und die Wiener – dieser merkwürdige Genius loci des Morbiden und topographische Ort eines melancholischen Menschenschlags, war Jahrhunderte hindurch ebenso vom bedrückenden spanischen Hofzeremoniell geprägt wie durch die oftmaligen Machtrepräsentationen von Staat und Kirche. Dort, wo der Glaube an ein Leben vor dem Tod metaphysisch durchwirkt war, und spätestens seit der Zeit der Pest und des Barocks metaphorische Vorstellungen und Inszenierungen des Jenseitigen zum ständigen Gefährten wienerischer Gemütlichkeit wurden, griffen Allegorien und Apotheosen der Sterblichkeit auch auf die Mentalitäten des Alltags über.

Ein Alltag, der dann, himmelhoch jauchzend und zu Tode betrübt, zwischen Amüsement und Abnormitätenschau, Heurigem und Galgenspektakel, zwischen Spottlust und Todesangst, Narrenturm und Wurstelprater oszillierend, hier seinen einzigartig kulturellen und moralischen Ausdruck fand. Dort, wo im Pratertheater lange Jahre der Jude freudig vom Wurstel erschlagen wurde, wo ein buntes Gewirr von Pranger, Galgen und Theaterbuden einstens das Stadtbild bestimmten, Tierhetzen den Wienern „eine Hetz wert" waren und das Handwerk des Henkers fachkundig kommentiert wurde, wo das stimmige Wienerlied vom Wein, Weib und Tod wie der Abgesang eines suizid Gestimmten klingt und wo gemütvolle Mörder zu Hause sind, wo das Leben ein Traum und der Traum ein Leben ist, dort wurden auch die Verdrängung und die Traumdeutung als Ausdruck unbewußter Ängste und Wünsche entdeckt. In Wien, wo die politische Lage oftmals hoffnungslos, aber niemals ernst ist, wo das Begräbnis strikt nach Klassen organisiert, die Friedhofsordnung eine vorauseilende Sortierung für das Jüngste Gericht vornimmt und die Geschichte ihre Leichen im Keller zurückläßt, findet sich verläßlich immer auch das gemütliche Wirtshaus zur letzten Einkehr gleich um die nächste Ecke.

Dieses morbide Wien also – geeignete Versuchsstation für den Weltuntergang, wie dies Karl Kraus vermeinte, oder Alfred Polgar zufolge lediglich ein „fideles Grab an der Donau" – steht und stand schon mehrfach im Mittelpunkt des Versuchs einer mentalen Ortsbestimmung und Stadtbeschreibung. Nach dem Erfolg seiner Essaysammlung „Wiener Blut", die immerhin Johann Strauß zu dem Walzer gleichen Namens veranlaßt hatte, konstatiert Friedrich Schlögl 1875 in der Vorrede zum Nachfolgeband, dieses Wien sei „mit einer ganz eigenen Atmosphäre begnadet – oder gestraft, welche Typen, Charaktere, Leidenschaften und Eigenschaften zeitige, wie solche unter keinem anderen Breitegrad gedeihen könnten".

Gediehen sind auf diesem Breitegrad viele gesellige Einzelgänger, deren soziale und moralische Introversion bereits Nestroy mit den Worten auszudrücken verstand: „Ich glaube von jedem Menschen das Schlechteste, selbst von mir, und ich habe mich noch selten getäuscht." Ihr Kleinmut zwang sie oftmals, gemeinsam mit Grillparzer „die Größe für gefährlich" zu halten, man verließ sich statt dessen aufs „Lavieren" durchs Leben, ein Ausdruck, der nicht zufällig im Biedermeier entstand. Die Harmonie der Gegensätze erschien den dialektischen Wienern schon damals als akzeptierte Lebenssumme von verdrängten Auseinandersetzungen, und glücklich ist, wer die Wirklichkeit vergißt, ohne auf deren Freuden zu verzichten. Lavieren zwischen hinterhältiger Widerständigkeit gegen die kleinliche Bürokratie und die Unterwerfung vor der nächsthöheren Instanz, die Titel und Ämter vergab, zeichnete vor allem ein politisch schwaches Bürgertum aus, dessen höchster Wunsch der Hausbesitz und dessen ständige Angst die vorm Hausmeister war. Man verstand es nicht, als Vermittler zwischen erster Gesellschaft und Volk zu wirken, sondern sammelte lieber gravitätische Titel, die der seinen Bürgern nicht unähnliche patriarchalisch-engstirnige Kaiser Franz diesen verlieh, und mit denen man den Grabstein schmücken konnte.

Es ist wahr, daß das Land lange abgeschlossen blieb und sich die innovative Intelligenz allerlei kindischen Entdeckungen und Erfindungen hingab, während das Volk sich dem Glücksspiel unterwarf und solcherart versuchte, die realen Probleme auf übernatürliche Weise zu lösen. Im alten und häufig zensurierten Vorstadttheater, in Raimunds Zauberwelt, ist diese Dramaturgie des glücklichen Eingriffes einer höheren Instanz noch vertreten, ebenso wie die märchenhafte Aufhebung von politischen und sozialen Widersprüchen in Form eines kulturellen Rollenspiels unter Mithilfe der Parodie, der Satire oder des Volkshumors. Hohle Idealisierung und ihre zugleich vollzogene satirisch-ironische Negierung durch die komische Volksfigur führt bei Raimund wie im wirklichen Leben zur Harmonisierung durch eine alles überragende Instanz, wobei deren Pathetik und Rhetorik wieder vermittels einer komischen Volks-

Morbides Wien

figur persifliert und aufgehoben wird. Zudem ermöglicht das parodisti-
sche Märchenspiel eine Flucht aus realem Ort und Zeit in ferne, glückli-
chere Zauberwelten und birgt zugleich den unbestreitbaren Vorteil, solcherart dem Zugriff ebendieser höheren Instanz in Form ihrer stets
gegenwärtigen Polizeihofstelle zu entgehen. Eine Stimme von oben ist
es allemal, die verkündet, nicht die Verhältnisse seien änderbar, sondern
lediglich der Mensch im Akzeptieren der bestehenden Verhältnisse. Von
der josefinischen Aufklärung von oben führt der Weg unter Umgehung
von Kritik geradewegs zur Moralisierung des Bestehenden. Keinerlei re-
flektierende Problematisierung findet sich auf dieser Reise, vielmehr ein
über das Volkstheater vermitteltes, selbstgenügsames Ideal, hinter dessen Produktion wir vor allem die von der Obrigkeit gewünschte über-
einstimmende Darstellung des Volkslebens mit der Herrschaft und Dynastie vermuten dürfen.

Eine ähnliche moralische Anstalt zur Konstituierung des sozialen Habitus und einer schichtspezifischen Gefühlskultur stellte für das liberale
Großbürgertum des 19. Jahrhunderts nach Stefan Zweig das Burgtheater
dar. „An dem Hofschauspieler sah der Zuschauer vorbildlich, wie man
sich kleidete, wie man in ein Zimmer trat, wie man konversierte, welche
Worte man als Mann von gutem Geschmack gebrauchen durfte, und
welche man zu vermeiden hatte; die Bühne war statt bloß einer Stätte
der Unterhaltung ein gesprochener und plastischer Leitfaden des guten
Benehmens, der richtigen Aussprache, und ein Nimbus des Respekts
umwölkte wie ein Heiligenschein alles, was mit dem Hoftheater auch
nur in entferntester Beziehung stand.“

Die harmonische Einheit von Theater und Gesellschaft, Traum und
Wirklichkeit, in der die Gründerzeitgesellschaft ihre sozialen Normen
gleichsam spielerisch vom Hoftheater als Träger der kulturellen Hege-
monie der Herrschenden übernahm, findet seine Entsprechung aber
auch zu ebener Erd'. Felix Salten hat in seinem Essayband „Das österreichische Antlitz“ über den Volksschauspieler Alexander Girardi festgehalten: „Die Leute haben im Theater von ihm gelernt, wie man wienerisch ist und haben es nachher kopiert. Hunderte seiner Einfälle,
seiner plötzlichen Ideen vom Wienertum laufen jetzt verwirklicht und
lebendig umher.“ Seinen ungeheuer populären Höhepunk im Wiener
Volksleben hat Girardi zweifellos mit der Interpretation des wienerischen
volkstümlichen Liedes von den „Zwa harben Rappen“ erlangt, das seine
Entstehung zwar dem Komponisten Gustav Pick verdankt, seiner Verbreitung jedoch vor allem jener höheren ästhetischen Instanz, die Girardi damit auf dem Praterfest 1885 engagiert hatte und die u. a. aus der

Fürstin Pauline Metternich, Graf Hans Wilczek, Graf Lamezan und Baron Nathaniel Rothschild bestand. Seither war Girardi mit dem „Fiakerlied" das Vorbild für die ganze Stadt geworden, und die sah ab nun in dem Schauspieler den Inbegriff der eigenen volkstümlichen Wesenheit. Zuletzt war, schreibt Hilde Spiel, „jeder Fiakerkutscher, jeder Briefbote, jeder Spießbürger eine Girardi-Rolle". Und Hermann Bahr faßt ähnlich, tiefer, zusammen: „Es fehlt ihnen nicht an Talent, aber ihrem Talent fehlt der Mensch."

Man darf auch hinter dieser Produktion eine von der Obrigkeit gewünschte Übereinstimmung des Volkslebens mit der Herrschaft vermuten, das sich damit das Volk der gemütlichen Wiener neuerlich nach seinem eigenen Bilde schuf. Um gängige moralische und ästhetische Normen von oben zu erfahren, ging man ins Theater, übernahm harmonisch autoritär den Habitus des Vorbilds und spielte sie anderen vor. Und aus der inszenierten Nachahmung erwuchs im Zerrspiegel der Zeit mitunter das Inbild der falschen und dennoch gemütlichen Dämonie.

Sein und Schein, das Leben ein Traum, oder auf die Grillparzersche oder Hofmannsthalsche Formel gebracht, der Traum ein Leben, wurzeln in der barocken Kultur und in Calderons spanischer Theatertradition, im universellen und imperialen katholischen Programm der Gegenreformation und Gegenaufklärung, und sie alle sollten den Staat getreulich bis in die ohnedies nur zögernd nachvollzogene Moderne hineinbegleiten. Aus liturgischen Anlässen waren nach den Türkenkriegen Volksbelustigungen entstanden und aus der Profanierung der abschreckenden Todesstrafe ein beliebtes Spektakel. Der Wiener Kongreß leitete die „Backhendlzeit" mit Gesang, Trank und Tanz ein, und anstelle der zeitgeistig geforderten Konstituierung einer bürgerlichen kritischen Öffentlichkeit wurden für harmonische Gemüter fröhliche Residuen und gemütliche Restaurants geboten, streng von der Residenz durch Verbote, Zensurmaßnahmen und Spitzeln eingegrenzt. Der lebensfrohe Wiener lauschte ohnedies vor allem den Klängen von Anton Fürsts Couplet „Wann i amal stirb, stirb, stirb …" , dachte sich in der Politik heimlich nörgelnd seinen Teil und ließ die andern reden. So entstand ein Volkscharakter aus Lebenslust, Anpassungswille und Opportunismus, der vergessen machen wollte, daß derartige Verdrängungen mit Hilfe von Wein, Weib, den Wiener Weisen und der Wiener Gemütlichkeit auch ihren mentalen Preis hatte.

Hatte die restriktive Hand der Obrigkeit zu nörgelnder Anpassung wie hintersinnigem Querulantentum geführt, bewies ein übervolles goldenes Wienerherz am Stammtisch auch oftmals, daß die psychologische

Entlastung der opportunistischen Unterwürfigkeit gegenüber den Regierenden in vereinfachenden Erklärungsversuchen, selbstbestätigenden Identitätsbehauptungen in Abgrenzung zum „Zugereisten" und im festen Glauben an eine rettende, märchenhafte Instanz von oben ihren Ausdruck fand.

Johann Nestroy, Karl Kraus, Alfred Polgar, Ödön von Horváth, Hermann Broch und andere haben auf die quietistische bodenständige Mentalität und den gefährlich doppelbödigen Humor hierzulande verwiesen, und auf das unterhaltsame Spiel im fidelen Grab an der Donau, in dem der gemütliche Weltuntergang als fröhliche Apokalypse stets an jedem letzten Tag der Menschheit aufgeführt wird; bei Schönwetter im Gasthausgarten im Wienerwald, nahe der schönen blauen Donau.

Quellen- und Literaturverzeichnis

ADORNO, Theodor W., Wien, nach Ostern 1967. In: Ohne Leitbild. Parva Aesthetica. Frankfurt/M. 1967.

ARENDT, Hannah, Eichmann in Jerusalem. Ein Bericht von der Banalität des Bösen. Leipzig 1990.

ARIÈS, Philippe, Geschichte des Todes. München 1982.

AURENHAMMER, Hans, Anton Dominik Fernkorn. Wien 1959.

BARKER, Andrew, Telegrammstil der Seele. Peter Altenberg – Eine Biographie (= Literatur und Leben, Bd. 53). Wien-Köln-Weimar 1998.

BASIL, Otto, Johann Nestroy in Selbstzeugnissen und Bilddokumenten. Reinbek b. Hamburg 1967.

BATO, Ludwig, Die Juden im alten Wien. Wien 1928.

BAUER, Wilhelm A., Angelo Soliman – der hochfürstliche Mohr. Ein exotisches Kapitel Alt-Wien. Wien 1922.

BAUERNFELD, Eduard, Aus Alt- und Neu-Wien. In: Bauernfelds ausgewählte Werke in vier Bänden. Mit einer biographisch-kritischen Einleitung herausgegeben v. Emil Horner. Vierter Band. Leipzig 1905.

BENDA, Richard u. Harald SEYRL, Mörderisches Wien. City-Guide zu den Schauplätzen des Schreckens. Wien-Scharnstein 1997.

BERGER, Günther, Joseph Franz Haydns unruhiger Ruheort am Hundsthurmer Friedhof (Haydnpark). In: *Wiener Geschichtsblätter*, 46. Jg. (1991), Heft 4. Wien 1991.

BERGER, Günther, Spuren der Vergänglichkeit. Aufgelassene und verschwundene Friedhöfe in Wien (= Veröffentlichungen des Wiener Stadt- und Landesarchivs, Heft 24). Wien o. J.

BERMANN, Moriz, Alt- und Neu-Wien. Geschichte der Kaiserstadt und ihrer Umgebungen. Seit dem Entstehen bis auf den heutigen Tag und in allen Beziehungen zur gesammten Monarchie. Wien. Pest. Leipzig 1880.

BLETSCHACHER, Richard, Der Grasel. Chronik eines Räuberlebens. Wien 1981.

BLÜMEL, Jakob, Die Geschichte der Entwicklung der Wiener Vorstädte. Wien 1884.

BLÜMML, Emil Karl u. Gustav GUGITZ, Altwienerisches. Bilder und Gestalten. 2 Bde. Wien-Prag-Leipzig 1921.

BLÜMML, Emil Karl u. Gustav GUGITZ, Von Leuten und Zeiten im alten Wien. Wien u. Leipzig 1922.

BLÜMML, Emil Karl u. Gustav GUGITZ, Alt-Wiener Thepsiskarren. Die Frühzeit der Wiener Vorstadtbühnen. Wien 1925.

BOTZ, Gerhard, Wohnungspolitik und Judendeportation in Wien 1938 bis 1945.

Zur Funktion des Antisemitismus als Ersatz nationalsozialistischer Sozialpolitik. Wien-Salzburg 1975.

BRAUNEIS, Walther, Mozarts Nachruhm. In: *Wiener Geschichtsblätter*, 47. Jg. (1992), Heft 1. Wien 1992.

BRUKNER Fritz u. Eduard CASTLE, Ferdinand Raimund. Sämtliche Werke. Historisch-kritische Säkularausgabe in sechs Bänden. Wien 1924–1934.

BROCH, Hermann, Hofmannsthal und seine Zeit. Eine Studie. München 1964.

BÜCHERL, Barbara, Franz Xaver Messerschmidt. Charakterköpfe. In: Jean Clair, Cathrin Pichler u. Wolfgang Pircher, Wunderblock. Eine Geschichte der modernen Seele. Ausstellungskatalog. Hrsg. v. d. Wiener Festwochen. Wien 1989.

CASTELLI, J. F., Memoiren meines Lebens. Gefundenes und Empfundenes. Erlebtes und Erstrebtes. Mit einer Einleitung und Anmerkungen neu herausgegeben von Josef Bindtner (= Denkwürdigkeiten aus Alt-Österreich, Bd. 9, 10). München 1913.

CHIAVACCI, Vincenz, Wiener vom altem Schlag. Heitere und ernste Lebensbilder aus dem Volksleben der Kaiserstadt. Stuttgart 1895.

CHIAVACCI, Vincenz, Aus dem Kleinleben der Großstadt. Wiener Genrebilder. 2. verm. Aufl. Stuttgart 1898.

CSÁKY, Moritz, Ideologie der Operette und Wiener Moderne. Ein kulturhistorisches Essay. Wien-Köln-Weimar 1998.

CULLEN, Tom, Jack the Ripper. Der Mörder von London. Frankfurt/M.-Berlin 1970.

CZEIKE, Felix, Wien und seine Bürgermeister. Sieben Jahrhunderte Stadtgeschichte. Wien-München 1974.

CZEIKE, Felix, XI. Simmering. Wiener Bezirkskulturführer. Wien-München 1980.

CZEIKE, Felix, Historisches Lexikon Wien in fünf Bänden. Wien 1992–1997.

DAIM, Wilfried, Der Mann, der Hitler die Ideen gab. Jörg Lanz von Liebenfels. 3., erw. u. verb. Aufl. Wien 1994.

DE LA GARDE, Graf August, Gemälde des Wiener Kongresses 1814–1815. Erinnerungen, Feste, Sittenschilderungen, Anekdoten. Eingeleitet und erläutert v. Gustav Gugitz (= Denkwürdigkeiten aus Alt-Österreich I, II). München 1914.

EBERSTALLER, Gerhard, Zirkus und Varieté in Wien. Wien-München 1974.

FECHNER, Gertrude, Johann Basilius Küchelbecker über Wien und die Österreicher. In: *Wiener Geschichtsblätter*, 42. Jg. (1987), Heft 2. Wien 1987.

FELDER, Cajetan, Erinnerungen eines Wiener Bürgermeisters. Auswahl u. Bearbeitung v. Felix Czeike. Wien-Hannover-Bern 1964.

FOCKT, C, Th., Der Brand des Ringtheaters. Wien 1882.

FRANKL, Ludwig August, Zur Biographie Ferdinand Raimund's. Wien Pest Leipzig 1884.

FRANKL, Ludwig August, Zur Biographie Nikolaus Lenau's. Wien-Pest-Leipzig 1885.

FRANKL, Ludwig August, Erinnerungen. Hrsg. v. Stefan Hock (= Bibliothek Deutscher Schriftsteller aus Böhmen, Bd. XXIX). Prag 1910.

FRIEDELL, Egon (Hrsg.), „Das ist klassisch!" Nestroy-Worte. Wien 1922.

FRIMMEL, Theodor, Ein altes Wiener Wachsfigurenkabinett (Die Sammlung Müller-Deym). In: Alt-Wiener Kalender für das Jahr 1922. Hrsg. von Alois Trost. Wien 1922.

GISEL, Alfred, Anatomie, Schlüssel und Steuerruder der Medizin. In: Kunst des Heilens. Aus der Geschichte der Medizin und Pharmazie (= Katalog des NÖ. Landesmuseums, NF Nr. 276). Wien 1991.

GLASSBRENNER, Adolf, Bilder und Träume aus Wien. Wien-Berlin-Leipzig-München 1923.

GLOSSY, Karl, Wiener Studien und Dokumente. Zum 85. Geburtstag des Verfassers herausgegeben von seinen Freunden. Wien 1933.

GATTERER, Claus, Unter seinem Galgen stand Österreich. Cesare Battisti – Porträt eines „Hochverräters". Wien-Bozen 1997.

GLOSSY, Karl (Hrsg.), Wien im Jahr 1809 (Aus dem Tagebuch eines Wieners). Mitgeteilt und eingeleitet v. K. Glossy. In: Wiener Neujahrs-Almanach. Wien 1900.

GOLD, Hugo, Geschichte der Juden in Wien. Ein Gedenkbuch. Tel-Aviv 1966.

GRÄFFER, Franz, Alt-Wiener Miniaturen. Stimmungen und Skizzen. Hrsg. v. Eugenie Benisch-Darlang. Wien 1912.

GRÄFFER, Franz, Kleine Wiener Memoiren und Wiener Dosenstücke. In Auswahl herausgegeben, eingeleitet und mit Anmerkungen und alphabetischem Register versehen von Anton Schlossar unter Mitwirkung von Gustav Gugitz (= Denkwürdigkeiten aus Alt-Österreich XIII, XIV). 2 Bde. München 1918, 1922.

GRÄFFER, Franz, Aus dem Wien des Kaiser Joseph (Josephinische Curiosa). Eingeleitet und neu herausgegeben von Paul Wertheimer. Wien 1919.

GRASEL, Johann Georg, Lebensgeschichte des verwegenen Räuberhauptmannes. Horn o. J.

GREENE, Graham, Fluchtwege. Reinbek b. Hamburg 1984.

GRÜN, Anastasius, Nicolaus Lenau. Lebensgeschichtliche Umrisse. In: Lenaus sämtliche Werke. Hrsg. v. Anastasius Grün. 2 Bde. Stuttgart 1881.

HADAMOWSKY, Franz, Wien. Theatergeschichte. Von den Anfängen bis zum Ende des Ersten Weltkriegs (= Geschichte der Stadt Wien, Bd. III). Wien-München 1988.

HAVELKA, Hans, Zentralfriedhof (= Wiener Bezirkskulturführer, hrsg. v. Felix Czeike). 2. Aufl. Wien-München 1985.

HEINDL, Gottfried, Wien, Brevier einer Stadt. Wien-Berlin 1972.

HENNINGS, Fred, Die Ringstraße. Symbol einer Epoche. Wien 1977.

HERZMANOVSKY-ORLANDO, Fritz v. – Die Kabbalistik der Örtlichkeit. In: Die ariosophische Kabbalistik von Name und Öffentlichkeit. Theoretisch u. praktisch erklärt v. J. Lanz v. Liebenfels, Meister Amalarich u. Meister Archibald (= Ariosophische Bibliothek. Bücherei f. ariogermanische Selbsterkenntnis. Hrsg. v. Herbert Reichwein, H. 15). o. O. 1926.

HERZMANOVSKY-ORLANDO, Fritz v., Zeichnungen. Mit einer Einleitung v. Werner Hofmann. o. O. 1965.

HILDEBRANDT, Dieter, Ödön von Horváth in Selbstzeugnissen und Bilddokumenten. Reinbek b. Hamburg 1975.

HOLZER, Rudolf, Die Wiener Vorstadtbühnen. Alexander Girardi und das Theater an der Wien. Wien 1951.

HORVÁTH, Ödön v., Geschichten aus dem Wiener Wald. Volksstück in drei Teilen. Frankfurt/M. 1970.

HUBENSTORF, Michael, Kontinuität und Bruch in der Medizingeschichte. Medizin in Österreich 1938 bis 1955. In: Friedrich Stadler (Hrsg.), Kontinuität und Bruch 1938–1945–1955. Beiträge zur österreichischen Kultur- und Wissenschaftsgeschichte. Wien-München 1988.

HUBENSTORF, Michael, Medizinische Fakultät 1938–1945. In: Gernot Heiß, Siegfried Mattl u. a. (Hrsg.), Willfährige Wissenschaft. Die Universität Wien 1938–1945 (= Österr. Texte zur Gesellschaftskritik, Bd. 43). Wien 1989.

JANIK, Allan u. Stephen TOULMIN, Wittgensteins Wien. München-Zürich 1987.

JANIK, Allan u. Hans VEIGL, Wittgenstein in Wien. Ein biographischer Streifzug durch die Stadt und ihre Geschichte. Wien-New York 1998.

KALLBRUNNER, Josef (Hrsg.), Wohnungssorgen im alten Wien. Dokumente zur Wiener Wohnungsfrage im 17. und 18. Jahrhundert. Wien u. Leipzig o. J.

KELLER, Ursula, Böser Dinge hübsche Formel. Das Wien Arthur Schnitzlers. Frankfurt/M. 2000.

KIENZLE, Siegfried, Ödön von Horváth (= Köpfe des 20. Jahrhunderts, Bd. 87). Berlin 1977.

KILLMEYER, Franz, Friedhöfe in Wien. Mit einem Text von Hans Weigel und einem historischen Abriß von Franz Knispel. Wien-München 1986.

KLÄGER, Emil, Durch die Quartiere der Not und des Verbrechens. Wien 1908.

KNISPEL, Franz, Bestattungsmuseum Wien. Führer durch die Sammlung. Wien 1997.

KOLLER, Josef, Das Wiener Volkssängertum in alter und neuer Zeit. Nacherzähltes und Selbsterlebtes. Mit Biographien, Episoden, Liedern, zahlreichen

Abbildungen und Porträts nach zeitgenössischen Bildern aus dem Volkssängerleben. Wien 1931.

KOPETZKI, Christian, Zur Entwicklung des „Irrenrechts" in Österreich. In: Jean Clair, Cathrin Pichler u. a. Wunderblock, a.a.O.

KRAUS, Karl, Die Fackel. Photomechanischer Nachdruck, hrsg. v. Heinrich Fischer. 39 Bde. u. Supplementband. München 1968.

KRAUSS, Wolfgang, Franz Galls Schädellehre. In: Jean Clair et al., Wunderblock, a.a.O.

KRUNTORAD, Paul, Prosa in Österreich seit 1945. In: Die zeitgenössische Literatur Österreichs. Hrsg. von Hilde Spiel. Zürich u. München 1976.

KUSIN, Eberhard, Die Kaisergruft bei den PP. Kapuzinern in Wien. Wien 1949.

LENNHOFF, Eugen, Die Freimaurer. Nachdruck der Ausgabe von 1929. Wien-München 1981.

LEOPOLDSTADT, DIE, Ein Heimatbuch. Verfaßt und herausgegeben von der Lehrer-Arbeitsgemeinschaft des II. Bezirkes, „Sektion Heimatkunde". Wien 1937.

LE RIDER, Jacques, Der Fall Otto Weininger. Wurzeln des Antifeminismus und Antisemitismus. Wien-München 1985.

LESKY, Erna, Meilensteine der Wiener Medizin. Große Ärzte Österreichs in drei Jahrhunderten. Wien-München-Bern 1981.

LICHTENBERG, Georg Christoph, Über Physiognomik wider die Physiognomen zu Beförderung der Menschenliebe und Menschenkenntnis. In: Ausgewählte Werke in 2 Bänden. Hrsg. v. Ernst Johann. Frankfurt/M. 1970.

MATTL, Siegfried u. Klaus TASCHWER, Dokumentation der Krankheit. In: heureka! Das Wissenschaftsmagazin im Falter, 6/99.

MAUTNER, Franz H., Nestroy. Heidelberg 1974.

MAY, Erich Joachim, Wiener Volkskomödie und Vormärz. Berlin 1975.

MAYER, Wolfgang, XII Meidling (= Wiener Bezirkskulturführer, 12). Wien-München 1984.

MAYR, Max, Das Wienerische. Art und Redensart. Wien-München 1980.

MEISSNER, Hans, HOLLER, Gerd u. a., Anton Rollett – ein Badener Arzt und Naturforscher im Biedermeier. In: Neue Badener Blätter. 3. Jg., Nr. V. Baden 1992.

MÜLLER, Peter, Detektive mit dem Skalpell. Berühmte Fälle der Wiener Gerichtsmedizin. Graz u. Stuttgart 1967.

MÜLLER-GUTTENBRUNN, Adam, Altwiener Wanderungen und Schilderungen. Wien 1915.

MUSEUM FÜR MITTELALTERLICHE RECHTSGESCHICHTE. Ausstellungskatalog. Wien 2000.

MUSIL, Robert, Der Mann ohne Eigenschaften. Hamburg 1952.

NEUESTE BESCHREIBUNG aller Merkwürdigkeiten Wiens. Ein Handbuch
für Fremde und Inländer. Wien 1779.

OBERHUMMER, Hermann, Die Wiener Polizei. Neue Beiträge zur Geschichte
des Sicherheitswesens in den Ländern der ehemaligen österreichisch-unga-
rischen Monarchie. 2 Bde. Wien 1938.
OGRIS, Werner, Vom Galgenberg zum Ringtheaterbrand. Auf den Spuren von
Recht und Kriminalität in Wien. Wien-Köln-Weimar 1997.
ÖSTERREICHISCHES BIOGRAPHISCHES LEXIKON 1815–1950. Hrsg. v.
d. Österreichischen Akademie der Wissenschaften unter der Leitung v. Leo
Santifaller, bearb. v. Eva Obermayer-Marnach. 2. Aufl. Wien 1993 ff.

PEMMER, Hans, Schriften zur Heimatkunde Wiens. Festgabe zum 80. Geburtstag. Für die „Arbeitsgemeinschaft der Wiener Heimatmuseen" heraus-
gegeben von Hubert Kaut und Ludwig Sackmauer. Wien 1969.
PEMMER Hans u. Ninni LACKNER, Der Wiener Prater einst und jetzt (Nobel-
und Wurstelprater). Leipzig-Wien 1935.
PEZZL, Johann, Skizze von Wien. Ein Kultur- und Sittenbild aus der josefinischen Zeit. Hrsg. v. Gustav Gugitz u. Anton Schlossar. Graz 1923.
PFEIFFER, Engelbert, Heimito Doderers Alsergrund-Erlebnis. Biographischer
Abriß – Topographie – Interpretation. Wien 1983.
PICHLER, Caroline, geborene von Greuner, Denkwürdigkeiten aus meinem Le-
ben. Mit einer Einleitung und zahlreichen Anmerkungen nach dem Erst-
druck und der Urschrift neu herausgegeben von Emil Karl Blümml (= Denk-
würdigkeiten aus Altösterreich V, VI). München 1914.
POLGAR, Alfred, Kleine Schriften. 6 Bde. Hrsg. v. Marcel Reich-Ranicki in Zu-
sammenarbeit mit Ulrich Weinzierl. Reinbek b. Hamburg 1982–86.
POLITZER, Heinz, Grillparzer oder Das abgründige Biedermeier. Wien-Mün-
chen-Zürich 1972.
POMIAN, Krzysztof, Der Ursprung des Museums. Vom Sammeln. Berlin 1993.
PÖTZL, Eduard, Zeitgenossen. Satiren und Skizzen aus Wien. 4. Aufl. Wien
1905.

QUALTINGER, Leomare, Biedermeiermorde. Berühmte Kriminalfälle aus dem
alten Österreich. München-Wien 1979.
QUALTINGER, Leomare, K. u. k. Krimis. Berühmte Kriminalfälle aus dem alten Österreich. München-Wien 1980.

REBICZEK, Franz, Der Wiener Volks- und Bänkelgesang in den Jahren von
1800–1848. Wien u. Leipzig o. J.
REISCHL, Friedrich, Wien zur Biedermeierzeit. Volksleben in Wiens Vorstädten nach zeitgenössischen Schilderungen. Wien 1921.
RICHTER, Josef, Die Eipeldauer Briefe 1799–1813. In Auswahl herausgege-

ben, eingeleitet und mit Anmerkungen versehen von Dr. Eugen von Paunel (= Denkwürdigkeiten aus Alt-Österreich XVII, XVIII). 2 Bde. München 1917, 1918.

ROMMEL, Otto, Johann Nestroy. Ein Beitrag zur Geschichte der Wiener Volkskomik. In: Johann Nestroy. Sämtliche Werke. Historisch-kritische Gesamtausgabe. Hrsg. v. Fritz Brukner u. Otto Rommel. Fünfzehnter Band. Wien 1930.

ROMMEL, Otto, Lebensbild. In: Nestroys Werke. Erster Teil. Volksstücke und Possen. Berlin-Leipzig-Wien-Stuttgart o. J.

ROSENKRANZ, Herbert, Verfolgung und Selbstbehauptung. Die Juden in Österreich 1938–1945. Wien-München 1978.

SAFRIAN, Hans, Eichmann und seine Gehilfen. Frankfurt/M. 1995.

SALTEN, Felix, Das österreichische Antlitz. Essays. Berlin 1910.

SALTEN, Felix, Wurstelprater. Mit 75 Originalaufnahmen von Dr. Emil Mayer. Wien-München-Zürich-Innsbruck 1973.

SANSON, Henry, Tagebücher der Henker von Paris. Nach einer zeitgenössischen deutschen Ausgabe ausgewählt von Eduard Trautner. 2 Bde. Potsdam 1923.

SAPHIR, Moritz Gottlieb, Ausgewählte Schriften. Cabinets-Ausgabe in zehn Bänden. Brünn u. Wien 1874.

SASSMANN, Hanns, Das Reich der Träumer. Eine Kulturgeschichte Österreichs. Berlin 1932.

SCHALK, Oskar (Hrsg.), Josef Lang. Erinnerungen des letzten Scharfrichters im k. k. Österreich. Leipzig-Wien 1920.

SCHICK, Paul, Der Satiriker und der Tod. Versuch einer typologischen Deutung (Zum 20. Todestag von Karl Kraus). In: Festschrift zum hundertjährigen Bestehen der Wiener Stadtbibliothek (= Wiener Schriften, Heft 4). Wien 1956.

SCHLÖGL, Friedrich, Wiener Luft. Kleine Culturbilder aus dem Volksleben der alten Kaiserstadt an der Donau (= Fr. Schlögl's Gesammelte Schriften. Zweiter Band). Wien. Pest. Leipzig o. J.

SCHLÖGL, Friedrich, Wiener Skizzen. Ausgewählt, eingeleitet und kommentiert von Franz Karmel. Wien 1947.

SCHLÖGL, Friedrich, Wiener Miniaturen. Hrsg. v. Hans M. Loew (= Österreich-Reihe, Bd. 9). Wien 1955.

SCHMUTZER, Dieter, Wienerisch g'redt. Geschichte der Wiener Mundartdichtung. Wien 1993.

SCHÖNHOLZ, Friedrich Anton v., Traditionen zur Charakteristik Österreichs, seines Staats- und Volkslebens unter Franz I. Eingeleitet und erläutert von Gustav Gugitz (= Denkwürdigkeiten aus Alt-Österreich III, IV). 2 Bde. München 1914.

SCHORSKE, Carl E., Wien, Geist und Gesellschaft im Fin de siècle. Frankfurt/M. 1982.

SCHWERDFEGER, Josef, Die Pest in Wien 1679 (nach Matthias Fuhrmann) und die Augustinerlegende. In: Altwiener Kalender für das Jahr 1917. Hrsg. v. Alois Trost. Wien 1917.

SCHWERDFEGER, Josef, Vienna Gloriosa. Bilder und Studien aus Wiens Vergangenheit. Wien 1923.

SENFELDER, Leopold, Die Katakomben bei St. Stephan. In Sage und Geschichte. Wien 1924.

SEUME, Johann Gottfried, Spaziergang nach Syrakus im Jahre 1802. Hrsg. v. Max Rohrer. Berlin o. J.

SEYRL, Harald, Kurzführer durch das Wiener Kriminalmuseum. Wien 2000.

SPEIDEL, Ludwig, Fanny Elßlers Fuß. Wiener Feuilletons. Herausgegeben von Joachim Schreck (= Österreichische Bibliothek 11). Wien-Köln 1989.

SPIEL, Hilde (Hrsg.), Wien. Spektrum einer Stadt. Wien-München 1971.

SPIEL, Hilde (Hrsg.), Die zeitgenössische Literatur Österreichs. Kindlers Literaturgeschichte der Gegenwart. Zürich u. München 1976.

SPITZER, Daniel, Wiener Spaziergänge. 7 Bände. Wien u. Leipzig 1880–1894.

STADTCHRONIK WIEN. 2000 Jahre in Daten, Dokumenten und Bildern. Red.: Christian Brandstätter u. Günter Treffer. Wien-München 1986.

STIFTER, Adalbert, Aus dem alten Wien. Wien 1940.

STOHL, Alfred, Der Narrenturm oder die dunkle Seite der Wissenschaft. Wien–Köln–Weimar 2000.

STOCKERT-MEYNERT, Dora, Theodor Meynert und seine Zeit. Zur Geistesgeschichte Österreichs in der 2. Hälfte des 19. Jahrhunderts. Wien u. Leipzig 1930.

STORCH, Ursula (Red.), Das Pratermuseum. 62 Stichwörter zur Geschichte des Praters. Wien 1993.

TABARELLI, Hans v., Alt-Wiener Geschichtenbuch. Wien-Leipzig 1943.

TABARELLI, Hans v., Altwiener Panoptikum. Drei Dutzend neue Geschichten. Wien 1945.

TARTARUGA, Ubald, Der Wiener Pitaval. Eine Sammlung der interessantesten Kriminalprozesse aus Alt- und Neu-Wien. 3 Bde. 2. verm. Aufl. Wien u. Leipzig 1924.

TIETZE, Hans, Die Juden Wiens. Geschichte – Wirtschaft – Kultur. Wien–Leipzig 1933.

VEIGL, Hans, Lachen im Keller. Von den Budapestern zum Wiener Werkel. Kabarett und Kleinkunst in Wien. Wien 1986.

VEIGL, Hans, Die 50er und 60er Jahre. Geplantes Glück zwischen Motorroller und Minirock. Wien 1996.

VIELMETTI, Nikolaus, Die Juden in Österreich während des Mittelalters. Historischer Rahmen. In: Judentum im Mittelalter. Ausstellungskatalog. Eisenstadt 1978.

WAGNER, Renate, Ferdinand Raimund. Eine Biographie. Wien 1985.

WEIERMAYR, Peter (Hrsg.), Fritz v. Herzmanovsky-Orlando. Ausstellungskatalog. Klagenfurt (1984).

WEINZIERL, Erika, Zu wenig Gerechte. Österreicher und Judenverfolgung 1938–1945. Graz-Wien-Köln 1969.

WEISS, Karl, Geschichte der Stadt Wien. 2 Bde. 2. Aufl. Wien 1882.

WEYR, Siegfried, Wien. Eine Stadt erzählt. Wien-Hamburg 1984.

WILHEIM, Sigmund, Wiener Wandelbilder. Herausgegeben und eingeleitet von Heinrich Glücksmann und Lola Lorme. Wien-Leipzig 1912.

WIMMER, Erika, Zensuriert! In: Das Archiv lebt! Fundstücke aus dem Literaturarchiv und Forschungsinstitut Brenner-Archiv. Hrsg. v. Annette Steinsiek. Innsbruck 1999.

WINTER, Max, Das schwarze Wienerherz. Sozialreportagen aus dem frühen 20. Jahrhundert. Hrsg. v. Helmut Strutzmann. Wien 1982.

WOLF, Gerson, Geschichte der Juden in Wien (1156–1876). Wien 1876.

WOLTRON, Ute, Elfenbeinhocker im Irrenhaus. In: *Der Standard, Album*, 15. 1. 2000.

WURZBACH, Constant v., Biographisches Lexikon des Kaiserthums Oesterreich. Vierter Teil. Wien 1859.

ZIAK, Karl (Hrsg.), Unvergängliches Wien. Ein Gang durch die Geschichte von der Urzeit bis zur Gegenwart. Wien 1964.

ZIAK, Karl, Das neue Landstraßer Heimatbuch. Geschichte eines Wiener Bezirks. Wien 1975.

ZWEIG, Stefan, Die Welt von gestern. Erinnerungen eines Europäers. Frankfurt/M. 1978.

DIE BÜHNE, Jg. 1927

FREMDENBLATT, Jg. 1862

GROSSE ÖSTERREICH-ILLUSTRIERTE, Jg. 1963

ILLUSTRIRTES WIENER EXTRABLATT, Jg. 1874, 1884, 1889, 1898, 1903

NEUE FREIE PRESSE, Jg. 1870, 1874, 1901, 1903

NEUES WIENER JOURNAL, Jg. 1903

NEUES WIENER TAGBLATT, Jg. 1881, 1882, 1883

PROFIL, Jg. 1997

STANDARD, Jg. 1996, 1997, 1998

STERN, Jg. 1963

WALDHEIMS ILLUSTRIRTE ZEITUNG, Jg. 1862

WIENER ILLUSTRIERTE, Jg. 1939

WIENNERISCHES DIARIUM, Jg. 1748, 1766

WIENER ZEITUNG, Jg. 1793, 1850, 1862, 1878

Bildnachweis

Die Abbildungen wurden folgenden Werken entnommen:

*Alt-Wiener Kalender für das Jahr 1922.*Wien 1922: S. 83;

Alt-Wiener Kalender für das Jahr 1925. Wien 1925: S. 61;

Moriz Bermann, Alt- und Neuwien. Wien Pest Leipzig 1880: S. 56, 57,
    62, 63, 67, 85, 97, 107, 108, 119, 176, 179, 181, 182, 206, 207, 225;

Die österreichisch-ungarische Monarchie in Wort und Bild, Band Wien,
    Wien 1886: S. 14, 25, 26, 27, 51, 68, 92, 103, 123, 267;

Emil Karl Blümml u. Gustav Gugitz, Alt-Wiener Thepsiskarren. Wien
    1925: S. 41, 42;

Franz Gräffer, Kleine Wiener Memoiren. München 1918: S. 34;

Franz Knispel, Bestattungsmuseum Wien. Wien 1997: S. 15, 16, 66,
    163, 251;

Erna Lesky, Meilensteine der Wiener Medizin. Wien–München–Bern
    1981: S. 151, 153, 199, 202;

Hermann Oberhummer, Die Wiener Polizei. Wien 1938: S. 89;

*Johann Pezzl, Skizze von Wien.*Graz 1923: S. 34, 137;

Privatarchiv Hans Veigl: S. 145, 232, 241;

Harald Seyerl, Kurzführer durch das Wiener Kriminalmuseum. Wien
    2000: S. 114.

Der Autor

Hans Veigl, geboren 1948, studierte Philosophie und Europäische Ethnologie. Dr. phil. Arbeitete als Redakteur, Verlagslektor und Dramaturg. Seit 1984 freiberuflicher Schriftsteller, lebt in Wien. Publikationen vor allem zum Thema Wiener Populärkultur und Alltagsgeschichte. Zuletzt erschienen: (gemeinsam mit Allan Janik) *Wittgenstein in Wien. Ein biographischer Streifzug durch die Stadt und ihre Geschichte* sowie *Die wilden zwanziger Jahre. Alltagskulturen zwischen den Kriegen.*